우리는 중산층까지 복지 확대를 요구한다

복지 현장에서 찾은 복지국가 한국의 미래
우리는 중산층까지 복지 확대를 요구한다

초판 1쇄 펴낸날 2011년 10월 10일
초판 2쇄 펴낸날 2012년 4월 23일

지은이 경향신문 특별취재팀
발행인 김지숙
발행처 도서출판 밈
제300-2006-180호 서울 종로구 동숭동 4-152 501
전화 02-762-5154 팩스 02-763-5154
이메일 editor@mimbook.co.kr
마케팅 정근수

편집 나무목 조성우
디자인 김은정
인쇄 (주)아름다운 인쇄

ISBN 978-89-94115-16-0 03330

이 책은 저작권법에 따라 보호받는 저작물이므로 무단 전재와 무단 복제를 금지하며,
이 책 내용의 전부 또는 일부를 이용하려면 반드시 저작권자와 도서출판 밈의 서면동의를 받아야 합니다.

잘못된 책은 바꾸어드립니다.
책값은 뒤표지에 있습니다.

복지 현장에서 찾은 복지국가 한국의 미래

우리는 중산층까지
복지 확대를 요구한다

경향신문 특별취재팀 지음

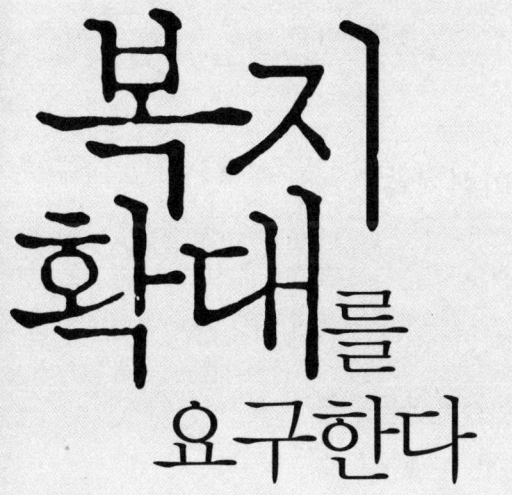

도서출판

차례

추천의 글　　_이상이　　　　　　　　　　　　　　　　7

책을 시작하며　복지는 우리 삶의 문제다_최민영　　　11

제1부 우리 복지의 오늘

01　가족에게 미뤄온 국가복지　　　　　　　　　　　19

02　삼포세대, 청년들이 내몰리고 있다　　　　　　　45

03　한국 복지 50년사를 되돌아보다　　　　　　　　63

04　복지국가 논쟁 해부
　　– 그들이 말하지 않는 복지의 4가지 진실　　　　77

제2부 다른 나라의 복지는

01　아르헨티나 – 복지를 하면 나라가 망할까?　　　93

02　브라질 – 복지는 성장을 저해하는가?　　　　　111

03　그리스 – 쏠림복지가 문제였다　　　　　　　　127

04　스웨덴 – 국가와 가족의 '함께 복지'　　　　　　145

제3부 복지, 어떻게 바꿀 것인가?

01 노동시장의 부당한 구조 · 163

02 시장 논리를 넘어서 · 179

03 체감되는 복지를 만들자 · 193

04 안심하고 아이 낳고 늙는 사회 · 207

제4부 지속가능한 복지를 위해

01 복지재정 다시 짜기 · 223

02 세금 더 내고 복지 더 받자 · 239

03 시민토론회 - 복지국가, 시민의 손으로 짓는다 · 253

일러두기

- 이 책은 2011년 5월 9일~2011년 7월 6일까지 《경향신문》에 연재된 특별기획 시리즈 '복지국가를 말한다'의 내용을 바탕으로 만들었다.
- 이 책에는 신문지면 관계상 미게재 된 내용 및 자료를 수록하였으며, 이는 저자가 수정 및 보완하였다.
- 시민들의 인터뷰와 시민토론회는 현장의 특성을 살리기 위해 가능한 한 각각의 입말을 우선 반영하였다.

추천의 글

이상이
복지국가소사이어티 공동대표·복지국가 만들기 국민운동 본부 공동본부장

우리 국민은 지금까지 참 열심히 살았다. 특히 1997년 외환위기 이후 우리나라 경제사회의 신자유주의 양극화가 심화되면서 우리 모두는 승자의 위치에 서려고, 또는 최소한 살아남으려고 발버둥을 치며 살아왔다. 나와 가족의 행복을 위해 각자도생의 노력을 경주하기만 하면 우리네 민생의 안정과 행복을 얻을 수 있다고 믿었기 때문이다. 그런데 그 믿음은 깨지고 분노만 커지고 있다. 날이 갈수록 민생이 더 불안해졌기 때문이다. 이제 민생의 5대 불안을 모르는 국민은 거의 없다.

첫째, 우리는 세계 최고 수준의 장시간 노동과 고용불안에 시달리고 있는데, 노동자의 절반이 비정규직이고, 일을 해도 가난한 '근로빈곤'이 갈수록 늘고 있다. 둘째, 보육과 교육불안으로 이미 아이를 낳지 않는 나라가 되었다. 셋째, 높은 주거비용으로 내 집 마련은커녕 메뚜기 신세를 면치 못하는 사람들의 주거불안이 심각하다. 넷째, 노후불안은 세계 최고의 노인 자살률로 이어지고 있다. 다섯째, 아파도 병원에 가지 못하는 사람들의 사연이 끊이지 않음에도 민간의료보험 회사들은 큰돈을 벌고 있다.

우리 경제사회의 구조적 양극화가 이 치명적 질병의 근본적 원인이다. '자유 시장자본주의'를 신봉하는 우리나라의 신자유주의자들이 지난 15년 동안 추진해온 신자유주의 경제정책과 잔여주의 선별적 복지정책이 안정적 경제성장을 어렵게

함과 동시에 사람들 사이에서 공감과 연대의 정신을 훼손하고 공동체의 건강성을 파괴하였다.

우리나라는 경제규모에 비해 복지규모가 지나치게 작다. 현재 '국내총생산(GDP) 대비 사회복지비'의 비중이 8.5퍼센트에 불과하다. 이는 경제협력개발기구(OECD) 국가들의 평균인 21퍼센트나 유럽 선진국들의 25~30퍼센트에 비하면 턱없이 낮은 수치다. 우리나라가 이렇게 복지후진국에 머무는 데는 두 가지 이유가 있다. 첫째, 우리는 세금과 사회보장 기여금 등 공적 부담금을 다른 나라에 비해 너무 적게 내고 있다. 우리나라는 이러한 공적 부담금을 의미하는 용어인 '일반정부 재정'의 크기가 GDP의 32퍼센트인데, OECD 평균은 45퍼센트, 주요 복지국가들은 50퍼센트를 상회한다. 둘째, 우리나라는 정부 재정 지출에서 복지의 비중이 28퍼센트에 불과한데, 유럽 선진국들은 50퍼센트를 넘는다.

결국, 우리나라는 세금을 적게 내서 재정규모가 '작은' 정부가 된 것이고, 이에 더해 재정에서 복지지출을 인색하게 함으로써 복지후진국에 머물고 있는 것이다. 해법은 명료하다. 정부 재정 규모를 대폭 확대하고, 재정 지출에서 복지의 비중을 늘리면 된다. 이제 우리 국민이 '세금 더 내는' 일을 결심하고 정치적으로 선택할 때다. 지금까지 우리 국민은 '세금 적게 내는' 데만 환호해왔다. 역대 정부의 무책임, 정부 역할에 대한 불신과 국가복지에 대한 오도된 인식 때문이었다. 그래서 역대 모든 정권은 앞다투어 감세를 공약하고 추진해왔다. 그 결과 지금 우리는 복지 후진국의 국민으로 살고 있다.

스웨덴은 국가의 역할이 엄청나게 적극적이고 크다. 국가가 국민의 행복한 삶을 위한 기회와 가능성을 제공해준다. 다행스럽게도, 2010년 6.2 지방선거를 통해 우리 국민은 보편적 복지와 국가의 역할 확대를 요구하고 나섰고, 이제 보편적 복지국가가 시대정신으로 부상하였다. 세금을 내지 않고 보편적 국가복지를 바라는 것은 말이 안 된다. 또 보편적 복지국가 없는 더 이상의 안정적 경제성장은 불가능하다. 복지가 곧 경제이기 때문이다. 스웨덴 등 북유럽 복지국가들은 현재의 우리나라보다 국민소득이 적을 때부터 복지국가를 확립했다. 우리는 북유럽 복지국가의 역사적 성과에서 영감과 시사점을 얻고, 우리나라에 적합한 '토종'형 복지국가 모델을 구축해야 한다. '역동적 복지국가'가 그것이다.

신자유주의 시장만능국가를 넘어 우리 실정에 맞는 보편적 복지국가로 패러다임 자체를 바꾸어야 한다. 이를 위해서는 강력한 복지국가 정치세력이 필요하다. 그래서 풀뿌리 보통 시민들이 나서야 한다. 시민의 참여를 통한 '복지국가 만들기 국민운동'은 우리 모두가 보편적 복지국가를 설명하고 토론하는 수다쟁이가 되자는 운동이다. 역동적 복지국가의 논리와 정책을 주변으로 확산해야 한다. 이러한 흐름이 풀뿌리 수다쟁이 운동을 통해 전국으로 들불처럼 번져 나간다면 우리나라의 정치지형은 순식간에 '복지국가 지향'으로 바뀔 것이다.

지금 우리사회는 정치적 민주주의에 이어 경제사회 민주주의를 향한 제2의 민주화운동을 요구하고 있다. '복지국가 만들기 국민운동'이 그것이다. 복지국가 건설을 위해서는 세 축이 필요하다. 첫째는 복지국가소사이어티와 같은 복지국가의 담론과 정책을 생산하는 연구기관이며, 둘째는 '복지국가 만들기 국민운동'과 같은 복지국가 담론과 정책을 확산하는 풀뿌리 국민운동이며, 셋째는 실제로 정권을 잡아 역동적 복지국가를 건설할 강력한 정치세력이다. 이 중 어느 하나라도 결여되거나 미약해서는 결코 '복지국가 건설'이라는 우리의 꿈을 이룰 수 없게 된다. 결국 성패의 관건은 "깨어 있는 시민"의 참여를 통한 힘의 결집이다.

이와 관련하여《경향신문》이 매우 의미 있는 작업을 해냈다. '경향신문 특별취재팀'은 우리나라의 복지 현실을 비판적으로 분석하고, 그 해법을 찾고자 국내외의 여러 곳을 취재하였으며, 시민이 참여하고 성취해내는 지속가능한 복지국가를 모색하였다. 특히 복지 현장의 시민 인터뷰를 통해 복지국가와 관련하여 국내외의 생생한 목소리를 담아냈다. 이 책의 장점은 보통 사람들이 읽기 쉽다는 것이다. 서울시의 무상급식 주민투표를 통해서도 드러났듯이, 이제 보편적 복지는 대세이며, 역동적 복지국가가 우리의 시대정신으로 부상하고 있다. 이 책이 우리나라의 시대정신을 이해하는 데 유익한 길잡이가 될 것으로 확신한다.

책을 시작하며

복지는 우리 삶의 문제다

자살은 한국사회에서 흔한 일이다. 34분에 1명, 1년이면 모두 1만5,413명(2009년 기준)이 스스로 목숨을 끊는다. 세계 13위 규모의 경제대국이라고 하지만 무언가 사회구조가 잘못 굴러가고 있다는 얘기다.

뉴스를 통해 전해지는 자살자에는 계층 간 구분이 없다. 명문대생도, 해고된 노동자도, 가난에 시달리는 노인들도 스스로 목숨을 끊는다. 경제개발협력기구(OECD) 국가 평균의 2배를 넘는 자살률, 불안은 만연하고 서점가에는 '정의'와 더불어 '국가'의 역할과 기능을 묻는 책들이 불타나게 팔려나간다. 시민이 극한에 내몰리는 동안 국가는 무엇을 하고 있는가? 최근의 복지논쟁이 선별과 보편, 조세와 재정 문제를 넘어서 '국가'의 근본 역할을 묻는 것은 당연한 귀결이다.

광복 이후 우리 국가의 역할은 '개발주의'가 중심이었다. 국가는 대기업 위주로 경제성장을 꾀했고, 노동자들은 이에 협력하면서 적은 몫이나마 이익을 나눴다. 하지만 이 같은 '게임의 룰'은 1997년 외환위기 이후 시한을 다했다. 전체 상장사의 고작 2퍼센트 기업이 총 이익의 67퍼센트를 차지하고 10대 그룹 계열사들이 사상 최대의 이익잉여금을 곳간에 쌓아두는 시대가 됐지만, 비정규직은 여전히 저임금에 시달리고 영세자영업자는 매일 폐업을 걱정하고 청년백수들은 하루가 다르게 늘어만 간다. 파이가 커져도, 승자독식의 구조에서 나눔은 사실상 없다.

빈곤계층이 증가하는 현실에서 한국의 가족들은 피로감을 호소한다. 국가가 제공했어야 할 보육, 노인, 주거, 교육복지의 부담을 가족이 짊어지는 구조로 지난 수십 년을 지내온 때문이다. 한국의 사회복지예산이 OECD 국가 중 꼴찌인 것은 사회안전망을 국가가 가족에게 떠넘긴 것이나 다름없다. 국민들은 주택담보대출, 카드론 등 각종 개인채무로 생존하는 '빚 권하는 사회'에 산다. 부담에 짓눌린 젊은이들은 결혼과 출산을 포기하기도 한다.

그럼에도 정부는 복지를 국민의 권리가 아니라 국가가 베푸는 것으로 종종 오도한다. 서울대 장경섭 교수(사회학)는 "국가가 경제개발을 위해 재벌과 유착하면서 기업가적인 사고 프레임을 갖다 보니 노동자들을 보호하는 정서가 없다"고 지적한다. 특히 1970~80년대 경제개발 주역일수록 그런 개발주의적 성향이 두드러진다. 부자들의 세금을 깎아줘 그 낙수효과가 서민에게 미치도록 하겠다면서도 서민에게 직접 혜택이 돌아가는 공공예산은 깎거나 폐지하는 게 좋은 예다.

하지만 최근 복지에 대해 높아지는 시민의 관심은 국가의 '복지 무임승차' 시대가 끝났음을 알리고 있다. 각종 복지관련 단체가 결성되고, 정치권에서는 2012년 총선과 대선을 앞두고 복지논쟁이 활발히 진행 중이다. 개발주의가 폐기되고 있는 상황에서 복지가 시대정신으로 떠오른 것이다.

지금 한국사회가 필요로 하는 것은 단편적인 복지정책 그 이상이다. 노대명 한국보건사회연구소 연구위원은 "복지사회의 기본은 공정한 소득을 보장하는 건강한 경제와 노동시장이며, 국가의 재분배만으로 복지를 이루기는 어렵다"고 지적한다. 조세정책에서 노동정책에 이르기까지 한국사회의 패러다임 자체를 복지시대에 맞게 바꿔 나가야 한다는 것이다.

《경향신문》의 복지기획은 이런 취지에서 출발했다. 복지의 현실을 진단하고 대안을 점검하는 과정에서 노동, 기업, 국가의 사회적 합의점을 모색해봤다. 그간의 복지논쟁이 주로 정치권과 학계 중심으로 이뤄져왔다면 이번 기획은 평범한 사람들이 말하는 복지에 초점을 맞췄다. 복지는 어느 특정계층의 문제가 아니라 우리 모두의 가족과 이웃들의 문제다. 이들이 복지국가를 논할 때에 복지논쟁은 본궤도에 오르게 될 것이다.

이 책은 2011년 5월부터 3개월간 《경향신문》이 연재한, '복지국가를 말한다' 기획시리즈를 바탕하고 있다. 준비기간에만 석 달이 걸렸으니 일간지 기획치고는 상당히 오랜 시간을 들인 셈이다. 초안을 잡기까지만 한 달 이상이 걸릴 정도로 상당히 까다로운 주제였다. 이후 전문가들을 인터뷰하고, 시민들을 만나고, 각종 국내 및 해외 논문, 전문서적을 뒤져서 읽고, 다시 현장을 취재하고 기사를 작성한 뒤 전문가들의 감수를 받는 작업을 통해 시리즈를 만들어갔다.

팀원들의 수고가 적지 않았다. 《경향신문》 특별기획 '기로에 선 신자유주의'에 참여했던 정치부 송윤경, 사내에서 손꼽히는 에이스인 사회부 유정인, '고용난민 시대-일자리 없나요?' 기획시리즈에 참여했던 김지환, 그리고 언론사 입사준비 때부터 경향의 장기기획 팀원이 되고 싶었다는 사회부의 똘똘한 막내 박은하 기자가 팀장을 맡은 본인과 함께 했다. 열심히 일해준 후배들에게 진심으로 고맙게 생각한다.

  취재를 도와주신 많은 분들이 없었다면 이 기획은 불가능했을 것이다. 먼저 취재에 응해주신 시민 여러분께 감사드린다. 강제균 씨를 비롯해 많은 분들께서 자신의 삶과 복지에 관한 솔직한 생각을 이야기해주셨다. 이들의 생생한 이야기 덕분에 딱딱한 주제의 이 기획물은 복지가 결코 정치인과 관료들의 탁상 위에 놓인 것이 아닌, 바로 우리 삶의 문제라는 공감을 얻을 수 있었다.

  취재 과정에서 많은 도움을 주신 전문가들께도 진심으로 감사의 말씀을 전한다. 오건호 사회공공연구소 연구실장, 노대명 보건사회연구소 연구위원, 김연명 중앙대 사회복지학과 교수, 장경섭 서울대 사회학과 교수, 유종일 KDI 국제정책대학원 교수 등 많은 분들께서 조언을 아끼지 않았다. 기고를 주신 정원오 성공회대 교수와 정태인 새로운사회를여는연구원 원장, 그리고 시민토론회에 참석해주신 김태일 좋은예산센터 소장 등 도움주신 분들의 이름을 일일이 적지 못하는 점은 깊이 죄송할 뿐이다. 그리고 취재 지원을 해준 '한국언론진흥재단'과 더 많은 독자를 만날 수 있게 한 권의 책으로 만들어준 밈 출판사와 에디터들에게도 감사의 마음을 전한다.

  이 책을 통해 한국사회에서 복지논쟁이 단순히 '수혜'의 문제가 아니라 시민권의 문제임이 전달되었으면 하는 바람이다. 모쪼록 숨 돌릴 틈 없이 굴러가는 경쟁의 쳇바퀴 속에서 갈수록 파편화되어가는 우리사회의 건강성, 구성원들 간의 관계에 대해서도 다시 생각해보는 계기가 됐으면 하는 바람이다.

저자를 대표하여

최민영(경향신문 국제부) 씀

제 1 부

우리 복지의 오늘

01 가족에게 미뤄온 국가복지

02 삼포세대, 청년들이 내몰리고 있다

03 한국 복지 50년사를 되돌아보다

04 복지국가 논쟁 해부 – 그들이 말하지 않는 복지의 4가지 진실

국가대신 가족이 책임진 복지는?

한국은 산업화 과정에서 가족들에게 사회재생산의 짐을 떠맡겼다. 이는 고도성장에 의해 은폐돼왔으나 1997년 경제위기를 기점으로 중산층이 무너지고 빈곤층이 증가하면서 적나라하게 드러나게 됐다. 하지만 유교적 전통과 국가재정의 문제, 그리고 시민에 대한 국가의 태도 등이 맞물리면서 한국의 복지는 이후에도 본격적으로 확대되지 못한 채 신자유주의적인 정책에 묻혀 있는 상태다. 한국의 가족들은 소득재분배가 갈수록 악화되는 상황 속에서도 자녀교육과 노인부양, 주택 등에서 많은 지출을 감당하고 있다. 중산층들에까지 복지요구가 확대되는 것은 이 같은 과다한 부담에 대한 불만이자, 세금을 내도 자신에게 혜택이 돌아오지 않는 것에 대한 납세자들의 정당한 이의 제기라고 볼 수 있다.

가족에게 미뤄온 국가복지 01

한국의 가족들은 근면성실함을 미덕으로 한국을 세계 경제대국으로 만든 숨은 주인공이다. 전후 산업화 시대에 아들과 딸들은 공장에서 더 나은 미래를 꿈꿀 수 있을 것이라고 믿으면서 저임금을 감당했고, 부모들은 자녀들에게 더 나은 미래를 주기 위해 시골에서 땅을 갈고 소를 팔아 대학교육을 지원했다. 한강의 기적은 더 나은 미래에 대한 이들의 믿음이 있었기에 가능했다. 수백 년 유교사상에 기초한 가족구성원에 대한 강력한 책임감은 자녀양육과 부모를 부양하는 책임을 가족들이 기꺼이 감당하게 만든 사회적인 배경이 됐다.

그리고 한국은 2010년 기준 세계 13위의 경제대국이 됐다. 하지만 우리의 가족들은 그에 걸맞은 '파이 조각'을 국가로부터 돌려받고 있는가, 가족들이 낸 세금이 과연 가족들에게 얼마나 쓰이고 있는가, 1960~70년대에 부족한 국가예산을 이유로 가족에게 당연하다는 듯이 떠민 책임을, 국가는 이제는 잊어버리고 있지는 않은가? 한국의 일부 보수세력은 복지에 대한 국민의 높아지는 요구에 대해 큰 틀의 경제를 이해하지 못한 무책임한 행동으로 매도하지만, 이제는 다시 생각해봐야 할 때다. 지금까지 가족들이 저임금을 감내하고 1997년 경제위기 이후의 타격을 고통스럽게 안으로 삭일 때, 책임을 방기한 채 가족들에게 모든 책임과 비용을 떠넘긴 것은 바로 국가가 아니었는지 말이다.

1965년생 강제균 씨의 눈에 비친 복지

지금까지 한국에서 복지는 저소득층에게 국가가 시혜적으로 제공하는 서비스 정도로 보통 인식돼왔다. 하지만 급격한 경제변동과 갈수록 심해지는 빈부격차, 주거 및 교육비 부담으로 인해 중산층들까지 '살기가 팍팍하다'는 얘기가 나오는 게 우리의 현실이다. 중산층 시민 강제균 씨의 이야기를 통해 우리 국가복지의 현주소를 가늠해봤다.

강제균 씨와 그의 가족은 열심히 살아왔다. 우리 대부분이 그랬던 것처럼, 그들의 삶은 성장과 발전만을 외쳐온 대한민국을 따라 내달려온 과정이었다. 그런데 그의 입에서 '국가가 나와 가족을 위해 무엇을 해줬냐'하는 불만이 터져 나왔다. 그렇지 않아도 지금 어렵게 버텨가고 있는데 혹시 자신이 잘못되면 가족은……. 한 집안의 가장으로서 당연한 불안인 것이다. 그래서 국가가 뭐 해준 게 있냐는 그의 말은 불만이라기보다는 더 이상은 국가가 책임을 방기한 채 가족들에게 모든 책임과 비용을 떠넘기지 말아 달라는 간절한 바람으로 들렸다.

회사도 국가도 못 믿어

경기도 군포시 당정동의 한 아파트 단지, 2011년 3월의 마지막 토요일 오후 상가엔 사람들의 발길이 뜸했다. 강제균 씨(47)는 홀로 13평짜리 쌀집을 지키고 있었다. 복지에 대해 묻자 그는 김황식 총리 얘기부터 꺼냈다. 김 총리가 "(복지) 혜택을 받는 분들은 권리라고 생각하지 말고 고마운 일이라고 생각해야 한다"고 해 물의를 빚은 그 발언이다.

"그 말은 생각할수록 화가 납니다. 없는 사람은 국가에 고마워하라? 총리의 그런 마인드, 잘못된 것 아닌가요?" 그의 성토가 이어졌다.

"가령 리비아에 체류하는 국민이라면 리비아 내전이 터졌을 때 대한민국이 나를 구해줄 것이라고 기대하잖아요. 복지도 마찬가지죠. 내가 열심히 일하면 국가가 미래의 삶을 보장해줄 것이다, 이런 기대감이 있는 거죠. 근데 왜 그걸 지나친 욕심처럼 말하는지 모르겠어요."

지난 2010년 6.2 지방선거에서 '학교 무상급식'이 쟁점으로 떠오른 이후 복지 확대의 필요성은 보수와 진보를 막론하고 대세로 굳어졌다. 그러나 정치권 논쟁은 '보편이냐 선별이냐' '증세냐 아니냐' '경제가 먼저냐 복지가 먼저냐' 등의 이분법적 틀에서 벗어나지 못한 채 겉돌고 있다.

2011년 한국사회가 맞이한 복지논쟁의 핵심은 이제껏 국가의 복지에 대해 의문을 가져본 적이 없던 이들이 새로운 질문을 던지고 있다는 데 있다. 그리고 그 의문은 겉으로는 경제적으로 건강해 보이는 중산층에서도 넓게 퍼지고 있다.

중산층 가정의 가장인 강씨가 정부의 '시혜적 복지관'에 반감을 갖게 된 것은 왜일까? 이 의문의 뿌리를 찾아 읽는 데서부터 복지논쟁은 다시 출발해야 한다. 강씨가 살아온 과정을 거슬러 올라가는 것으로 이야기를 시작해보자.

가장이 '번듯한 직장' 잃자 생계 책임은 온 가족 몫

"국민이 마음을 가다듬고 힘을 합쳐서 오로지 수출과 증산과 건설에 매진한다면……."

1965년 1월 16일 서울 태평로 국회의사당에서 박정희 대통령이 새해 시정방침을 밝히는 연두교서를 읽고 있었다. 관공서에는 '1965年度는 일하는 해'라는 포스터가 요란스레 나붙어 있었다. 바야흐로 수출주도형 경제가 태동하던 그 해, 강씨는 태어났다.

강씨의 아버지는 운수회사에서 고속버스를 몰았다. 요즘으로 치면 대기업이었다. 항공 조종사처럼 제복 입고 때때로 박하사탕을 들고 멋있게 퇴근하던 아버지는 늘 "회사가 잘 돼야 우리 식구가 잘 살 수 있다"고 말했다. '가족은 아버지를 믿고 아버지는 회사를 믿던' 시절이었다.

1970년대 가족은 '번듯한 일자리'를 가진 가장이 있느냐 없느냐에 따라 신분이 달라졌다. 강씨와 같은 행운을 누리지 못한 가족들은 어린 자식들을 일터에 보내야 했다. 평화시장 노동자 전태일이 대통령에게 보내는 편지로 "영세민의 자녀들이 굶주림과 어려운 현실을 이기려고 하루에 90원 내지 100원의 급료를 받으면서 1일 16시간의 작업을 하고 있다"고 알려야만 하던 시절이었다. 국가가 경제발전의 가속페달을 밟는 동안 삶과 생존에 대한 부담은 가족이 고스란히 떠안아야 했다.

보통의 가정은 어느 집이나 과부하에 시달렸다. 강씨 가족에게도 그런 순간이 찾아왔다. 쉬는 날이라곤 한 달에 겨우 이틀, 나머지는 그야말로 밤낮없이 일하던 아버지가 갑자기 병으로 일을 할 수 없게 되면서였다. 가장이 2~3년 병마와 싸우는 동안 강씨 집은 자가에서 전세로, 전세에서 월세로 떨어졌다. 아이 셋을 키우는 어머니는 곰 인형을 기우며 버텼다. 아버지가 다시 일어나 재취업을 했지만 집안형편은 나아지지 않았다. 살림이 펴진 것은 1980년대 초 자녀들이 생활전선에 뛰어들면서부터였다. 그 뒤에도 어머니는 의류공장, 음료공장, 인쇄공장에서 새벽부터 밤까지 일했다.

1970~80년대 경제성장의 신화를 떠받친 것은 이처럼 어떻게든 '바닥'에 떨어지지 않기 위해 애쓴 가족이었다.

군사정권도 말로는 '복지', 고용보험 등은 '그림의 떡'

군사독재정권은 국민들에게 '다 함께 잘 사는' 복지국가의 미래를 약속했다. 박정희 전 대통령은 5.16 군사쿠데타 이후 "사회보장제도의 기틀을 마련하여 국민생활 향상과 복지사회 건설을 기할 것"(1962년 기자회견)이라고 선언하고 10월 유신 뒤에는 "10월 유신을 종합적으로 설명하면 보다 많이 땀을 흘려 복지국가를 만들어 민족의 번영을 이룩하자는 것"(1973년 기자회견)이라고 강조했다. 1980년에 정권을 잡은 신군부 역시 "새 시대 목표"라면서 "민주복지국가"를 국정지표로 발표했다.

그러나 이 약속은 장식품에 불과했다. 사회안전망은 텅 비어 있었다. 의료보험법은 1963년에 만들어졌지만 14년 뒤부터 시행돼 1979년 보험 적용대상은 공무원, 교원, 대기업 직원을 중심으로 전체 국민의 21.2퍼센트에 불과했다. 공적 연금제도는 1988년 이전까지 공무원, 군인, 사립학교 교직원에만 적용됐다. 실업급여가 나오는 고용보험도 1995년에야 도입됐다. 비어 있는 안전망은 가족이 채워줄 수밖에 없었다. 1980년대에 급팽창한 한국의 생명보험·손해보험 시장이 이를 보여준다. 한국의 민간보험사가 거둬들인 보험료 규모는 1990년 세계 1위(GDP대비 보험료수입)를 찍는다.

하지만 국민들은 척박한 국가복지에 이의를 제기하지 않았다. 그저 '넥타이 매고 일할' 자식의 미래를 그리며 "가족을 먹여 살릴 수만 있다면 무엇을 해도 괜찮다"고 여기는 세대들이었다.

강씨의 아버지도 그랬다. 그는 경제개발을 주도하는 정부에 항상 고마워했다. 어디에 있든 아버지는 오후 6시 국기하강식을 알리는 트럼펫 소리가 울려 퍼질 때면 국기게양대를 찾아 경례를 했다. 아버지는 예순 둘, 비교적 이른 나이에 세상을 떴다. "직업이 있다는 것을 감사하게 여긴 분이었지만 늘 강도 높은 노동에 시달려 그 피로감이 깊이 쌓였던 것 같다"고 강씨는 말했다.

**IMF 뒤 회사선 "고통분담" 복지는커녕 해고 공포,
퇴직 후 자영업 빚더미에**

세월이 흘러 강씨도 아버지가 됐다.

첫 아이를 신생아실에서 만나 가슴이 뭉클했던 때는 국제금융기구(IMF)의 구제금융을 받던 1997년이었다.

강씨는 외환위기의 충격파를 남들보다 먼저 맞았다. 그의 첫 직장이던 건설회사가 IMF 구제금융 직전에 부도가 나면서 직원들이 뿔뿔이 흩어졌다. 부도가 다가올 무렵 당시 건설회사의 회장은 '여러분은 다른 데 가

서 생활하면 되지만 난 모든 것을 버렸다'며 희생정신을 강조했다. 강씨는 "일개미가 잘못해서 개미집이 무너진 것도 아닌데 '고통분담'은 일하는 사람에게만 돌아왔다"며 뒷맛이 쓰다고 했다.

강씨는 다행히 두 번째로 들어간 직장에서는 구조조정에서 살아남았다. 그러나 임금은 동결됐고 생활에 큰 도움을 줬던 회사의 복지체계는 쪼그라들었다. 그는 "회사의 복리후생 책자가 B4 종이 한 장짜리로 줄어들었다"면서 "그동안 부어가던 예금과 적금, 보험을 깨서 생활비로 쓰는 생활이 시작됐다"고 회고했다. 그래도 다시 위기가 왔을 때 퇴출 1순위가 될지 모른다는 공포심 때문에 회사 눈치를 보며 다녀야 했다. 당시 직장인들 사이에선 '비온 뒤 청소부가 비질할 때 바닥에 달라붙어 떨어지지 않는 젖은 낙엽이 되어야 한다'는 말이 유행했다.

2005년 10월, 강씨는 회사를 그만뒀다. 그를 위한 국가복지제도는 없었다. 과정이야 어찌됐든 자발적 퇴사로 간주돼 실업급여는 받을 수 없었다. 직장생활을 하며 저축한 돈이 생활비로 야금야금 빠져나갔다.

"어릴 적 가족은 아버지를 믿고 아버지는 회사를 믿었어요. 지금도 가족은 아버지를 믿는데 아버지인 저는 회사도 국가도 못 믿겠어요. 국가라는 큰 시스템에 기댈 수 있는 게 없더라고요. 혜택이란 걸 받을 수 있으려면 내 생활이 완전히 바닥에 떨어져야 겨우 좀 오는 거 같고요."

강씨가 기댈 곳은 대출뿐이었다. 2007년 쌀집을 개업할 때 수중에 있던 돈은 700만 원, 그밖에 8,000~9,000만 원은 대출로 충당했다. 어렵사리 주택구입 대출을 갚아 마련한 아파트를 다시 담보로 잡혔다. "우리집 중에서 진짜 우리 것은 베란다뿐이다." 그는 아들에게 종종 농담조로 말한다.

뉴스를 보면 빚으로 버티는 가족이 강씨만은 아니다. 지난해 우리나라 가계 금융부채는 10년 전보다 500조 원 이상 증가해 937조 원(한국은행 금융안정보고서)으로 가처분소득의 146퍼센트에 달한다.

강씨가 현재 지고 있는 빚은 1억5,000만 원, 한 달에 400만~500만 원을 벌어 250만 원은 금융기관에 고스란히 보내야만 한다. 나머지 150~250만 원 중 100만 원은 두 아들의 학원비로 지출하고 남은 돈으로 생활비와 각종 경비를 메워나가야 한다.

국가는 늘 국민 잊었다

그가 큰 병에 걸리기라도 한다면 그의 가족은 빈곤의 벼랑으로 밀린다. 강씨는 그게 제일 무섭다고 했다. 특히 주위에서 추락하는 가계살림을 볼 때마다 그 공포는 배가 된다.

"저처럼 회사를 나와 자영업 하는 선배가 뇌졸중으로 쓰러졌는데 도와드릴 방법이 없더라고요. 결국 가족의 모든 생활이 나락으로 떨어져 버리더군요."

강씨는 건강보험에 가입돼 있지만 "망막에 피가 고여 사흘간 입원했을 때 병원비 100만 원을 내고 나니 건강보험만 믿어서는 안 되겠다는 생각이 들었다"고 말한다. 실비가 지급되는 민간보험 한둘쯤은 붙들고 있어야 마음이 놓일 것 같다는 것이다. 그는 자영업자이기에 산재보험, 고용보험의 보호를 받을 수 없다.

한국사회에서 이런 불안은 일상화돼 있다. 그의 아버지가 병까지 얻어가며 노동에 몰입한 것이 더 나은 가족의 삶을 위한 '희망' 때문이라면 그 아들은 그저 살아남아야 한다는 '불안' 속에서 쳇바퀴를 돌린다. 이것이

겉으로는 멀쩡해 보이는 중산층의 멍든 현실이다.

자녀의 미래를 생각하면 강씨는 더욱 불안하다. 우리사회가 점점 빈부격차가 커지고 계급이동이 어려워지는 게 느껴지기 때문이다. 강씨 부부는 다른 집처럼 두 아들의 특목고 진학을 위해 초등학교 때부터 '스펙 쌓기'를 시도했다가 아이가 힘들어해 중단한 상태다. 그래도 영어와 수학 두 개 학원에만 보내자니 늘 불안하다. 그 자신이 회사를 믿을 수 없다는 경험을 하고도 강씨는 종종 아들에게 "너 그러다가 대기업 못가면 어떡할래?"라고 다그치기도 한다.

학교에서 아이들은 경쟁에서 앞서려고 봉사활동도 친구와 함께 가지 않는다고 했다. 국제교육협의회(IEA)의 36개국 설문조사에서 한국의 청소년이 관계지향성(참여), 사회적 협력(신뢰) 항목에서 0점을 받았다. 더불어 사는 능력이 세계 꼴찌라는 얘기다. 그러나 '역전의 기회'가 없는 세대라는 것을 알기에 "두 아이의 학원비로 한 달에 100만 원씩, 그러니까 생활비의 절반을 써야 하는 이 생활을 멈출 수는 없다"고 강씨는 말한다.

"애들 대학 보내고 빚도 갚아나가야 하는데 노후대책이고 뭐고 있을 수가 없죠. 그러다가 나이 들어서 국가 도움을 좀 받게 되면 높은 사람들은 그렇게 말하나요. '당신은 혜택을 받고 있으니 고마워하라'고?"

이야기를 나누던 중 강씨의 가게에 임신한 젊은 부부가 어린 딸의 손을 잡고 들어왔다. 아이가 쌀부대 위에서 까르르 웃으며 장난치는 동안 가게를 둘러보던 부부는 쌀 한 포대와 잡곡을 배달해달라고 주문했다. 손님이 나가자 강씨는 가게 입구의 책상에 걸터앉으며 말했다.

"1987년에는 민주화만 되면 정말 다 되는 줄 알았어요. 국가가 국민을 챙겨주고 그럴 줄 알았죠. 그때는 두셋만 모여도 열변을 토하곤 했는데……." 강씨는 씁쓸하게 웃었다. "국가는 항상 기대를 저버리더라고요. 안 그런 적이 없어요."

국가가 나에게 돌려준 것은 무엇인가?

강씨가 이 땅에서 살아온 46년. 이 사이 한국의 1인당 GNI(국민총소득)는 강씨가 18살이던 1982년 1,927달러에서 2010년 현재 2만759달러로 10배 이상 뛰어올랐다. 국가는 "힘을 합쳐 열심히 일할 것"을 강조했고 국민은 "일할 수 있다는 것에 감사"하며 묵묵히 따랐다. 그래서 경제규모로만 보면 한국은 세계 열세 번째 국가가 됐다.

그러나 강씨는 오히려 부모 세대보다 행복하지 않은 것 같다고 했다. 그의 부모는 더 나은 미래를 자녀에게 물려주기 위해 자신의 삶의 질을 포기했지만, 정작 강씨 세대에선 소득보다 삶의 비용이 더 커졌다. 강씨는 아버지처럼 자녀의 '밝은 미래'도 쉽게 상상하기 힘들다. 국가의 복지재정 수준이 경제협력개발기구(OECD) 회원국 중 꼴찌 주변을 맴돌고, 최악의 자살률과 청년실업률, 비정규직 비율 등으로 사회갈등이 끊이지 않기 때문이다. 강씨와 같은 중산층 국민들이 국가의 복지를 입에 올리는 것은 이런 상황에서 비롯된다.

서울대 장경섭 교수(사회학)는 "개발주의 시대 국가는 복지에 대한 사회적 권리를 가족의 의무로 몰아가고 방치했다. 그런데도 사람들이 참을 수 있었던 것은 완전고용에 가까운 상황이 유지돼 국민이 경제개발에 참여할 수 있었기 때문"이라면서 "그러나 이제는 다수가 그런 참여기회를 박탈당해 밀려나면서, 국가의 의미에 대해 묻기 시작했다"고 말했다.

즉, 개발주의의 환상이 깨져나가면서 대를 이어 일개미처럼 일했던 사

국내 GDP 증가 추이

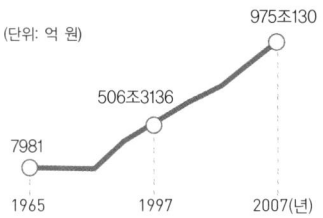

(단위: 억 원)
- 1965: 7981
- 1997: 506조3136
- 2007(년): 975조130

GDP 기준 한국의 공공복지지출 추이*

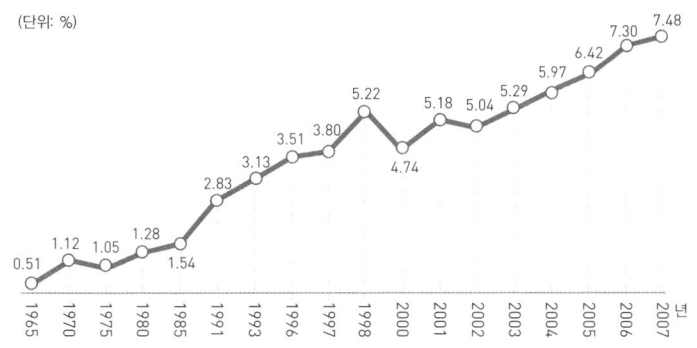

(단위: %)

연도	%
1965	0.51
1970	1.12
1975	1.05
1980	1.28
1985	1.54
1991	2.83
1993	3.13
1996	3.51
1997	3.80
1998	5.22
2000	4.74
2001	5.18
2002	5.04
2003	5.29
2004	5.97
2005	6.42
2006	7.30
2007	7.48

*한국보건사회연구원 고경환 연구위원이 산출한 수치. 그 중 1970~80년대 규모는 현재 남아 있는 결산자료를 토대로 한 추정치임.

GDP대비 공공복지지출

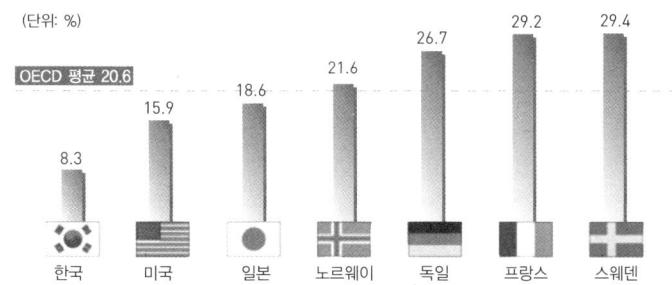

(단위: %)

OECD 평균 20.6

- 한국: 8.3
- 미국: 15.9
- 일본: 18.6
- 노르웨이: 21.6
- 독일: 26.7
- 프랑스: 29.2
- 스웨덴: 29.4

자료: 한국보건사회연구원.

람들이 화려한 경제지표와 자신의 초라한 삶을 견주어 보기 시작한 것이다. 같은 맥락에서, '국가가 나에게 돌려준 것은 무엇인가?' '한국은 앞으로도 이렇게 굴러 가야 하나?'와 같은 질문이 터져 나온다. 지금 등장하고 있는 국민들의 복지욕구를 단순히 욕망으로 보아서는 안 되는 것도 이 때문이다. 국가복지에 대한 '새로운 생각'은 지금과는 다른 한국사회를 바라는 마음에서 싹트고 있다.

제일은행 해직자들, '눈물의 비디오' 출연자들, 지금 어떻게 사나?

"제일은행 정말 사랑합니다. 10여 년 동안 근무하면서 정말 열심히 일했고요. 남아계시는 여러분들 좋은 은행으로 다시 살렸으면……. 내 일 남 일 가리지 마시고 꼭 성공해주세요."

1997년 외환위기의 복판에 있던 제일은행은 이듬해 4,000여 명 감원을 단행했다. 제일은행 홍보팀에서는 떠나가는 동료들의 마지막 한마디를 담아 '내일을 준비하며'라는 제목의 사내교육용 비디오를 만들었다. 거칠게 편집된 이 영상에서, 해고대상자가 된 이들은 무슨 말을 해야 할지 당황하는 모습이 역력했다. 그들은 어렵게 입을 떼어 '회사의 내일'을 당부했다. 남아 있는 직원들이 이를 보고 펑펑 울었다고 해서 '눈물의 비디오'라는 이름이 붙여졌다. '비디오를 보고 싶다'는 요청이 쏟아져 제일은행이 비디오 복사본을 나눠주기로 한 날, 본사 앞에는 수백 명이 길게 줄을 섰고 당시 김대중 대통령까지 이 비디오를 구해 청와대에서 시청했다고 한다. 눈물의 비디오는 그렇게 외환위기의 상징으로 남았다.

취재팀은 이 비디오에 출연했던 이들의 이야기를 듣고 싶었다. 점증하는 대중의 복지 요구는 한마디로 '다른 한국사회를 원한다'는 열망이라는 데 취재기자들의 생각이 모아진 터였다. '그렇다면 누구의 목소리를 담으면 좋을까?', 고민 끝에 '혹시 그들이 솔직한 이야기를 털어놓는다면?' 하고 눈물의 비디오에 나왔던 이들을 생각해냈다.

하지만 비디오에 나왔던 이들을 추적하는 것은 결코 쉽지 않았다. 비디오의 주인공 이삼억 차장은 몇 해 전 암으로 세상을 떠났고 주인이 두 번 바뀐 그 은행은 과거를 지우려 했다. SC제일은행 측은 비디오 관련 취재 자체를 거부했다. 해고된 이들이 하나같이 "회사를 살려달라"는 말을 남겼음을 생각하면 허탈한 일이었다. 취재진과 만나기로 했던 일부 은행 직원들은 "회사가 인터뷰하지 말라고 한다, 미안하다"며 인터뷰 약속도 취소했다.

비교적 쉽게 만날 수 있는 주인공도 있었지만 사업이 잘 풀린 이례적인 경우였다. 그는 "가족들이 그런 비디오에 왜 나갔었느냐고 종종 타박한다"면서 "당시 해고된 사람들과는 거의 인연이 끊겼다"고 했다.

그러다가 정말 어렵게 박진규 씨(53·가명)를 만났다. 기자들은 취재원을 만나기 전에 나름의 줄거리를 생각해보고 그에 맞춰 질문도 정리해둔다. 하지만 이는 어디까지나 머릿속 그림일 뿐이다. 취재는 늘 '현실은 상상 이상'임을 확인하는 작업이다. 결과적으로 박씨를 기획시리즈의 1회차 주인공으로 담지 못한 것은 그의 삶과 이야기 속에 보편적인 공감을 얻기는 힘든 특수한 부분이 있었기 때문이었다. 하지만 그의 삶 속엔 분명 우리사회에 대해 다시 생각하게 만드는 어떤 시사점이 있었다. 취재진이 그의 이야기를 다시 정리해 독자에게 공개하는 이유다.

2011년 봄에 박진규 씨는 해고를 당했다. 일하던 법무사 사무실의 소장이 "경기가 안 좋아 일이 없으니……"라는 얘기까지만 했을 때 그는 무슨 뜻인지 금방 알아차렸다. 안 그래도 사무실에 일감이 별로 없어 눈치가 보이던 참이었다. 그리고 며칠 뒤 그는 고용노동청에 들러서 실업급여를 받을 수 있는지 알아보고 있었다. 박씨가 기자의 전화를 받게 된 것은 그때였다. 한사코 인터뷰를 거절하던 그는 사실 "남의 부탁은 잘 거절하지 못하는 성격"이었다. 애원 끝에 기자는 결국 박씨와 마주앉을 수 있었다.

"어느 오락프로그램에서 한 개그맨이 그런 말을 하더라고요. '인생은 롤러코스터다, 롤러코스터를 잘 타자'라고요. 너무 와 닿았어요."

박씨는 자신의 인생을 두고 '롤러코스터 같았다'고 했다. 1980년대 중반 제일은행에 들어간 뒤 중산층으로 평탄한 삶을 살 것 같았던 그의 인생이 크게 바뀐 것은 역시 1998년 구조조정이었다. 해고된 뒤 그의 수중엔 퇴직금을 비롯해 약 3억 원 가량이 있었다. 가족들은 "그냥 집에 있으라"고 했지만 당시 박씨는 40대 초반 "한창 일하고 싶은" 나이였다. "무엇이든 하고 싶다"는 마음에 야심차게, 사무용품 주물공장을 인수해 경영하다가 1년여 만에 갖고 있던 돈을 모두 날렸다.

이듬해 그는 이번에는 법무사 사무소에 취직했다. 이때부터 제2의 전성기를 맞게 됐다. 공교롭게도 부동산 버블 덕분이었다.

"법무사 사무소에서는 재개발·재건축과 관련된 등기문제, 법률관계 등을 많이 다루거든요. 부동산 경기에 민감해요."

외환위기로 그의 등을 밀었던 국가는 이번에는 '부동산 붐'으로 그를 다시 밀어올렸다. 은행에서 10여 년간 고객을 상대하며 쌓은 수완을 발휘해서 그는 나중에는 법무사를 초빙해 직접 법무사 사무실을 냈다. 자신이 고용한 직원들과 흥겹게 2002년 한일 월드컵 응원을 했던 기억도 있다. 그렇게 6~7년이 흘렀다. 인생은 잘 풀리고 있었다. "저는 돈을 벌었지만 부동산 가격이 오르면 서민은 그만큼 집 살기 어려웠을 것"이란 생각은 지금에 와서야 갖게 된 "깨달음"이다. 그때는 오히려 "헛짓거리할 욕심"에 사로잡혔다.

"잘 벌릴 때 더 벌고 싶다는 생각이 강했어요. 주식으로 재미를 좀 봤는데 그것 때문에……."

법무사 사무실을 운영하면서 그는 주식에 손을 댔다. 처음에 소액을 투자했다가 이익을 봤던 그는 나중에는 별도 개인사무실을 내서 컴퓨터 세 대를 들여놓고 홀로 주식에 몰입했다. 법무사 사무실 운영은 다른 사람에게 맡겼다. 십수 명의 지인들을 불러들여 투자모임을 만들었고 투자단위는 점점 커졌다. 2008년 즈음에 그는 그간 모아놓았던 재산 5억 원을 모두 날렸다.

"서울에 있던 집을 팔아 사무실 직원 월급을 주고 문 닫았죠. 가족 거처는 경기도 인근에 작은 전셋집을 얻어 마련했고요. 그러고도 5,000만 원 정도 빚이 남았어요."

그는 다시 실업자가 되어 "바닥"에 나앉았다. 그때가 2009년 즈음이었다. 두 자녀는 대입준비를 하고 있었다. 당시의 심경을 물으면 그는 "내 죄악 때문이죠. 그렇게 된 건 당연해요. 벌 받은 거예요"라는 말만 반복했다.

비틀거리던 그는 종교에서 마음의 안정을 찾았다. 우연히 찾아간 교회에서 모든 의문이 풀리는 경험을 했다고 얘기했다.

"아, 모두 하나님의 뜻이라는 걸 깨달았어요. 돈을 벌게 하시는 분도 그분, 잃게 하시는 분도 그분……."

당시 박씨는 나이 쉰이 되어 인력시장에 나가 막노동을 했고 대리운전 아르바이트, 주유소 아르바이트를 했다.

"맨날 가벼운 것만 들다가 철근을 들어 올려 어깨에 지려고 하니 죽을 것 같더라고요. 그래도 막상 할 때는 괜찮아요. 집에 가면 온몸이 쑤시는 거죠. 그것도 결국은 몇 달 하면서 적응했어요."

극도의 육체노동과 종교 체험이 맞물리면서 그는 일종의 초탈을 경험한듯 했다.

"대리운전 아르바이트를 하던 어느 날 2만 원을 받고 일산 고양엘 갔어요. 12시가 넘으니까 그곳에서 집에 가는 버스가 없는 거예요. 결국 걸어나왔죠. 집에 가서 '여보 나 오늘 이거밖에 못벌었어'라면서 돈을 주는데 손이 너무 부끄럽고……, 근데 그 순간 어떤 짐을 벗는 느낌이 들었어요. 아, 내가 그동안 '돈짐'을 지고 있었구나, 발광을 하고 벌었구나 싶었어요."

그 후부터 그는 어떤 고통도 감당하기로 했다. 일이 없을 때는 자신보다 더 가난한 사람을 생각했고, 폐지를 줍는 노인에게는 아무 말 없이 몇 천 원씩 쥐어드리기도 했다. 더 힘든 사람을 위해서 "하나님께" 기도도 드렸다.

가족 간 관계가 더 좋아진 것도 오히려 이때였다. 돈을 잘 버는 동안 그의 가족은 "소 닭 보듯이 사이"였다.

"무엇보다 제가 애들한테 제가 시키고 싶은 것을 강요했거든요. 나중에 돈 잘 벌고 명예 높일 수 있는 그런 공부를 하라고 다그쳤죠. 다 제 욕심이었던 거예요. 나중에 큰 아이에게 널 내 맘대로 하려고 해서 미안하다고 했어요. 그 후부터는 애들이랑 얘기를 좀 할 수 있었어요. 그전까지는 정말 저하고는 말도 안하려 했는데……."

그렇게 "하루 벌어 하루 살다가" 지난해 법무사 사무소에 계약직으로 취직했고, 1년여가 흘러 해고당했다. 하지만 그는 지금 "마음이 편안하다"고 했다.

"저는 이제 죽어도 좋아요. 목숨에 연연 안 해요. 현실에 순응하고 차분하게 기다리고 있을 거예요. 제가 벌 받는 것은 당연하다고 생각하니까요. 집사람에게도 '나 언제 죽을지 모르니 대비하라'고 했어요. 다만 아직 빚을 다 못 갚아서 2,500만 원 남아 있는 거 그게 제일 맘에 걸릴 뿐이에요."

그의 소원은 "빚을 다 갚고 나서 농촌으로 이사해 작은 교회 옆에서 봉사하고 사는 것"이라고 했다. 그에겐 그 흔한 보험도, 예금·적금도 없었다. 그는 "이 몸뚱아리 하나면 된다"고 했다.

박씨에게 어린 시절에 대해 물었다. 그는 "어머니는 행상을 하며 자식을 키웠고 아버지는 늘 아파서 누워 있었다"고 짤막하게 말했다.

"아버지는 일제시대엔 순사들한테 두들겨맞고 그 다음에는 경찰들한테 두들겨맞고 그랬대요. 빨치산 도와준 거 아니냐면서……. 갈비뼈가 결국은 다 나갔는데 옛날에 시골에서는 양귀비 키우고 그랬잖아요. 그거 잡숫고 좀 버티셨는데 나중엔 또 그 양귀비 먹은 것 때문에 더 악화되셨어요. 결국 제가 군대 다닐 때 돌아가셨죠."

박씨 아버지의 유언은 "돈 많이 벌어서 잘 살아야 한다"였다. 그러나 박씨를 비롯한 7남매 모두 돈에서 자유롭지 못한 삶을 살았다. 막내인 박씨가 그나마 7남매 중 유일하게 대학을 나와 "펜대 굴리는" 직업을 가질 수 있었지만 그의 삶도 평범한 중산층의 그것과는 거리가 멀었다.

박씨는 한사코 자신을 "죄인"이라고 하면서 정치, 국가, 사회에 대한 자신의 생각은 잘 드러내려 하지 않았다. 조심스럽게 "국가의 존재이유는 국민인데 지금은 그 반대인 것 같다", "'2만 불'이라는 말은 공상과학 만화에 나오는 말처럼 여겨지고 잘 안 와 닿는다"고 하다가 "국가는 다른 대다수 국민을 위해서 존재하는 것이지 저를 위해서는……" 이라고 이내 말을 끊었다.

박씨의 삶은 결코 평범하지는 않았다. 하지만 그의 삶을 관통하는 열쇳말 중 하나는 누구나 매여 사는 그것, '돈'이었다. 그가 구조조정을 겪은 뒤로는 더욱 그랬다. 돈을 위해 그는 자신의 삶을 도박 속에 밀어넣었고, 돈이 날아가자 삶을 초월해 죽음까지도 두려워하지 않게 되었다. 그는 "모든 것이 하나님의 뜻"이라고 하지만, 만약 한국사회가 '큰 돈 없어도 행복할 수 있는 사회'였다면 어땠을까?

"처음부터 계속 돈을 들여야 하니까 죽자사자 자기충족, 욕망 같은 것에 매달리게 되는 것 같아요. 학원비, 대학등록금, 결혼자금……. 하지만 아이 낳아 좋은 대학, 좋은 회사 보내도 결국 다 똑같은데."

제일은행에서 해고된 뒤 박씨가 살아낸 14년. 그는 계속 "나의 죄"를 반복하며 "깨달음"을 얻었다고 했지만, 자녀들은 자신과 같은 고통을 겪지 않고 돈에 대한 욕심 없이 하고 싶은 것을 하며 행복하게 살기를 바란다고 했다. 그것이 그가 바라는 "복지국가"였다.

한국이 100가구의 마을이라면

한강의 기적부터 글로벌 경제위기 극복까지. 한국 경제성과의 그늘에서 사회안전망 역할을 도맡아온 가족의 눈으로 한국사회를 보면 어떤 모습일까? 한국을 100가구가 사는 마을이라고 가정해보자.

마을 사람 수는 약 300명이다. 남녀비율이 약 반반인 이 마을에서 65세 이상 노인(33명)과 15세 미만(48명)을 제외한 219명이 '생산 가능인구'다. 이 중 실제로 일하는 사람은 148명이다. 노인인구를 합친 어른 252명 중 104명이 일자리가 없다.

148명의 일하는 사람들 가운데 직장에서 월급을 받는 사람(임금근로자)은 104명으로 이 중 정규직과 비정규직이 정확히 절반씩이다. 정규직이냐, 비정규직이냐에 따라 가계살림은 격차가 벌어진다. 비정규직의 임금은 정규직의 54.8퍼센트에 불과하고 각종 복지로부터 소외돼 있다.

지금 나의 현주소는?

가구당 소득은 얼마나 차이가 날까? 마을의 100가구를 소득 순서대로 늘어놓으면 가장 가운데 있는 집이 한 달에 329만 8,000원을 번다. 100가구 중 22가구는 중위소득의 150퍼센트 이상을 벌어들이는 상류층, 60가구는 중산층이다. 18가구는 이 중위소득의 절반 이하로, 이 중 14가구는 최저생계비 이하로 생활하는 절대빈곤층이다.

마을의 안전망은 대부분 정규직 일자리 중심으로 만들어져 있다. 148명의 일하는 사람들 중 고용보험에 가입할 자격이 있는 사람은 정규직 52명을 포함해 61명뿐이다. 자영업자와 상당수 비정규직은 고용보험 자격

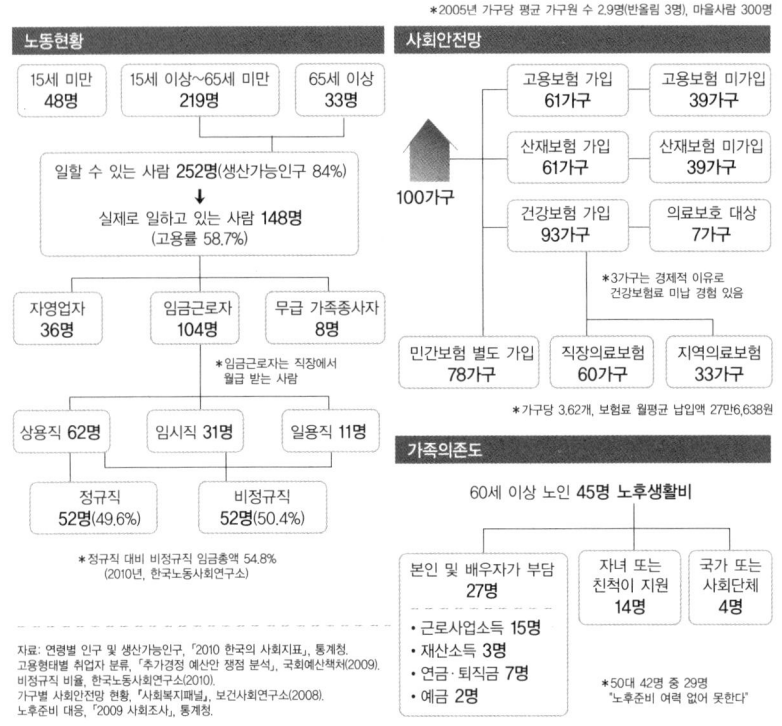

조건에서 제외된다. 100가구 중 39가구는 가족이 일자리를 잃었을 때 실업급여를 받을 수 없다. 산재보험에도 해당하지 않는다. 고용보험과 산재보험의 사각지대에 있는 가구는 상대적 빈곤가구의 2배가 넘는다.

표면적으로 이 마을은 100퍼센트 의료보장체제를 갖추고 있다. 93가구는 의료보험에 가입돼 있고, 7가구는 의료보호제도의 혜택을 받고 있다. 그러나 78가구는 건강보험 외에도 별도의 민간보험에 가입해, 가구당 월평균 약 27만 원을 지출한다. 연소득 1,000만 원 이하 17가구는 평균 0.85개의 민간보험을 가지고 있다. 연소득 3,000만 원 이상의 52가구는 평균

4.63개 민간의료보험에 들어 있다. 이들이 내는 민간보험료는 건강보험료보다 더 많다. 3가구는 경제적 이유로 보험료를 체납했던 경험이 있다.

마을 100가구의 평균 순자산은 2억3천만 원이지만 자산의 대부분은 부동산에 묶여 있다. 마을에는 111개의 집이 있지만 56가구만이 자기 집에서 살고 있다. 22가구는 전세, 19가구는 월세에 산다. 100가구 중 60가구는 빚이 있다. 27가구는 당장 쓸 수 있는 소득보다 생활비와 은행이자가 더 많이 나가는 적자가구다. 60가구 중 형편이 나은 9가구는 빚을 낼 때 은행대출을 이용하지만 가난한 7가구는 조건이 나쁜 카드사나 사채업체를 통해 빚을 낸다. 마을의 가족들은 막대한 생활비와 부족한 사회안전망의 틈새를 스스로의 힘이나 가족들의 도움으로 채운다.

100가구 중 59가구는 가족에게 도움을 받은 적이 있다. 13가구는 친척의 도움을, 48가구는 친구의 도움을 받은 적이 있다. 반면 복지관의 도움을 받아본 적이 있는 가구는 1가구, 읍면동사무소 사회복지공무원의 도움을 받아본 가구는 4가구뿐이다. 300명의 마을 사람 중 60세 이상 노인은 45명, 그 중 27명은 생활비를 스스로 마련하고 14명은 자녀나 친척들이 지원해준다. 27명 중 15명은 일해서, 3명은 임대료나 이자로, 2명은 저축한 돈으로 먹고 산다. 연금 내지 퇴직금을 이용하는 사람은 7명이다. 마을의 50대 42명 중 29명은 노후대비를 못하고 있다. 그들의 소득은 주택구입이나 자녀교육비로 빠져나간다.

100가구 중 3대가 사는 가구는 6가구, 결혼한 자녀가 부모님을 모시고 사는 가구는 1가구에 불과하다. 100가구 중 20가구는 혼자 산다. 한부모 가구도 11가구다. 생활의 부담을 계속 가족들에게 맡기기 어려운 상황이다.

한국이 100가구의 마을이라면

개황

- 한국이 100가구의 마을이라면 마을 사람들 수는 300명(2005년 가구당 평균 가구원수 2.9명→반올림 3명)
- 151명은 남자, 149명은 여자(50.2:48.9)
- 중위연령 38세(1970년에는 18.5세, 2050년에는 56.7세)
- 도시에 사는 사람 273명, 농어촌에 사는 사람 27명(2009년 도시화율 90.8퍼센트, 국토해양부)
- 농어촌에 사는 사람 27명 중 9명은 노인(2009년 농촌고령화율 34.2퍼센트, 통계청)
- 통계청의 소득지표는 농어촌 거주자 상당수 빼고 집계(2인 이상 비농업 가구 대상)

노동

- 일할 수 있는 사람(15세 이상) 249명(전 인구 83%), 그 중에 일을 하거나 찾는 사람들 183명(경제활동 참가율 61%)
- 일을 찾고 있는 사람은 9명(실업률 3.7%). 그러면 174명은 일한다고 생각하기 쉽지만 실제로 일하고 있는 사람 146명(고용률 58.7%)
- 어른들 가운데 103명은 일자리가 없다. 이 중 나이가 들어서, 장애가 있어서, 공부를 하느라, 굳이 일할 필요가 없어서 등의 이유로 일자리를 구하지 않는 사람도 있겠지만, 아이 때문에 일할 수 없는 사람, 마땅한 일자리가 없는 사람

일자리가 어떻게 돼 있길래?(통계청 2010 한국의 사회지표)

- 일하고 있는 사람 146명 – 직장에서 월급 받는 사람(임금근로자) 102명, 자영업자 36명, 무급가족종사자 8명(국회기획예산처 2009)
- 임금근로자 102명 가운데, 상용직 59명, 임시·일용직 43명(국회 기획예산처, 2009)
- 상용직 중에서도 정규직은 52명, 비정규직은 51명으로, 전체 임금근로자의 절반
- 정규직 50,502명(49.6퍼센트), 비정규직 51,408명(50.4퍼센트). 사실은 비정규직이 더 많다(한국노동사회연구소)

- 51명 비정규직 가운데, 10명은 시간제근로, 5명은 호출근로, 4명은 특수고용, 1명은 파견근로, 4명은 용역근로
- 정규직 대비 비정규직 임금총액 54.8퍼센트(2010, 한국노동사회연구소)
  (가장이 정규직인 가구와 비정규직인 가구 사이 격차 발생)

소득양극화
- 중위소득 약 327만8천원
- 2010년 현재 100가구 중 14가구가 최저생계비 못 미치는 절대빈곤가구
- 상대빈곤(중위소득 50퍼센트 이하) 18가구
- 중산층(중위소득 50퍼센트~150퍼센트) 60가구
- 상류층(중위소득 150퍼센트 이상) 22가구
  (그러나 항시적 사회안전망 위기인 가구는 39가구―고용, 산재보험 미가입/상대빈곤층보다 2배 많은 수치)

사회안전망 사각지대(2008, 보건사회연구원 사회복지패널)
- 148명의 취업자 중 고용보험 가입 가능한 자 61명(전체 근로자 가운데 상용직+임시직 극히 일부만 해당. 전체의 41.2퍼센트)
- 100가구 중 고용보험 가입 61가구, 미가입 39가구
- 100가구 중 산재보험 가입 61가구, 미가입 39가구
- 건강보험 가입 93가구, 미가입 7가구(의료보호대상자)
- 93가구 중 직장의료보험가입 60가구, 지역의료보험가입 33가구
- 3가구는 경제적 이유로 건강보험료 미납경험 있음
- 78가구는 민간보험 별도 가입, 가구당 3.62개. 보험료 17만6,555만 원(종신보험 포함하면 27만1,969원)
- 35가구 "불의의 질병 및 사고 시 경제적 부담 줄이기 위해 별도 가입", 27가구 "국민건강보험서비스 보장 부족해서", 그러나 29가구는 "경제적 부담으로 민간보험 해약"
- 연소득 1,000만 원 이하 17가구 평균 0.85개
- 연소득 3,000만 원 이상 52가구 4.63개

- 민간보험 시장규모 33조4,133억 원(건보료보다 24조 원 많음)

살아가는 데 드는 비용
- 아이 한 명 대학 보낼 때까지 드는 비용 2억6천만 원
- 100가구 평균 순자산 2억3천만 원
- 주택소유 자가 56가구, 전세 22가구, 월세 19가구, 무상 및 기타 3가구
- 주택의 수는 111개
- 자가 소유자 56가구 중 24가구 금융기관 대출로 주택 마련, 12가구 부모나 친지로부터 물려받음

부채와 자산
- 100가구 중 60가구는 대출
- 27가구는 적자가구(처분가능소득 < 소비지출)
- 27가구 중 12가구가 하위 20퍼센트, 15가구가 하위 40퍼센트(~0퍼센트)
- 하위 10가구 순자산 −0.5퍼센트
- 하위 50가구 순자산 8.9퍼센트
- 하위 70가구 순자산 23.2퍼센트
- 하위 80가구 순자산 34.9퍼센트
- 상위 10가구 순자산 47.2퍼센트(핀란드와 비슷한 수준. 상위 10가구의 자산점유율은 심각한 편은 아님)
- 60가구 중 상위 12가구 중 9가구는 빚을 낼 때 은행대출 이용
- 하위 12가구 중 은행을 이용할 수 있는 가구는 5가구, 나머지 7가구는 중 카드사나 제2금융이나 사채를 이용해 빚을 낸다

가족의존도
- 60세 이상 노인 45명 노후생활비-27명 본인 및 배우자가 부담(근로사업소득 15명, 재산소득 3명, 연금·퇴직금 7명, 예금 2명), 14명 자녀 또는 친척이 지원, 4명 국가 또는 사회단체

- 50대 42명 중 29명 "노후준비 여력 없어 못한다"
- 100가구 중 20가구는 1인 가구
- 3대 거주 6가구
- 부부+양친 1가구
- 한부모+미혼가구 11가구

계속 가족들에게 맡길 수 있을까?
- 100가구 중, 가족에게(경제적·정서적·정보적) 도움을 받은 적 있다 59가구,
  친척의 도움을 받은 적 있다 13가구,
  친지(친구, 동창, 선후배) 도움을 받은 적 있다 48가구,
  이웃의 도움을 받아본 적 있다 19가구,
  복지관의 도움을 받아본 적 있다 1가구,
  읍면동사무소 사회복지공무원의 도움을 받아본 적 있다 4가구

한국인의 삶
- 노동시간은 연간 2,316시간이다. OECD 평균보다 500여 시간 더 많이 일한다.
- 15살 이상 성인 77명 평균 수면시간은 6시간 36분이다. 고등학생은 그보다 더 적게 5.7시간, 고3은 5.4시간 잔다.
- 가족과 함께 보내는 시간은 하루 중 2시간 51분. 그 중 집안일 하는 시간이 87분이고 가족과 함께 식사하는 시간은 37분이다. 가족·친척들과 교류하는 시간은 단 9분

참고문헌
- 인구, 가구당 평균 가구원수, 주택 현황은 통계청에서 발간한 「2010 한국의 사회지표」 참조.
- 노동 및 고용보험 현황은 2009년 국회기획예산처 자료 및 한국노동사회연구소 연구자료 참조.
- 사회안전망 및 노후대비, 소득양극화, 가족의존 등은 2008년 보건사회연구소가 발간한 「사회복지패널」자료 참조.
- 부채 및 자산은 한국은행에서 발간한 「2010 가계금융조사」 참조.
- 수면시간, 가족과 대화시간 등은 「2010 한국의 사회조사」 결과 참조.

과부하 걸린 한국 가족의 미래는?

 국가복지가 부재한 상황에서 기존의 가족들은 국가복지, 즉 사회임금의 부재로 허덕인다. 젊은이들은 실업, 저임금 또는 불안정한 일자리 등으로 인해 새로운 가족을 꾸리는 것을 포기하고 있다. 이들이 감당하기에는 결혼과 출산에 따른 비용이 막대해졌다. 주택비용을 포함한 평균적 결혼비용이 약 1억 원에다 자녀 1명을 낳아 대학을 졸업시킬 때까지 약 2억 원이 소요되는 것으로 알려져 있다. 가족을 유지하기도, 꾸리기도 어려운 것이 바로 한국의 상황이다. 이 같은 현상이 지속된다면 한국사회의 초고령화는 가속화될 것이고, 이에 따른 경제규모의 축소 등 사회적 여파는 국가적 재앙이 될 것이라고 전문가들은 진단한다.

삼포세대, 청년들이 내몰리고 있다 02

우리는 가족에게만 떠넘기는 복지가 아니라 국가가 책임지는 복지를 원한다. 앞에서 40대 강제균 씨의 삶에서 보듯 계속해서 국가가 가족에게 복지의 책임을 전가한다면 가족의 붕괴로 이어질 수도 있다. 이러한 우려는 문제의 심각성에 비해 복지에 대한 대책이라는 것이 너무 보잘 것 없는 수준이기 때문이다. 정부가 복지의 중요성을 인식하지 못한다고 느끼는 것이 과연 강씨만의 생각일까? 우리는 가족구성원들의 삶으로 다가가 그 의문을 풀어보고자 했다. 그 과정에서 젊은 층의 현실을 만날 수 있었다. 불안정한 일자리로 인해 연애, 결혼, 출산을 스스로 포기해서 삼포(三抛)세대로 불리는 한 집안의 자식들인 20, 30대 청년들의 현실과 마주하면서 적잖은 충격을 받았다.

일을 해야 소득이 생기고, 그 소득으로 삶을 영위하고 미래를 개척할 수 있다. 그런데 청년들에게는 일하고 싶어도 일할 곳이 없다. 또한 그들에게는 졸업과 동시에 빚쟁이라는 꼬리표가 붙는다. 어마하게 오르는 등록금 대출을 받았기 때문에 사회의 출발점에 선 그들에겐 등록금이란 빚이 고스란히 있다. 하지만 그들에게 괜찮은 일자리(decent work)를 많이 만들면 된다. 그런데 이는 하루아침에 되지 않는다. 긴 시간과 많은 노력이 필요하다. 그렇다면 일을 하지 못해 소득이 없는 청년들의 삶은 어떻게 되나? 이렇게 방치되어도 되나? 과연 이 문제가 청년들 개인의 문제인가? 비정규직과 정규직으로 나뉘고 원청회사와 하청회사로 나뉘며 심각해지는 노동자들의 양극화 문제는 '소득'에 대한 생각과 복지의 또 다른 이름이라는 '사회임금'으로 이어졌다.

삼포세대 – 가족도 사치다

국가가 떠민 복지를 가족이 해결하는 방식은 오래 지속될 수 없다. 그 부담이 임계점을 넘어설 때 '가족'은 더 이상 꾸려지지 않고, 저출산은 사회적 위험이 된다. 오늘날 우리의 청년층이 그렇다. 불안정한 일자리, 학자금 대출상환, 기약 없는 취업준비, 치솟은 집값 등 과도한 삶의 비용으로 인해 이들은 연애도, 결혼도, 출산도 포기하거나 기약 없이 미룬다. 가족 구성에 필요한 통상적인 세 단계를 포기한 이른바 '삼포(三抛)세대'의 출현은 복지 부재의 사회에서 전통적인 가족형성의 공식이 와해되고 있음을 보여준다.

『아무도 남을 돌보지 마라』의 저자 엄기호 씨는 이를 두고 '가족의 종말'이라고 지적한다. "일본에서 하층 남성들은 아예 결혼을 하지 못하는 것처럼 한국도 가족을 구성할 수 있는 계층과 없는 계층으로 나뉠 가능성이 크다고 봅니다. 불안 때문에 인생예측이 안 되니 동반자적 사랑으로 인생을 기획한다는 의미도 쇠퇴하고 있죠."

학자금·생활비 위해 알바 뛰어도 신용불량 낙인

비정규직 김상진 씨(가명·27)는 지난해 여름 여자친구와 헤어질 때, 연애와 결혼을 포기하기로 결심했다. 식당에서 함께 아르바이트를 하다 1년을 사귄 그녀는 김씨가 전화를 먼저 하지 않는다는 이유로 이별을 통보해왔다. 애정이 있다면 남녀관계의 기본인 전화조차 하지 않느냐는 것이었다. 하지만 김씨는 그때 전화를 하려야 할 수 없는 형편이었다. 휴대전화요금 납부기한을 두 달 넘겨 발신정지가 돼 있었기 때문이다. 그 사정을 여자친구에게 차마 말할 수 없었다고 김씨는 말한다.

김씨는 각종 '납부기한'에 쫓기며 살고 있다. 2008년에는 3학기째 등록금을 납부기한 내에 내지 못한 탓에 어렵게 입학한 대학에서도 제적됐다. 2007년 1월 제대했을 때 그를 맞이한 것은 원금 300만 원에 연체이자가 붙어 500만 원이 된 학자금대출과 신용불량자 딱지, 그리고 어머니의 교통사고였다. 그는 '알바'로 어머니를 부양하며 생계를 꾸렸다. 케이크 공장 종업원, 이탈리안 레스토랑, 쌀국수 식당 주방보조 등으로 전전했다. 하루 12시간씩 일했지만 은행 빚 갚는데 월 40만~50만 원을 쓰고 월세 내고 나면 남는 돈이 거의 없었다.

한번은 동사무소를 찾아가 저소득층에 주는 생활비 지원을 어머니가 받을 수 있는지 문의했다. 하지만 부양책임이 있는 가족, 즉 김씨가 있기 때문에 지원 대상자가 될 수 없다는 답을 들었다. 안정된 일자리를 구하기 위해 지난 3월에는 고용노동부의 취업성공패키지를 신청했다. 그러자 이번에는 직업교육을 받으면서 아르바이트를 하는 것은 안 된다고 했다. 교육에 참여하면서 받는 수당은 20만 원에 불과해 월세도 낼 수 없는 수준이라고 하소연했지만 도리가 없었다. 김씨는 "복지제도가 현실과 괴리가 크더라"며 한숨지었다.

비정규직의 불안한 삶은 젊은 층에게 심리적 불안을 드리운다. 청년유니온 김영경 위원장은 "유니온에서 진행하는 심리상담을 찾는 '워킹푸어' 청년들이 많다. 반복적으로 취업과 실업을 겪으면서 청년 비정규직들은 대인관계에도 영향을 미치고 있다"며 "주거, 결혼, 노후 모두 불확실하다 보니 자신감을 잃어 친구도 못 만나고 연애도 못하겠다는 얘기를 한다"고 말했다. 광주의 한 공장에서 비정규직으로 일하는 한 청년은 "일터에 노총각이 상당히 많다. 잔업까지 해도 월 170만 원 정도 벌이인데, 아침 7시에 나와 잔업하면 저녁 9시에 퇴근하는 생활 탓"이라고 말했다.

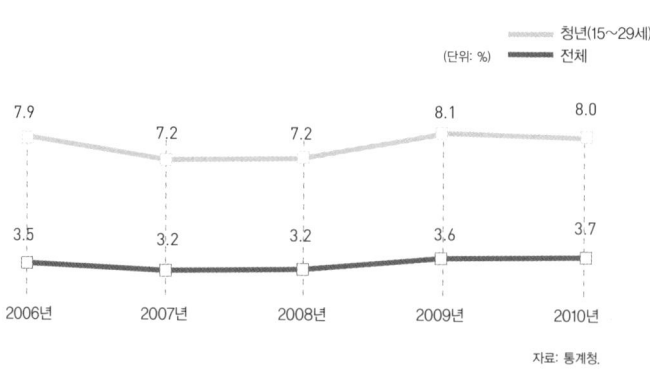

졸업해도 비정규직 전전, 대물림 하느니 차라리 포기

대학 학자금도 젊은 층의 허리를 휘게 한다. 한국 고등교육비의 민간부담비율은 2007년 기준 경제협력개발기구(OECD) 평균(30.9퍼센트)의 2배인 79.3퍼센트를 웃돈다. 정부가 내지 않는 돈을 가족이 내고 있는 것이다. 학자금을 빌린 젊은이들은 자신의 미래를 담보 잡힌다.

공기업에서 비정규직 사무보조로 일하는 한지혜 씨(27)는 주변에서 결혼소식을 들을 때면 "나란 여자, 빚 있는 여자"라고 속으로 자조 섞인 농담을 한다. 학자금 대출 2,800만 원을 6년째 갚고 있는데도 700만 원이 남아 있다. 대학 신입생 때 짝사랑하던 선배가 있었지만 등록금을 벌기 위해 휴학하고 '알바전선'에 뛰어들면서 이내 잊혀졌다. 그 후 10년 동안 로맨스에 마음을 줄 여유는 없었다. 전셋값 폭등이나 자녀 한 명을 키우는데 2억6,000만 원(한국보건사회연구소, 2009년 기준)이 든다는 기사도 '먼 나라 얘기'처럼 들린다.

"결혼하는 친구들은 주로 경제력 있는 친구들이에요. 예식비, 전셋값

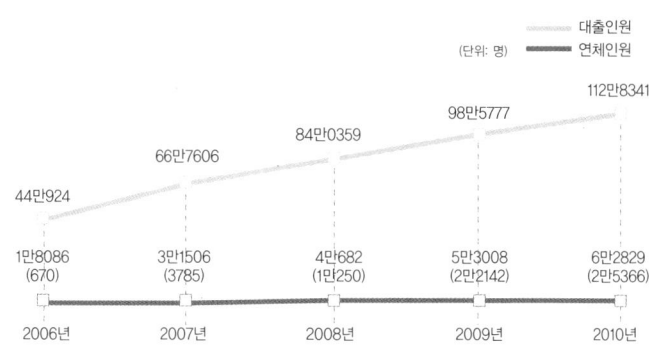

최근 5년 학자금 대출 추이

애길 듣다보면 '연애든 결혼이든 출산이든, 내 인생에는 있을 수 없겠다'는 우울한 생각이 듭니다."

한씨처럼 학자금 대출을 받은 사람은 2010년 모두 112만8,341명이다. 그 중 2만5,366명의 젊은이들이 제때 대출금을 갚지 못해 신용불량자가 됐다. 정규직의 반 토막인 비정규직 임금으로 학자금 대출을 상환하기는 더욱 어렵다. 2011년 4월 한국청년연대가 청년 1,007명을 상대로 한 '청년의 삶 실태조사'에서는 응답자의 절반(48.2퍼센트)이 학자금, 주거비, 생활비 등으로 빚을 진 경험이 있고, 100명 중 6명은 이로 인해 연애와 결혼에 어려움을 겪고 있다고 토로했다.

이 같은 상황에서 정규직의 좁은 입사 문을 통과하기 위한 청년층의 경쟁은 생존을 위한 몸부림에 가깝다.

취업준비생 김윤진 씨(29)는 "백수는 연애할 수 없다"고 말했다. 취업준비 기간에 두 번의 연애가 모두 깨졌다. 그는 "불안한 백수가 연애하면 불안한 상황이 증폭된다. 드라마 〈연애시대〉에는 연애는 어른들의 장래희망이라는 말이 나오는데 내겐 그 희망이 끊임없이 유보되고 있다"고 말했다. 혹여 연애를 하게 되더라도 결혼은 하지 않겠다고 김씨는 단언했다. 국가에서 저출산 대책으로 내놓고 있는 현금지원을 더 늘려도 그의 마음은 바뀔 것 같지 않다.

"학생 때부터 내가 겪은 무한경쟁과 그에 따른 불안을 사랑하는 존재에게 물려주고 싶지 않습니다. 아이가 불행해지는 건 단순히 돈이 없어서뿐만은 아니잖아요."

사람에게 자연스러운 연애감정마저 격렬한 경쟁체제의 압박 속에 포기하고 유보하는 것이 사회적 신드롬이 되면서 우리사회가 일본의 '무연

(無緣)사회'처럼 변모할 것이라는 분석도 나온다. 김찬호 성공회대 초빙교수는 "자기의 마음을 진정으로 읽어주는 사람이 없다고 느낄 때, 사회적 관계에 대한 자신감이 없어지면서 마음

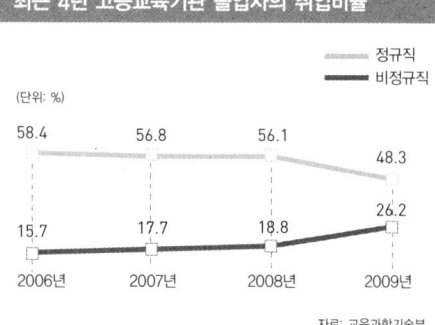

속에서부터 무너져 내리게 된다"며 "돈을 벌기 위해 경쟁으로만 치닫는 사회에서 사람들의 마음엔 점점 여백이 사라지고 있다"고 말했다.

'삼포 젊은이'들은 복지에 대해 어떤 생각을 갖고 있을까?

김상진 씨는 "(어려움에서 벗어나기 위해) 죽을 만큼 노력해봤느냐는 말을 들을 때 가장 슬프다"고 했다. "산에서 굴러 떨어지고 있는데 잡아줄 생각은 않고 죽을힘을 다해 혼자 살아남아 보라고 하는 말처럼 들린다"는 것이다. 그는 "우리나라는 그걸 계속 주입하는 나라 같다. 죽을 만큼 발버둥치지 않아도 최소한 사람같이 살 수 있으면 좋겠는데, 그게 복지 아닌가"라고 말했다.

한지혜 씨는 정치권을 비판했다. 한씨는 "개인에게 모든 비용을 지게 한 뒤 순식간에 빚쟁이로 만들어버리는 곳이 지금의 우리나라"라며 "요즘 정치싸움 하는 사람들이 유권자를 의식해 복지란 단어를 종종 입에 올리고 있지만 우리가 체감할 수 있는 주거·등록금·노동정책은 내놓지 못하고 있다"고 말했다.

"도대체 얼마나 노력하고 경쟁해야 미래를 꿈꾸고 사랑을 이야기할 수

있다는 말인가?"

오로지 생존을 위해 앞으로만 내달리는 청춘들은 지금 국가에 질문을 던지고 있다.

이대로라면 한국사회의 미래 포기?

'삼포세대'는 미래 한국의 지속가능성에 대한 물음표다. 젊은 층이 가족을 꾸리지 않으면 저출산·고령화는 심화된다. 2010년 기준 우리나라 여성 1명이 평생 낳는 자녀수는 1.22명으로 인구대체 수준(2.1명)에 크게 못 미친다. 이는 경제개발협력기구(OECD) 30여 개국 중 최하위 수준이다. 반면 혼자 사는 가구의 비중은 23.3퍼센트로 커졌다.

삼성경제연구소는 저출산의 여파로 2029년부터 한국 경제가 마이너스 성장으로 들어설 것으로 예상한 바 있다. 일할 수 있는 인구는 적어지고 고령화로 인해 성장잠재력은 떨어진다는 것이다. 반면 65세 이상 노인인구 부양비는 크게 늘어나면서 2010년 현재 생산가능인구 6.7명이 부양하고 있는 노인 1명을 2050년에는 1.4명이 부양해야 할 것으로 OECD는 추산했다. 2050년에는 일본에 이은 세계 두 번째 '고령국가'가 될 것으로도 전망된다. 저임금의 노동시장과

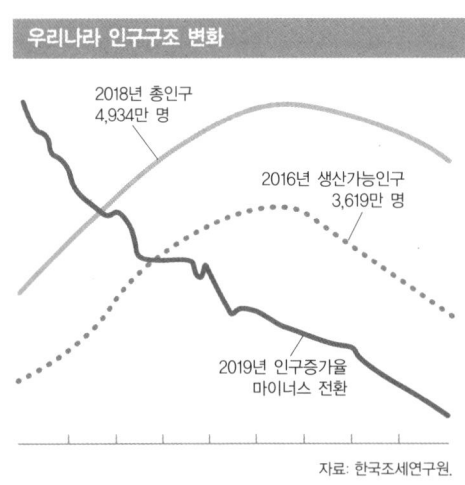

우리나라 인구구조 변화
2018년 총인구 4,934만 명
2016년 생산가능인구 3,619만 명
2019년 인구증가율 마이너스 전환
자료: 한국조세연구원.

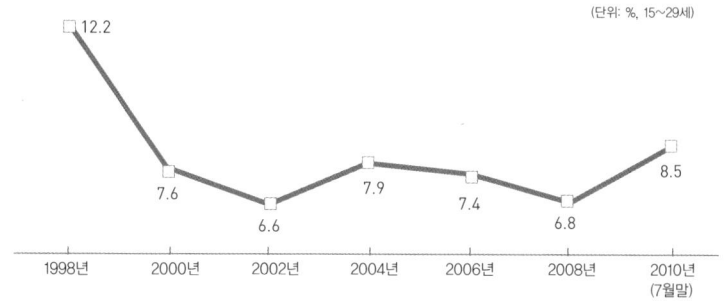

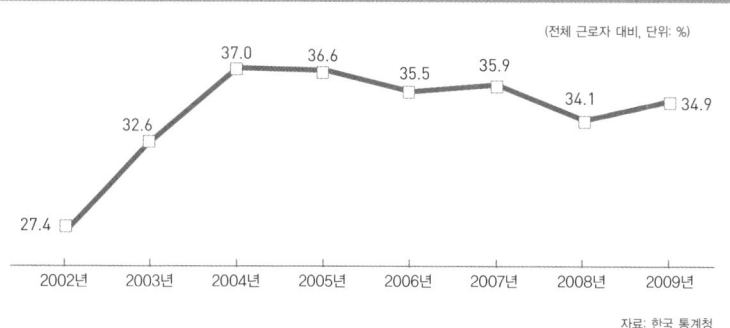

척박한 국가복지에 짓눌리는 청년층의 환경이 개선되지 않는 한 한국은 위기를 피하기 어려운 구조다.

복지의 또 다른 이름 '사회임금'

가계를 꾸리는 소득이라면 대개는 월급, 즉 회사에서 일을 해서 버는

'시장임금'을 떠올린다. 하지만 가족의 가계를 지탱하는 또 다른 기둥이 있다. 바로 '사회임금'이다. 사회임금은 각종 세금과 물건 값에 포함된 부가가치세, 사회보험료를 비롯해 국가가 국민과 기업에서 거둔 돈을 현금이나 서비스로 국민에게 돌려주는 것을 말한다. 국가적으로 보면 지속가능한 사회를 위한 제도적 기반이고, 국민 입장에서 보면 납세자의 권리라 할 수 있다.

OECD 절반도 못 미치는 수준, 막막한 생존, 절망하는 가계

사회임금의 구체적 형태는 국민연금, 실업수당, 건강보험급여, 보육지원금, 기초생활보장급여 등이다. 이 사회임금이 어느 정도냐에 따라 복지국가의 수준이 결정되는 셈이다. 그렇다면 한국의 사회임금은 어느 정도일까? 결론부터 말하면, 국가경제규모에 비해 턱없이 낮다. 그 빈틈을 메우는 부담이 가족의 몫이다. 2010년 통계청 가계 동향의 가계평균 지출액(3,552만 원)에 가까운 두 가족의 2010년 가계부를 통해 우리의 사회임금 실태를 들여다봤다.

인천 삼산동에서 아이 셋을 키우는 김찬주 씨(가명·36)는 회사원인 남편의 월 300만 원(연봉 3,600만 원) 급여로 8살, 3살, 2살 등 세 형제를 키우는 전업주부다. 2010년 기준으로 김씨네의 소득 인정액은 5인 가구 기준 하위 50퍼센트에 속해 보육료 전액을 국가에서 '사회임금'으로 받았다. 둘째와 셋째의 어린이집 비용인 월 27만8,000원과 33만7,000원, 연간 738만 원을 정부에서 지원받아 가계 부담을 다소 덜 수 있었다. 올해는 둘째가 유치원에 들어가면서 지원액이 전체 비용이 아닌 '절반'으로 줄었다. 김씨는 유치원비 38만 원 중 19만 원을 부담하고 있다.

지난해 김씨네 건강보험급여는 약 156만 원이었다. 어린 자녀들의 잦은 병치레로 다섯 식구가 총 194차례 병원과 약국을 찾았고 본인부담금으로는 약 46만 원을 냈다.

이 가족의 사회임금은 보육료지원액과 건강보험급여를 합친 894만 원이다. 연봉과 사회임금액을 합친 가계총지출(4,712만 원)에서 사회임금이 차지하는 비중을 계산하면 약 19퍼센트다. 김씨는 "정부지원을 받는다 해도 식비와 사보험료, 초등학교에 다니는 첫째의 학원비 때문에 가계는 결국 마이너스"라고 말했다. 그나마 보장성이 좋은 보육료를 지원받는데도 아이들이 자랄수록 지원규모가 줄어든다. 사교육비 부담이 커지는 것도 걱정이다. 전 세계 88개국에선 자녀 양육을 사회적 책임으로 받아들여 아동을 키우는 가구에 '아동수당'을 지급하고 있지만 김씨네는 이 수당을 받을 수 없다. 경제협력개발기구(OECD) 국가 중 아동수당제도가 없는 나라는 우리나라와 미국, 터키, 멕시코 4개국뿐이다.

경기도에 사는 정진훈 씨(54·가명)는 ㄱ시청 소속 환경사업소에서 무기계약직으로 일하고 있다. 연봉 3,500만 원인 정씨가 2010년에 받은 사회임금은 건강보험급여액 108만 원이 전부다. 사회임금 비중이 3퍼센트에 불과하다. 사회임금으로 분류되는 국민연금을 받으려면 앞으로 8년쯤 기다려야 한다. 오르지 않는 월급과 최근 부쩍 오른 물가는 살림에 부담이지만, 정씨의 가장 큰 걱정거리는 늘그막에 큰 병에 걸릴지 모른다는 우려다. 정씨는 이에 대비하려 아내와 함께 민간 암보험에 가입해 한 달에 30만 원 정도를 납입하고 있다.

정씨는 "몇 년 뒤 퇴직해 받을 연금을 계산해보니 70만 원에서 80만 원 선인데, 몸이 아프기라도 하면 그 돈으로는 감당이 안 될 것"이라고 말했다. 빈곤한 노년을 맞지 않으려 보험과 저축으로 대비하고 있지만 "세금은 꼬박꼬박 빠져나가는데 국가로부터 복지 혜택은 거의 받지 못하고 있다"며 불만스러워했다. 정씨처럼 국가복지를 체감하지 못하는 이들일수록 조세에 대한 저항감은 크기 마련이다.

'시장임금'에만 기대는 현실
- 장시간 노동·취업 경쟁 격화, '해고는 살인' 사회문제로

사회공공연구소가 추산한 바에 따르면 2010년 한국사회의 가구당 평균 사회임금 비중은 약 15퍼센트다. 2000년 중반까지 가구당 평균 7.9퍼센트에 불과하던 것이 최근 2배 가까이 늘어난 것이다. 하지만 OECD에 비교하면 '새 발의 피'다. 우리가 8퍼센트가 채 안되던 2000년대 중반 통계만 보아도 OECD 국가의 사회임금은 평균 31.9퍼센트다.

이렇게 현격하게 차이나는 '15퍼센트' 포인트의 갭은 모두 가계 부담이다. 노후와 질병대비, 육아비용 등을 개인이 해결해야 하기 때문이다. 그렇다면 가족에게 돌아오지 않은 그만큼의 사회임금은 어디로 증발한 걸까? 오건호 사회공공연구소 연구실장은 "우리나라는 국내총생산(GDP) 대비 국가재정

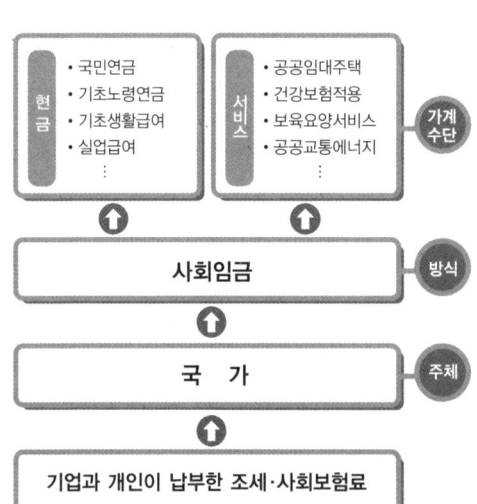

크기 자체가 작다. 2010년 기준으로 28.1퍼센트인데 OECD 평균 44.6퍼센트에 크게 못 미친다"면서 "여기에다 GDP 대비 복지지출이 OECD 평균 19퍼센트의 반도 안 되는 9퍼센트에 불과해

사회임금의 비중이 낮게 나타나는 것"이라고 설명했다. 경제의 덩치는 큰데 나라 살림은 작고, 그 작은 살림에서 복지비중이 또 낮은 것이다.

가족들이 부족한 국가복지를 해결하려 시장임금에 의존하게 되면서 장시간의 노동은 한국의 보편적 현상이 됐다. OECD 2009년 기준 자료에 따르면 한국 노동자의 노동시간은 연 2,074시간으로 회원국 중 가장 높다. 박태주 한국노동행정연수원 교수는 "노동자들이 자신의 노후 대비와 자녀 세대의 교육 문제 등을 걱정하다 보니 일감이 있을 때 더 벌어야 한다는 생각을 한다"며 "사회보장의 결여가 장시간 노동으로 이어지고 있다"고 말했다. 이는 임금이 많고 적음을 떠나 일자리 불안을 느끼는 노동자 대부분의 상황이라는 설명이다.

사회임금의 부족은 사회구조적 문제를 낳기도 한다. 생활을 보장하는 유일한 재원인 시장임금을 둘러싼 구성원 간 경쟁이 격화되기 때문이다. 경제 격변기 속에서 직장인들은 언제 구조조정이 닥칠지 모른다는 불안을 안고 살지만 구성원을 보호하는 장치는 미비하다. 사람들은 그래서 시장임금에 매달리게 된다. 오 실장은 "시장임금에만 의존해 살아야 하는

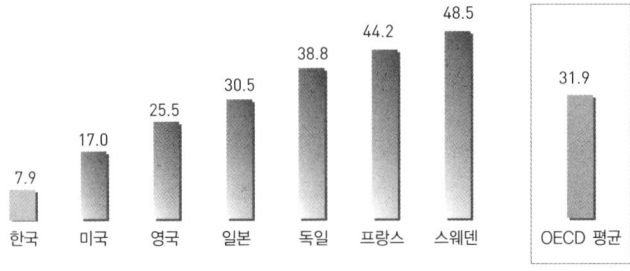

자료: 사회공공연구소, 2000년대 중반 기준.

한국에서 구조조정은 '가계파탄'을 의미하고 그만큼 사회적 갈등을 증폭시킨다"며 "사회임금이 낮으면 일자리를 둘러싼 사회갈등은 심해지고 일자리를 잡기 위한 경쟁지상주의로 치닫는 수밖에 없다"고 지적했다. 2009년 쌍용자동차 노조원들이 평택 공장에서 옥쇄파업을 벌일 때 내건 구호가 '해고는 살인이다'는 점이 이를 말해준다.

국가복지 대신한 기업복지, 되레 양극화 원인

국가복지가 빈약한 우리사회에서 일정 부분 빈자리를 대신 메워온 것은 기업의 복지였다. 기업이 자체 비용으로 직원들에게 급여 이외의 복지 서비스를 제공하는 것이다. 이는 월급통장에 꼬박꼬박 들어오는 돈처럼 시장임금의 일부로 볼 수 있다.

기업복지의 문제점은 모든 노동자들에게 골고루 돌아가지 못했고 이

것이 노동자 간 격차를 만들어냈다는 것이다. 아이러니하게도 87년 노동자 대투쟁 이후 이 격차는 더 벌어지기 시작했다. 산업별이 아닌 기업별 노동운동 체제가 뿌리를 내렸기 때문이다. 규모가 크고 교섭력이 있는 정규직 노동조합은 지급여력이 있는 대기업으로부터 기업복지라는 과실을 얻어낼 수 있었다. 하지만 중소기업에 다니거나 비정규직인 경우에는 낮은 임금에 더해 낮은 기업복지 혜택을 받을 수밖에 없었다. 기업복지는 법으로 강제된 것이 아니기 때문에 노조조직률이 낮고 기업에 대해 목소리를 크게 낼 수 없는 비정규직의 경우 특히 소외되기 쉽다.

단적인 사례로 지적되는 현대자동차 사업장의 경우를 보자. 2009년 현대차 노사가 체결한 단체협상에 따르면 정규직은 연금제도, 보육시설과 기숙사 이용 등의 혜택을 받는다. 회사는 3년 이상 근무한 조합원 자녀에 대해 중·고등학교 전 자녀, 대학교는 입학금과 등록금을 3자녀까지 전액 지원한다. 진료비의 경우 노동자 본인은 회사로부터 본인부담금 전액을 지원받고, 가족들도 일정한 지원을 받는다.

반면 사내하청 노동자에게는 이런 혜택이 없다. 휴가비, 명절 선물비 등에서도 정규직보다 낮은 금액을 받는다. 정규직이 회사에서 받는 복지 덕분에 개인적 지출을 줄일 수 있는 데 비해 비정규직은 그런 혜택을 받을 수 없어 자기 돈을 써야 하는 구조다.

두 명 중 한 명이 비정규직이고 중소기업이 고용의 80퍼센트 이상을 담당하고 있는 한국의 노동시장을 감안한다면, 대부분은 낮은 사회임금에 낮은 기업복지 혜택을 받고 있다고 추론할 수 있다. 중앙대 이병훈 교수(사회학)는 "스웨덴 등 유럽의 경우 노조가 기업복지가 노동자 간 격차를 심화시킨다는 점을 인지하고 기업복지에 대해 부정적인 시각을 가지고 있다"며 "때문에 기업복지를 사회적인 복지로 전환시켜 나가는 전략을 쓴다"고 말했다.

결국 기업복지는 국가복지의 빈자리를 메우는 역할을 하는 반면, 노동자에게 불균등하고 불안정한 혜택을 주는 한계를 갖고 있다. 노동자 내부의 소득격차를 완화하고 균형 있는 사회를 만들려면 기업복지를 국가복지 체제로 전환해야 한다는 것이 전문가들의 지적이다. 시장임금의 연장선인 기업복지를 국가가 제도적 틀 속에 흡수해 사회임금화(化)하는 게 바람직하다는 것이다.

사회임금 계산 방법

가구 평균 사회임금 추계

- **사회임금 A = 가구당 577만 원**
- 가구수: 우리나라 인구 4,822만 명, 가구수 1,733만 호
- 사회임금액 A: OECD 기준 2010년 한국의 복지지출액 약 100조 원을 전체 가구수로 나누면 가구당 평균 사회임금은 577만 원

- **가구총지출 B = 3,875만 원**
- 통계청 가구지출 c=연 3,552만 원(2010년 통계청 가구평균 지출액. 여기에는 사회임금 a가 이전소득으로 이미 포함되어 있음)
- 서비스 사회임금 b=323만 원(복지급여 577만 원의 56퍼센트. 2000년 중반 한국 수치 적용)
- 가구총지출 B=3,875만 원(가구지출 c + 서비스 사회임금 b)

- **사회임금 비중 C=14.9퍼센트** ($\frac{\text{사회임금 A 577만 원}}{\text{가구총지출 B 3,875만 원}} \times 100$)

가구 사례 사회임금 계산방식

현금 복지는 금액을 합산하면 되지만, 서비스 급여는 눈에 보이지 않기에 통계수치를 가공해 평균금액을 사용

- 가구별로 사회임금 A와 B를 합친 전체 사회임금 C를 구하고
- 가구별 월평균지출 D에 서비스방식 사회임금 B를 합친 E를 구하고
- 사회임금 비중 F=C/E

대한민국 복지국가입니까?

정부수립 후 정치가와 기득권자들은 자신의 기득권 강화와 유지에만 관심이 있었다. 빈곤한 국민의 삶을 외면한 정치는 국민의 분노를 샀고 그 결과 4.19혁명이 일어났다. 혁명 후 군사쿠테타로 정권을 잡은 박정희 역시 국민의 복지보다는 경제개발의 희생만 강요했다. 이후 계속된 군사정권들은 사회적 재분배보다는 대기업 위주의 경제개발을 계속 유지하여 기득권 세력을 더 공고히 하게 했다. 그리고 민주화 이후의 정권들에서도 복지는 아직도 먼 유럽 복지국가의 이야기로만 들렸다. 당연한 국가의 의무가 되어야 할 복지가 변질된 것을 다시 되돌려 한국적 복지시스템을 이제라도 만들어 나가야 한다.

한국 복지 50년사를 되돌아보다 03

세계 15위 경제대국인 한국의 복지예산은 국내총생산의 단 7.48퍼센트(2007년·명목 GDP기준), 경제협력개발기구(OECD) 30개국 중 꼴찌다. 왜 한국은 이렇게 복지와 담 쌓고 지내는 나라가 됐을까? 한국복지 50년은 개발을 위한 위장 복지였지 민중의 삶은 없었다.

해방 후 기득권자들은 기득권의 강화와 유지에 있었다. 국민을 외면한 정치는 처절한 빈곤에 시달리던 국민의 분노를 샀고 그 분노의 결과 4.19혁명이 일어났다. 4.19혁명 후 쿠데타로 정권을 잡은 박정희 역시 말로는 복지국가를 내세우면서 국민의 희생만 강요했다. 복지국가를 위해 경제를 개발해야 했는데, 경제개발을 위해 많은 국민은 희생을 치러야 했고 돌아오는 건 무리한 노동에 대한 후유증뿐이었다. 이후 군사정권들은 계속해서 선진국이라는 목표로 국민을 내몰았다. 조금만 더 참으면, 선진국이 되면 모든 것이 해결될 것이라고 말했지만 결국 부는 일부 권력자들과 소수의 재벌들에 집중되고 말았다. 당연한 국가의 의무가 되어야 할 복지가 어쩌다 한국에서는 시혜적인 것으로 변질됐고, 왜 지금에 와서야 시대정신으로 떠오르게 됐을까? 경제개발주의가 사회정책을 삼킨 우리의 복지 역사를 따라가다 보면 그 답을 구할 수 있다. 1945년에서 현재까지의 그 궤적을 따라가 보자.

복지 암흑기 - 우리에게 집을 다오!(1945~60년)

8.15 해방 이듬해인 1946년 12월 서울, "살을 에는 듯한 엄동설한"에 전재민(戰災民)들이 13개의 적산요정 앞에서 목소리를 높였다. 징용으로 끌려갔다 해방 뒤 귀국했지만 갈 곳이 없던 서민들이 일본인들이 패망해 남기고 간 적산가옥에 차린 고급 요릿집 앞에 몰려든 것이다. 종업원들은 이들을 매몰차게 몰아냈고, 일부 어린 전재민들은 추위를 견디지 못해 목

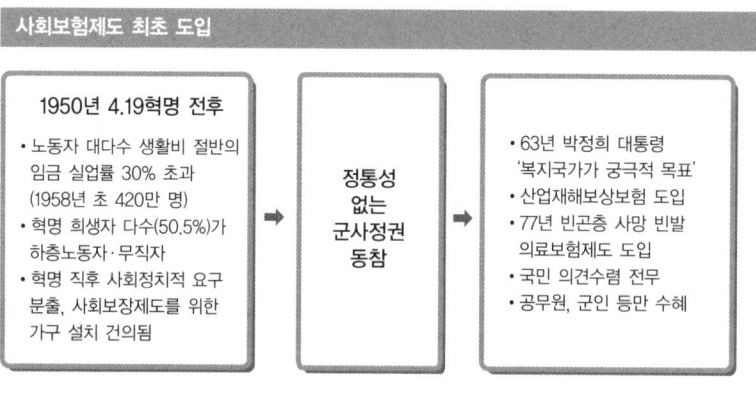

사회보험제도 최초 도입

1950년 4.19혁명 전후
- 노동자 대다수 생활비 절반의 임금 실업률 30% 초과 (1958년 초 420만 명)
- 혁명 희생자 다수(50.5%)가 하층노동자·무직자
- 혁명 직후 사회정치적 요구 분출, 사회보장제도를 위한 가구 설치 건의됨

→ 정통성 없는 군사정권 동참 →

- 63년 박정희 대통령 '복지국가가 궁극적 목표'
- 산업재해보상보험 도입
- 77년 빈곤층 사망 빈발 의료보험제도 도입
- 국민 의견수렴 전무
- 공무원, 군인 등만 수혜

숨을 잃었다. "'전재동포에게 집을 주라!'는 동포애에서 우러난 일반의 부르짖음"은 컸지만 "요정 앞에 보따리를 짊어지고 쇄도하였던 전재민은 또다시 거리로 쫓겨나고야 말았다."(《경향신문》, 1946.12.26)

당시 서울에는 적산가옥이 적지 않았다. "일제가 남기고 간 적산가옥이 2만6,000호였고, 2만824세대의 전재민이 있어 산술적으로만 보면 이를 모두 전재민에게 배분해도 5,000호가 남는 상황"(남찬섭 동아대 교수)이었다. 하지만 이 빈집들을 챙긴 것은 해방 이후에도 지배층으로 군림하던 친일파들이었다. 국민의 생존은 집정자들의 관심사가 아니었다. 여론에 떠밀리자 당장의 위기를 모면하기 위해 몇몇 적산요정을 전재민에게 개방한 것이 고작이었다.

국민의 삶에 대한 위정자들의 방관적 태도는 대한민국 정부가 수립된 이후에도 이어졌다. 결국 국민 다수가 처절한 빈곤에 시달리던 현실은 4.19혁명의 토대가 되었다. 혁명에서 가장 많이 희생된 계층이 하층민과 실업자(50.5퍼센트)였다는 사실이 이를 보여준다.

잘못 끼운 복지정책의 첫 단추(1961~87년)

4.19혁명 이후 쿠데타로 군사독재정권이 들어섰다. 박정희 정권은 표면적으로나마 '복지국가'를 내걸고 헌법에 생존권보장 조항(30조)과 인간다운 생활을 할 국민의 권리(30조 1항)와 사회보장 증진에 노력해야 할 국가의 의무(30조 2항)를 넣었다. 10여 개의 사회복지관련법도 제정했다.

이를 두고 "중요한 복지제도는 군사정권하에서 이뤄졌다"는 주장도 나온다. 그러나 복지제도 연구 1세대인 손준규 동국대 명예교수는 "군사쿠데타 세력들이 정당성의 빈곤을 메우기 위한 것이었다"고 지적한다.

박정희 정권의 화두는 경제개발이었다. 국가의 복지는 정권을 유지하거나 경제개발에 도움이 된다고 판단될 때에만 선별적으로 시행됐다. 통치기반인 공무원, 군인과 사립학교 교직원 등이 공적연금의 혜택을 누린 것은 그 영향이다. 4대 사회보험 중 산업재해보상보험(산재보험)과 의료보험(건강보험)이 처음 실시됐지만 국가의 재정 부담을 최소화하기 위해 보험료 부담을 고용주와 노동자에게 떠넘겼다. 그래서 대기업 종사자와 공무원, 교원, 군인부터 선별적 복지를 누렸다.

박정희 정권의 복지정책의 문제는 내용보다는 그 과정에 있다. '관료들의 몫', '경제개발의 일부'라는 국가복지에 대한 인식이 이때 뿌리 깊게 내렸기 때문이다. 제도의 도입과정에서 국민의 목소리는 철저히 배제됐고, 국회와 정당도 독재에 억눌린 시기여서 국민의 요구를 반영한 입법활동을 거의 못했다. 1977년 의료보험제도가 시행된 것도 국민의 여론보다는 북한과의 체제경쟁 영향이 컸다. 사회보장제도법률이 우리보다 한발 앞서 있던 북에서 "우리는 병원에 가면 모두 무료"라고 적힌 삐라가 날아오던 시절이었다. 아픈 아이를 업고 병원에 갔다가 돈 없어 문전박대 당

국민연금제도의 실시

| 87년 민주화항쟁 노동자 대투쟁 · 시민의식 고양 노동운동 확산 | → | 전두환대통령 집권 연장 시도 · 6월 항쟁 직후 대통령 직선제로 | → | 86년 전 대통령, 3대 복지입법 약속 · 88년 노태우 정권, 국민연금 실시, 최저임금제 도입 |

한 남한 사람을 그린 뻬라의 그림이 당시 우리의 복지수준이었다.

말하자면 '위험에 노출된 개인이 정상적인 삶을 영위할 수 있도록 국민들이 서로 돕는 것'이란 복지 원래 취지와는 처음부터 어긋나 있었다. 장경섭 서울대 교수(사회학)의 지적대로 "개발주의의 중요한 특징 중 하나인 탈정치화"가 국민의 삶과 직결되는 사회정책에서 진행된 것이다.

박정희 정권의 이 같은 '복지 유산'은 1980년 등장한 전두환 정권에 의해 계승됐다. '복지사회 건설'을 내걸었지만 말잔치에 그쳤고 실제로는 재벌 위주의 고속성장 정책만 밀어붙였다. 고용률이 높아지고 임금수준이 좋아지면서 국민 대다수도 이 전략에 암묵적으로 '협력'했다. 국가복지가 첫 발을 뗀 것은 정권 말기인 1986년에 들어서였다. 국민연금제도의 도입이 약속됐고 최저임금법이 만들어졌다. 민주화 항쟁을 앞두고 높아지는 정부에 대한 반감을 누그러뜨리기 위해서였다고 전문가들은 지적한다.

기업국가, 복지는 없었다(1987년~97년)

1987년 민주화로 시민단체와 노동조합이 활발해지면서 '복지정치'가 싹텄다. 관료들이 재단해 국민의 실생활과 맞지 않던 '위에서부터의 복지'를 고치자는 국민의 목소리가 나왔다. 의료보험 통합은 '아래로부터 복지'의 상징적 사건이었다.

유신정권 때 태어나 제6공화국 때 전 국민으로 확대된 의료보험은 현재처럼 하나가 직장·지역별로 운영과 보험료가 제각각이었다. 부자동네,

> **건강보험의 부자·빈자조합 통합**
>
> - 의료보험, 86년 농어촌·89년 도시지역까지 확대
> - 농어촌 등 빈자조합 주민들 보험증 반납 사태(90년대 중반)
> - 민주노총·시민단체, 빈부조합 통합 요구
>
> ➡
>
> - 김대중 대통령 집권 뒤 건강보험 통합

대기업 조합은 재정이 넘쳐났지만 급속한 산업화로 피폐해진 가난한 농어촌조합은 "암 환자 한 명만 생기면 조합 자체가 거덜 나는" 형편이었다(김용익 당시 의료보험연대회의 집행위원장). 부자복지 따로, 빈자복지 따로인 꼴이었다. 곳곳에서 의료보험증 반납사태가 속출했다. 시민사회는 조각조각인 의료보험의 통합을 적극 요구했고, 당시 야당인 평민당과 민주당이 제출한 관련 법안이 국회에서 통과됐다. 노태우 전 대통령이 거부권을 행사하면서 법은 유보됐지만 이때의 씨앗은 1997년 대선이 되어서야 여야가 모두 의료보험 통합 공약을 내거는 열매로 돌아온다.

하지만 군사정권 때나 민주정부 때나 국가의 복지에 대한 태도는 별다르지 않았다. 1988년 국민연금제도가 실시되고 89년 의료보험제도가 전 국민으로 확대됐지만, 정부의 부담은 매우 적었다. 비용은 기업과 노동자의 부담이었다. 정부는 사회적 재분배의 제도적 도입보다는 대기업 위주의 경제개발 노선을 관성처럼 유지했다. 심지어 복지정책의 도입도 대기업의 편의를 고려했다. 홍경준·송호근은 공저 『복지국가의 태동』에서 김영삼 정부가 고용보험을 전격 도입한 것이 대기업의 요구에 부응하는 '교환 정치'의 일환이었다고 지적한다. 정리해고의 합법화를 원하는 대기업에 "고용보험의 비용을 부담시키는 대신 1996년 말 노동법 개정을 통해 재계가 원하는 것을 인정해줬다"는 것이다.

복지정책 초기의 잘못 꿴 첫 단추가 이후 한국사회의 복지에 지속적으로 악영향을 미친 셈이다. "초기의 제도설계는 시민들의 복지의식을 결정하고 정치인들의 정책선택을 제약한다"는 학계 일각의 지적처럼, 개발주의에 함몰된 복지정책의 틀에서 진보정권들도 빠져나가지 못했다.

'진보'마저 갇힌 개발주의의 함정(1997년~현재)

국가복지 부재의 한국에 1997년 사상 초유의 외환위기가 닥쳤다. 환란 쓰나미로 실업과 빈곤, 가족붕괴, 자살이 속출하면서 사회안전망이라는 방파제가 없는 게 얼마나 위험한 것인지 사회적 공감대가 형성되기 시작했다. 김대중 정부는 처음으로 국가복지의 체계를 갖춰나가기 시작했다.

하지만 국가복지는 단순히 복지제도 도입만으로 이뤄지지 않기 때문에 그 한계는 뚜렷했다. 신자유주의를 적극 수용하면서 IMF 구제금융 위기를 빠르게 극복했지만 그 여파로 노동시장이 유연화되면서 실업률은 뛰고 비정규직은 늘어났다. 양극화는 1997년 구제금융 이전보다 악화됐다. 국가복지가 제대로 자리 잡지 못한 상황에서 가족들이 의존해온 시장임금이 무너지고 있었다.

김대중 정부의 복지정책 바통을 이어받은 노무현 정부에서 양극화는

고용보험의 전면적 확대

| · IMF 구제금융 당시 실업률 급증
· 실업자 가족에 대한 안전망 필요성 | ➡ | · 고용보험 전면 확대
(김대중 정권) |

더 심해졌다. 이태수 꽃동네현도사회복지대학 교수는 "한·미 자유무역협정(FTA)을 추진하는 등 신자유주의적 경제정책 기조를 그대로 유지했고 노동유연성도 계속됐기 때문에 정부 스스로 분배의 악화를 자청한 측면이 있다"고 지적했다. 전체 빈곤층의 절반 가까이가 일을 해도 빈곤을 벗지 못하는 '워킹푸어'였다. 2003년 카드대란은 복지 없는 국가에서 서민들이 개인 빚으로 연명하고 있음을 보여준 사회적 현상이었다. 정권 후반에 내놓은 '국가전략 비전 2030'은 인적자원에 대한 복지를 늘려 경제 효과를 거둔다는 취지였지만, 국민의 실제 삶과는 괴리가 있었다. 노무현 전 대통령은 자서전 『운명이다』에서 그 한계를 토로했다.

"시장분배가 지나치게 불균등하면 국가정책을 통해 이것을 교정해야 한다. 조세와 복지를 가지고 하는 것이다. 이것도 노력한 만큼 성공하지 못했다. 내 잘못이 크다. (중략) '좌파 정부', '분배 정부'라고 비난만 잔뜩 받았지, 과감한 분배정책을 쓰지 못했다."

저임금의 비정규직이 전체 노동자의 절반으로 늘어난 상황에서 정규직 노동자를 중심으로 설계된 사회보험 틀이 그대로 유지된 것도 진보정권 10년 복지정책의 문제로 꼽힌다. 홍경준 교수(성균관대)는 "(민주화 이후 정부에서도) 수혜자 부담의 원칙과 재정 안정의 원칙은 모든 조치를 관통하는 불변의 기준이었다"고 지적한다.

'747 정책'이라는 개발주의를 내걸고 당선된 이명박 정부에 들어서면서 이 같은 상황은 더욱 악화됐다. 대기업에 '올인'하는 수출중심 정책에 부자감세 등이 이어졌지만 고용은 늘어나지 않았고 기업들은 곳간에 이익을 쌓아둘 뿐 낙수효과도 가시화되지 않았다. 대기업과의 불공정경쟁에 밀리는 중소기업은 좋은 일자리를 내놓을 여력이 되지 못했다. 구직

단념자는 2007년 10만8,000명에서 2011년 22만2,000명까지 늘었다. 김연명 교수(중앙대)는 "어떤 복지국가 유형이든 소득보장제도는 복지국가의 기본"이라면서 "한국은 소득보장 중심적인 복지제도를 갖고 있음에도 제대로 된 소득보장제도를 갖추고 있지 못하다"고 지적했다. 이 같은 상황에서 복지제도의 확대는 밑 빠진 독에 물 붓기나 다름없다.

'시혜'에서 진정한 '삶의 안정'으로 패러다임을 바꿔라

4대 사회보험과 빈곤층을 돕는 공공부조만이 국가복지의 영역은 아니다. 가족의 삶에 커다란 영향을 미치는 주택과 교육도 복지의 중요한 영역이다.

선진국에서는 전체 주택시장 중 10~20퍼센트에 달하는 공공주택을 공급해 집값 폭등으로 국민이 피해 보는 일이 없도록 안전장치를 둔다. 하지만 우리나라의 공공주택 비율은 3퍼센트에 못 미친다. 주택공급에 들어가는 정부 재정을 아끼려고 민간에 공급을 대부분 맡긴 1970년대의 정책노선이 지속돼온 때문이다. 전국의 집값이 들썩이면서 2000년부터 2011년 사이에 아파트값이 두 배 넘게 올라(국민은행 주택가격지수 자료, 1월 기준) '하우스푸어'와 '전세난민'이 속출한 실정이다.

교육도 마찬가지다. 우리나라의 가족은 공교육에서 선진국 평균부담률인 0.7퍼센트의 4배에 달하는 교육비(2.9퍼센트)를 부담하고 있다. 여기에 사교육비도 추가된다. 고용의 질에 따라 임금격차가 커지고 있는 현실에서 자기 자식에게 좋은 일자리를 갖게 해주려는 부모들의 안간힘이 지속되고 있는 것이다. 의료와 아동, 노인돌봄 등에도 가족이 지는 부담은 크다.

결국 오늘 복지에 대한 요구는 단순히 몇몇 정책을 보강하는 것만으로 해소될 수 있는 차원이 아니다. 선진외국의 경우를 거울삼아 기업, 정부, 노동자가 사회적 타협을 통해 큰 그림의 해법을 모색하는 게 필요하다. 개발주의 토대 위에 쌓아올린 한국의 시스템에 파열음이 나는 현재, 우리 사회는 패러다임의 전환을 요구하고 있다.

복지의 꽃은 위기에서 핀다

정원오(성공회대학교 사회복지학과 교수)

복지제도가 도입되는 배경, 그리고 복지국가체계가 형성되는 과정은 매우 다양하다. 하나의 이념을 기반으로 형성되기보다는 여러 이념이 타협하고 절충한 결과물로써 특정 유형의 복지체계가 형성된다. 각국의 사례를 살펴보면 복지제도가 도입되는 결정적인 계기와 이유들이 존재하지만, 나라마다 다르며, 반드시 합리적이거나 소위 착한(?) 이유만으로는 설명되지는 않는다. 경제상황이 좋거나, 더 잘 사는 나라에서 먼저 복지제도가 등장하기보다는 경제상황이 좋지 않거나 위기 국면에서 그리고 상대적으로 덜 부유한 나라에서 먼저 복지제도가 등장하기도 했다. 재정적 여건과 경제적 부는 중요한 요건이긴 하지만 정치적 맥락에 비하여 덜 결정적이다.

선진 복지국가의 모든 사례를 다 살펴볼 수 없으므로 여기서는 외국의 사례로 대표적인 세 나라를 살펴보고자 한다. 세계 최초의 사회보험제도를 도입한 나라로 알려진 독일, 복지국가라는 용어를 대중화시킨 영국, 가장 발달된 복지국가체계라고 평가되기도 하는 스웨덴, 이런 정도를 살펴보면 외국의 사례로 손색이 없을 것 같다.

독일은 1883년부터 1889년까지 질병보험법, 재해보상법, 노령 및 폐질보험법 등 세 개의 사회보험법을 입법한다. 당시 독일은 여러 가지 측면에서 후발 국가였다. 하나의 국민국가로 통일된 시기도 늦었고, 산업화의 시기도 늦었으며, 국부(國富)의 축적수준도 낙후된 나라였다. 사회보장제도가 도입되는 이유를 산업화로 설명하는 산업화 이론은 산업화가 앞선, 발달된 영국에서가 아니라 후발국가인 독일에서 사회보장제도가 가장 먼저 도입된 역사적 경험에서 아이러니에 직면하게 된다. 왜 영국이 아니라 독일이었는가? 당시 독일은 귀족출신의 비스마르크를 중심으로 왕권을 강화하면서 국가주도의 급속한 산업화를 추진하던 시기였다. 후발국가로서 선발국을 따라잡기 위한 급속한 산업화는 새로운 사회문제(도시 문제와 빈곤 문제)를 야기했을 뿐만 아니라 왕권을 위협하는 새로운 시민(부르주아)계층을 성장시켰다. 노동자의 궁핍화를 예방하는 사회보험제도의 도입이 부르주아계층의 정치적 영향력을 적절히 제어하면서 자본가계급에 대항하는 노동자계급을 왕권국가의 충성자로 편입하고자 하는 비스마르크의 의도였다는 설명은 설득력을 지닌다.

영국은 독일보다 훨씬 늦은 시기인 1910년대에 사회보험을 도입한다. 그리고 제2차 세계대전이 끝나고 새로운 평화 시기에 맞이하는 국가모델로 복지국가를 출범시킨다. 영국 복지국가의 출범도 재정적 여력이 넉넉한 시기에 이루어진 것은 아니었다. 어떻게 보면 재정적 여건이 가장 어려운, 전쟁으로 모든 것이 파괴된, 죽음의 포화 속에서 복지국가의 꽃은 피어올랐다. 전쟁이 한창이던 1942년에 영국 복지국가의 기본 설계도라고 할 수 있는 베버리지 보고서가 출간되는데, 기록에 의하면 이 보고서를 구입하기 위해 정부간행물센터에 몰려든 사람들의 줄이 1마일(1.6㎞)이나 되었다고 하니 복지국가에 대한 환호와 기대가 매우 높았음을 짐작할 수 있다.

전쟁은 국민의 단결과 헌신을 요구한다. 정치지도자들은 전쟁이 끝난 후의 평화 시기에 대한 희망과 비전을 제시함으로써, 전쟁의 공포와 암울함 속에서도 국민적 사기를 드높이고 단결을 유도하고자 한다. 베버리지 보고서도 그러한 맥락에서 구성되었던 정부의 여러 위원회 중의 하나였던, '사회보험 및 관련 서비스에 관한 조사위원회'의 결과물이다. 그렇지만 베버리지 보고서는 위원회에 주어진 임무를 뛰어넘는, 막대한 재원 투입이 필요한 복지국가안을 제안하는 것이었고, 당시 전시연립정부의 수반이었던 처칠의 입장에서는 전후 복구비용을 생각하면 선뜻 받아들이기 어려웠을 것이다. 처칠과 보수당 원로 의원들의 반대(혹은 소극적 지지) 속에서 베버리지의 정책제안에 대한 실천 여부가 주요 이슈였던 전후 총선에서 노동당은 압승한다. 보수당 당수였던 처칠은 전쟁을 승리로 이끌었지만, 전후 새로운 시대를 이끌 지도자로 선택받지는 못했다. 복지국가에 대한 소극적 태도 때문이었다. 영국 국민은 복지국가를 원했고 복지국가를 건설하는 실천대행자로는 노동당이 더 적합하다고 판단했다.

사민주의와 복지국가의 친화성은 스웨덴에서 더 잘 관찰할 수 있다. 스웨덴은 영국보다 훨씬 빠른 시기인 1930년대에 복지국가체계를 형성했다. 소위 스웨덴 모델이 생성된 시기를 학자들은 1932년으로 보고 있는데, 이 시점으로부터 사민당의 장기집권이 시작되었다. 1930년대 스웨덴의 경제상황은 좋은 시기라기보다는 위기의 시기였다. 1929년 미국에서 시작된 경제공황의 여파는 1930년대 초반에 이르러 스웨덴의 수출산업에 타격으로 다가왔다. 실업률이 급격하게 상승하여 1931년에는 25퍼센트 수준까지 올라갔다. 당시 집권당이던 자유당의 에크만(Carl Gustaf Ekman) 내각은 전통적인 공급 중심의 경제 대책(생산 비용 절감과 재정 균형 정책)에서 벗어나지 못했으며 경제 불황에 대한 국민들의 불만은 고조되어갔다. 1932년의 총선거에서 사민당은 위기 상황을 타개하기 위해서는 적극적인 공공사업을 통해 일자리를 창출하고 실업자들에게 일자리를 제공해야 한다고 주장한다. 실제로 사민당은 1930년의 국회에서 공공사업 예산을 2.5배로 대폭 확대하는 요구안을 제출하기도 했다. 사민당은 위기 타개 정당으로 어필했으며 선거 결과 42퍼센트의 득표율로 1928년에 잃어버린 집권당의 지위를 회복했다. 이후 사민당은 적극적인 노동시장 정책과 사회보장 정책을 두 축으로 하는 복지국가를 건설하는 데 성공했고, 성공적인 복지국가 정책들은 사민당이 재집권하는 원인으로 다시 작용했다. 이러한 상호작용의 효과로 인해 스웨덴에서 사민당은 상당히 장기간 지속적인 집권당의 지위를 유지할 수 있었다.

오늘날 복지제도는 매우 보편적이지만, 어떠한 유형의 복지체제를 구축하는가, 어떤 유형의 복지국가체제인가는 매우 다양하다. 빈곤해소와 예방을 목표로 하는 영국형 복지국가도 있고, 빈곤해소에서 더 나아가 과도한 불평등 해소에 목표를 두는 스웨덴형 복지국가도 존재한다. 이러한 다양성 외에도 외국의 경험에서 확인할 수 있는 중요한 사실은, 복지제도와 복지국가체계를 형성하는 결정적 요인이 재정적 여건에 있지 않다는 점이다. 위기의 시기에, 그리고 재정적으로 어려운 시기에도 국민의 여망과 요구에 의해서, 어쩌면 정치적 요인에 의해 결정된다는 점이다. 복지에 대한 요구와 정책적 제안을 인기에 영합하는 포퓰리즘으로 몰아붙이는 태도, 그 자체도 대단히 정치적이다. 판단의 몫은 투표권을 행사할 국민들에게 주어져 있다.

정원오 : 서울대 사회복지학과를 졸업하고 같은 대학 대학원에서 박사학위를 받았다. 사회복지정책론, 사회보장론, 빈곤론 등을 강의하고 있다. 주요저서로 『불안정노동자를 위한 사회보장』, 『통합과 배제의 사회정책과 담론』, 『비교빈곤정책론』, 『복지국가』 등이 있다.

복지가 경제성장의 발목을 잡나?

복지에 관한 대표적인 논쟁은 '복지로 분배하면 성장이 느려진다'는 것이다. 하지만 경제통계에서도 확인할 수 있듯이 분배 없는 성장은 소득양극화에 따른 내수약화로 경제체질을 악화시킨다. 건강한 자본주의를 유지하기 위해서라도 우리사회에는 복지를 통한 분배가 시급하다. 일각에서는 '복지에 돈을 쓰면 재정이 파탄난다'고 말하지만 이는 재정의 우선순위에 대한 정부 철학의 문제다. 국민의 삶과 직결되지 않는 토건사업과 대기업 퍼주기에 들어가는 예산에 대한 재점검이 필요하다.

'생산적 복지'도 무조건적 해법으로 볼 수 없다. 근로빈곤층이 300만 명이나 되는 열악한 노동환경 때문이다.

복지국가 논쟁 해부
−그들이 말하지 않는 복지의 4가지 진실

04

　우리사회에서 복지 확대를 요구하는 여론이 확산되자 현 정권과 보수 진영은 지난 50년간 공고하게 쌓아온 '반복지' 논리를 내세워 대응하고 있다. 복지는 성장의 발목을 잡고 예산 낭비를 가져오므로 국가복지를 확대하는 것은 발전을 저해한다는 것이다. 복지 확대 요구를 '경제현실을 외면하는 것', '국가예산을 거덜 내는 것' 등으로 치부하기도 한다. 실제 그런가?

　학계와 정치권을 중심으로 이뤄져온 복지토론이 2012년 총선과 대선을 앞두고 시민들 사이에 확산되는 중이다. 시민들은 강팍한 삶의 무게를 얘기하지만, 복지를 반대하는 이들은 경제성장률이나 예산액과 같은 추상적인 통계와 지표를 들먹인다. 하지만 이런 자료들을 뒤집어보면 복지 확대가 왜 필요한지, 시민들의 요구가 어떻게 합리적인지 그 속에 나타나 있다는 지적도 있다. 현재 국민소득은 늘었지만 국민들의 실질적인 소득은 늘지 않았다. 이런 구조적 모순을 해결하지 않고는 새로운 경제성장이나 발전을 이룩할 수 없다. 또한 극심한 소득의 불균형은 양극화를 더 가속시켜 경제성장의 발목을 잡을 것이다. 이러한 불균형을 바로 잡기 위해서는 합리적으로 부를 재분배함으로써 양극화를 해소해야 한다. 그러기 위해서는 복지에 더 많은 투자를 해서 국민들의 삶의 무게를 덜어주고 국민들의 실질 소득을 늘려 경제성장을 할 수 있게 해야 한다. 그런데 국가복지를 꺼림칙하게 여기는 '그들'이 무엇을 외면하는지 살펴볼 필요가 있겠다. 다음 네 가지 그들의 발언을 보도록 하자.

- 오세훈 전 서울시장

"무차별적 복지 포퓰리즘이
도덕적 해이 부르고 성장잠재력 잠식할 것"

분배하면 성장이 느려진다?
- 성장잠재력 잠식은 소득분배 악화 탓

복지와 성장 사이의 관계는 우리뿐 아니라 세계적으로도 논쟁거리다. 보수진영은 국가복지를 강화하면 시장경제가 위축돼 성장이 느려진다고 말한다. 하지만 진보진영은 분배가 개선돼 내수시장이 튼튼해지기 때문에 성장에 도움이 된다고 말한다. 어느 쪽이 맞을까?

복지와 경제의 상관관계에 대한 방대한 연구결과들을 분석한 미 콜롬

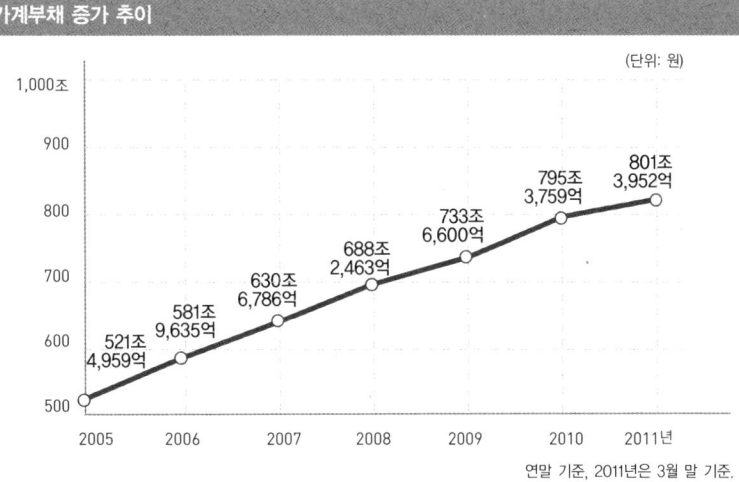

가계부채 증가 추이
(단위: 원)

- 2005: 521조 4,959억
- 2006: 581조 9,635억
- 2007: 630조 6,786억
- 2008: 688조 2,463억
- 2009: 733조 6,600억
- 2010: 795조 3,759억
- 2011년: 801조 3,952억

연말 기준, 2011년은 3월 말 기준.

비아 대학의 이사벨라 메어스 교수는 '나라마다, 시대마다 다르다'고 말한다. "일자리 창출에 강력한 영향을 주는 것은 각 국가의 기존 제도와 정책"이라는 것이다. 유종일 한국개발연구원(KDI) 국제정책대학원 교수 역시 "추상적인 공간을 놓고 논하면 의미가 없다. 한국의 현실을 가지고 논쟁을 벌여야 한다"고 지적한다. 한국 경제의 구조 속에 국가복지의 영향을 구체적으로 짚어봐야 한다는 얘기다.

현재 한국 경제는 구조적 악순환에 직면해 있다. 국민소득 2만 달러 재돌파에 경제성장률 6.2퍼센트(2010년) 등 지표는 '성장'을 가리키는 반면, 성장의 결실이 국민들에게 얼마나 돌아갔는지를 보여주는 노동소득분배율이 2010년에는 36년 만에 가장 큰 폭으로 떨어졌다. 각 가정의 부채증가율(8.9퍼센트·2010년)은 소득증가율(5.8퍼센트·2010년)을 3배 남짓 앞지르고 있다. 소득은 거의 늘지 않는데 부채는 폭발적으로 늘고 있는 것이다.

빈익빈 부익부는 결국 경제성장의 저하로 이어질 수밖에 없다. 소비여력이 없는 국민이 늘면 내수시장이 그만큼 위축되기 때문이다. 백웅기 교수(상명대 부총장)는 "국내총생산(GDP)은 쉽게 말하자면 내수와 수출을 더한 값에서 수입을 뺀 것"이라며 "내수를 이대로 방치하면 GDP 성장률도 낮아질 것"이라고 말한다. 현 정부 내에서조차 "사회양극화와 중산층 약화가 우리나라 성장잠재력을 위협하고 있다"(곽승준 대통령직속 미래기획위원장)고 지적하는 것도 이 때문이다.

사태의 근본원인은 '분배의 고리'가 끊어졌다는 데 있다. 국가는 수출형 대기업 위주의 정책을 펴면서 '선성장 후분배' 논리를 고수한다. 그렇지만 '선성장'한 대기업은 설비투자나 정규직 일자리 창출에 소극적이다. '후분배'가 일어나지 않고 있는 것이다. "상당한 양의 물이 밑으로 내려오기 위해서는 복지국가라는 이름의 전기펌프가 필요하다"는 장하준 교수의 처방이 주목받는 것은 이 때문이다.

우리나라의 '전기펌프' 기능은 경제개발협력기구(OECD)에서 바닥 수준이다. 조세·복지정책을 통한 소득의 재분배를 통해 스웨덴은 국민의

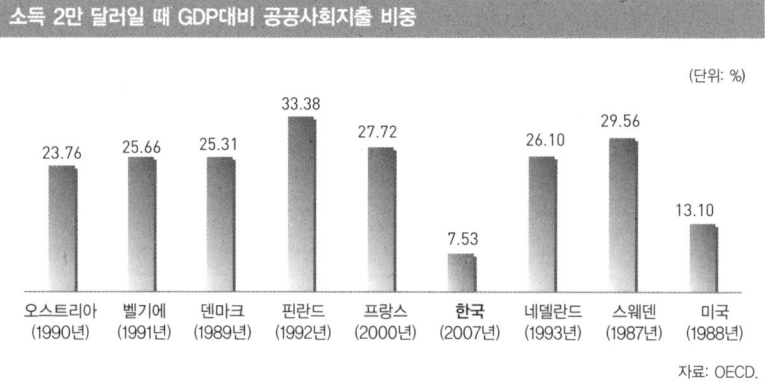

소득 불평등 정도를 나타내는 지니계수를 54.9퍼센트(2000년) 개선했다. 같은 해 미국은 24.6퍼센트 개선했다. 하지만 한국은 고작 4.5퍼센트(2000년) 개선하는 데 그쳤다.

이 같은 맥락에서 다시 복지·성장 논쟁을 살펴보면 논점은 선명해진다. 대표적인 보편적 복지 반대론자인 오세훈 서울시장은 "공짜 복지 시리즈는 다음 세대가 먹고 살기 위한 기반까지 잠식해가는 어리석은 일"이라면서 "복지 포퓰리즘이 성장잠재력을 잠식하고 있는 우려스러운 상황"이라고 진단한다. 하지만 지금 여기, 한국에서 성장잠재력을 갉아먹는 것은 오히려 분배되지 않는 구조다.

─ 윤증현 기획재정부 장관

"4대강 같은 데 투자 않고 복지 같은 데 재원을 다 써버리면 결국 남는 게 별로 없게 된다"

복지에 돈 쓰면 재정 파탄난다?
─ 미·일 등 위기 주범은 복지비 아닌 토건·감세

"쓸 돈이 없다" 국가복지 강화에 반대하는 이들의 주요 논거다. 나라곳간의 수장이던 윤증현 기획재정부 장관의 발언이 대표적이다. 그는 "국가 예산도 투자 우선순위를 둬야 한다. 4대강도 2012년 말에 공사가 끝난다. 이런 데 투자하지 않고 복지 같은 데 재원을 다 써버리면 결국 남는 게 별로 없게 된다"고 말했다.

하지만 토목·건설에 예산을 쏟아 부어 얻은 결실은 의외로 초라하다. 한국은행의 2005~2010년 산업별 경제성장기여율(전 산업의 부가가치 증가액에서 차지하는 비중)에 따르면 건설산업의 성장기여율은 5.7퍼센트 정도지만 보건복지산업의 성장기여율은 18.6퍼센트다. 일자리 창출에서도 같은 10억 원을 투자했을 때 건설업에서는 14.3명의 일자리가 만들어졌지만 사회서비스영역은 21.9명의 일자리가 나왔다(2008년 기준). 도로, 공항 등 사회간접자본(SOC)은 일단 필요한 만큼 만들고 나면 그 이상은 경제적 쓸모가 크지 않은 탓이다. 반면 노인간병·아동보육 등 사회서비스 부문은 일자리 창출 잠재력이 크다.

SOC 사업을 통한 경기부양의 실패는 일본에서 입증된 바 있다. 1990년대 초 부동산 거품의 붕괴로 경제위기를 맞은 일본은 대규모 토목사업을 벌였지만 1994년부터 2006년까지 일자리는 0.6퍼센트 증가하는 데 그쳤다. 되레 경기침체가 장기화됐다.

유종일 교수는 "특정 산업에 예산을 집중적으로 투자해 경제성장을 견인하는 방식은 한국에서 한계에 달했다"면서 "새로운 아이디어, 기술혁신으로 성장을 하려면 누구나 잠재능력을 모색할 수 있도록 분배시스템이 받쳐줘야 한다"고 말했다. 현재처럼 재능 있는 젊은이들이 저임금 비정규직으로 허덕이거나 취업준비에 매달리는 상태로는 한국의 미래 잠재성장력까지 약화된다는 것이다.

국가가 복지를 강화해 얻을 수 있는 또 다른 효과는 경기의 '자동안정화'다. 국가복지가 강한 유럽에서는 경기침체 때 내수시장이 얼어붙지 않는다. 연금과 실업수당으로 기본소득이 유지되기 때문에 국민들이 위기상황에 유연해지는 것이다. 실제 삼성경제연구소는 북유럽 국가들이 2009년 세계 경제위기를 가장 안정적으로 극복한 이유로 "위기에 대응할 수 있는 유연한 경제체질과 안정된 정치·사회시스템 덕분"이라고 꼽았다.

다만 복지 확대가 경제에 긍정적 영향을 미치는 구조를 완성하려면 "막대한 주택대출금, 사교육비 등 가정의 낭비적인 지출 요소를 줄이는 정책이 병행돼야 한다"(홍종학 경원대 교수)는 지적이다. 문제는 정부가 복지를 "즐기는 것"(윤증현 장관), 즉 낭비로 보고 복지지출의 확대와 함께 다양한 정책을 도입할 의지를 보이지 않는다는 데 있다.

이는 재정건전성을 강조하며 복지국가 해체를 꾀한 미국 레이건 대통령의 시장 중심 정책인 레이거노믹스를 연상시킨다. 당시 보수진영은 흑인이 '공짜로 챙기는' 복지 혜택을 부각시킴으로써 보편적 복지에 대한 유권자의 반감을 유도했다. 하지만 레이건 시대는 심화된 양극화와 하락한 경제성장률로 막을 내렸다. 경제학자 폴 크루그먼은 『미래를 말하다』에서 이 같은 1970년대 미 보수주의가 소수 엘리트 집단의 경제적 이익을 정치적인 수사로 포장한 것에 불과하다고 지적한다. 미국 재정적자의 뿌리도 레이건이 실시한 부자감세의 영향으로 지적된다. 공공복지지출이 OECD 꼴찌수준인 한국은 당시 미국처럼 기존 복지지출 삭감 처방을 내리지는 않았지만 복지를 낭비로 몰아감으로써 복지확대 요구를 억누르고 있다.

- 김황식 국무총리

"(노인부양을) 국가 책임으로 돌리는
국민의 생각, 과연 옳은지……"

예산 자연증가로 확대 불필요하다?
- 개인에 맡긴 고령화 대책 돌파구는 복지 강화에

지금 한국의 노인 빈곤은 심각한 수준이다. 국제전략문제연구소(CSIS)의 2010년 보고서에 따르면 노인 중 빈곤층의 비율은 한국이 36.2퍼센트로 세계 최고다. 멕시코(25.5퍼센트)나 중국(25.0퍼센트)보다도 높다. 빈곤의 영향으로 노인 자살은 최근 10년간 3배 넘게 증가했다. 게다가 한국에서 노인은 빠르게 증가하고 있다. 지금 추세대로라면 2026년엔 노인인구가 국민의 20퍼센트를 넘는 초고령사회가 된다.

때문에 노인부양을 위한 복지체계 강화를 서둘러야 한다는 목소리가 나오지만 현 정부와 보수진영에서는 예산을 이유로 미적거리고 있다. 지금 구조 속에서도 노인복지예산은 급증할 것이기 때문에 미래에 감당할 수 없다는 이유다. 같은 맥락에서 고령화로 인해 다른 영역의 국가복지를 강화할 여력이 없다는 주장도 나온다. 고령화가 정말 국가복지를 확대하지 못할 이유가 되는 것일까?

노인의 생활비·의료비는 결국 누군가의 호주머니에서 나가야 한다. 보수진영은 그 짐을 지금처럼 가족이 맡아야 한다고 본다. 김황식 국무총리는 2010년 국회에서 "(노인부양을) 국가와 사회의 책임으로 돌리는 국민의 생각은 어쩔 수 없는 선택이긴 하겠지만, 과연 우리나라의 품격, 전통이

나 국가장래를 위해 과연 옳은지 사회적으로 검토해야 하는 문제"라고 말했다.

그러나 구성원이 연대해 만드는 사회보험으로 노인부양을 부담하는 것이 더 효과적이라는 지적이 나온다. 보험의 재원은 국민이 대기 때문에 부양책임을 국가와 사회로 '돌리는' 것이 아니라, 복지체계를 통해서 함께 부담하는 것이 된다.

'효'를 함께 책임지자는 취지로 건강보험, 국가예산, 노인가족이 재원을 공동부담하는 노인장기요양보험제도의 빠른 안착은 긍정적 신호다. 김찬우 교수(가톨릭대)가 이 요양서비스를 받은 노인의 가족 1,000명에게 설문조사를 실시한 결과, 95.8퍼센트가 경제활동의 기회가 증가했고 84.7퍼센트는 신체적 부담이, 92퍼센트는 심리적 부담이 줄었다고 답했다. 공동부담 과정에서 세금이 더 늘 수는 있지만 미래의 노인부양 금액을 고려하면 결과적으로는 절약인 셈이다.

이는 '각자부담'과 복지원칙에 따른 '공동부담' 간에 어느 쪽을 선택할지, 국민들의 활발한 논의가 필요함을 뜻한다.

특히 노인부양에서 가장 중요한 역할을 차지하는 국민연금의 경우 그 같은 논의가 진행되고 있지 않아 문제로 꼽힌다. 정부와 보수진영이 "60년 뒤면 국민연금 적립금이 바닥난다"며 '고갈' 문제에만 초점을 맞추기 때문이다. 김연명 교수는 "이대로라면 2050년 노인비율은 세계 2위인데, GDP대비 연금지출액은 2005년 OECD 수준만도 못한 상태가 된다"며 "어떻게 하면 국민연금이 노인부양책으로 잘 기능할 수 있을지를 논의하는 것이 더 옳다"고 말했다.

– 이명박 대통령
"소비적 복지보다 생산적 복지로 가야"

생산적 복지가 정답이다?
– 근로 빈곤층 300만 시대 복지의 기초부터 제대로

"복지가 소비적이기보다 생산적 복지 쪽으로 가야 한다는 것은 세계적 추세다"(2010년 12월 22일) "복지를 보완해야겠지만 선심성 복지를 피해야 한다"(2011년 4월 23일), "일자리 없이 정부의 복지정책으로 몇 푼 갖다 쓰는 것은 삶의 가치를 찾기가 어려운 것"(2010년 2월 19일).

현 정부의 '생산적 복지', '능동적 복지' 논리는 위의 이명박 대통령의 복지 발언에서 잘 드러난다. 일자리를 갖도록 만드는 데 도움을 주는 것이 생산적 복지이고 그렇지 않은 것은 소비적 복지이므로, 생산적 복지에 집중해야 한다는 것이다.

이 같은 생각을 바탕으로 해서 나온 복지정책이 공공근로사업인 '희망근로 프로젝트', 보육비 지원대상 확대정책(소득 하위 70퍼센트까지), 지난 4.27 재보선에서 완패한 뒤 전격적으로 내놓은 '만5세 공통과정' 등이다.

이명박 정부의 생산적 복지론은 영국에서 탄생한 '제3의 길'과 얼핏 유사해 보인다. 서구 복지국가들은 그간 실직, 산업재해, 질병 등 이른바 '구사회위험'에 대비하기 위해 국민에게 최소한의 소득을 보장하는 복지체계를 갖춰왔다. 그러나 높은 실업률, 저출산·고령화와 같은 '신사회위험' 대비를 위해 기존의 체계를 완화하고 직업훈련, 보육·교육 등 서비스 중심 복지체계를 강화해야 한다는 주장이 나왔다. 노동을 해야만 복지 혜택을 받을 수 있도록 하는 시스템의 구축도 그 예다.

하지만 문제는 한국의 현실이다. 토니 블레어 전 노동당 총리가 좌우를 넘는 새로운 노선으로 주장한 '제3의 길'이 대두된 영국에서는 이미 실직, 산업재해, 질병에 대비한 복지체계가 어느 정도 성숙돼 있었다. 하지만 한국은 기본적인 복지체계가 제대로 작동하지 않고 있다. 실직과 재해에 무방비 상태인 노동자가 절반에 이르고(고용보험·산업재해보상보험 사각지대 각각 58.9퍼센트, 40.9퍼센트) 고용보험 가입자에게 제공되는 실업급여의 수준도 열악하다. 노동자의 실업급여가 회사에 다닐 때 받던 소득의 어느 정도에 해당하는지를 뜻하는 소득대체율이, OECD 회원국 평균 54퍼센트이지만 한국은 28퍼센트다. 실업자 신세가 되는 순간 생활은 바닥으로 떨어진다는 뜻이다. 일을 해도 임금이 중위소득(한국 노동자 전체를 줄 세웠을 때 중간에 있는 사람의 소득)의 50퍼센트에도 미치지 않는 근로빈곤층도 300만 명에 달한다.

때문에 영국의 '제3의 길'이나 그와 유사한 사회투자 담론을 지지하는 학자들도 한국에서는 기본 복지체계를 완비하는 과정을 함께 거쳐야만 한다고 말한다. 김연명 교수(중앙대)는 "어떤 복지국가유형이든 소득보장제도는 복지국가의 기본"이라면서 "이 기본을 무시한 상황에서는 아무리 돈을 쏟아 부어도 복지효과가 거의 나타나지 않는다"고 말했다.

문제는 현 정부처럼 생산적 복지만 강조할 경우 초래되는 결과다. 고려대 고세훈 교수는 "생산적 복지를 지나치게 강조하다 보면 소득보장에 쏟아야 할 재원이 교육·훈련 등 사회투자를 위한 재원으로 대체될 수밖에 없다"고 말한다. 기본적 복지체계의 완성에 쓰여야 할 돈은 그만큼 줄어들고 복지의 빈공간은 방치되는 것이다.

반복지 의식, 어디에서 비롯됐을까?

"복지한다고 세금 더 걷자고 하면 난 안 낼 거요. 국가한테 뭐 받은 것도 없으니까."

경기 김포시에서 작은 공장을 운영하는 김행섭 씨(56·가명)는 현재의 국가복지에 불만이 많다. 공공근로나 무상급식 같은, 그가 보기에는 쓸데없는 곳에 아까운 세금을 쓴다는 생각이 들어서다. 1998년 외환위기 여파로 공장 문을 닫고 힘들 때에도 그는 자존심 때문에 기초생활 수급자 신청을 하지 않았다. 김씨 생각으로는 "실업자가 많다고 하지만 3D업종이니 뭐니 가리지만 않으면 대한민국은 일할 곳 천지"다. "누구나 열심히 하면 밥은 먹고 사는데, 동년배 중에 여태껏 전셋집에 사는 사람들은 부지런하지 않았기 때문"이며 "볼펜만 두드리고 싶어 하는 사람들은 좀 더 굶어야 한다"고 말한다.

이처럼 복지에 거부감을 느끼는 '반복지 의식'은 50년간 지속된 경제개발주의와 뒤틀린 사회 경쟁구조에서 비롯됐다. 경쟁에서 뒤처진 이가 국가로부터 도움받는 것을 수치로 여기는 정서는 복지국가를 이루는 데 반드시 극복해야 할 심리적 장벽이다. '경쟁'에서 '나눔'으로 사회의 틀을 바꾸는 데 구성원의 합의는 필수적이기 때문이다.

아직까지 우리의 의식은 '나눔'보다는 경쟁과 성장에 더 익숙하다. 2005년~08년에 세계 54개국에서 실시된 '세계 가치관 조사'에 따르면 한국인 10명 중 약 8명이 '경제안정'을 가장 중요한 가치로 꼽아 세계 평균(54.4퍼센트)보다 훨씬 높았다. 반면 '인간적 사회'를 가장 중요한 가치로 꼽은 비율(16.8퍼센트)은 프랑스(36.2퍼센트)의 절반에 불과했다. 자신을 '물질주의자'라고 규정한 비율은 10명 중 5명(54.0퍼센트)으로 스웨덴(5.5퍼센트)의 10배에 달했다. 허경회·인경석은 『그들이 아닌 우리를 위한 복지』에서 "이런 우리의 물질지상, 시장지상, 이윤지상의 가치의식에 가장 적합한 국가형태가 다름 아닌 기업국가"라고 꼬집었다.

국가복지가 시혜적으로 제공되면서 가난하고 소외된 이들에게 '낙인'을 찍은 점도 복지에 대한 거부감을 낳았다. 복지 혜택을 많이 받을 수 있는 계층이 되레 복지에 반대하는 경우가 많다는 점에서 복지는 이념적인 문제다. 한국복지패널 2007년 2차 조사 자료를 분석한 이중섭 전북발전연구원 책임연구원은 노인이 노인복지정책에 비우호적인 의식을 보이는 결과를 그 예로 지목했다. 그는 "해방 이후 현대사를 관통한 반공이데올로기로 인해 '평등과 분배'의 가치가 색깔론으로 덧칠되면서 '자유와 자본'만이 강조되는 편향성을 보여 왔다"며 "재분배에 부정적인 보수언론의 편향된 논조"가 이 같은 '복지 반대' 여론을 조성해왔다고 지적한다.

이런 상황에서 사람들은 부자독식의 잘못된 '게임의 법칙'에 항의하기보다는 게임에서 진 자기 자신을 책망하는 경향을 보인다. 실업상태의 엔지니어 이상훈 씨(27·가명) 역시 월 120만 원의 저임금과 장시간 노동 등 부당한 처우에 직장을 그만뒀음에도 "힘들 때 가장 원망스러운 것은 나 자신"이라며 "개인의 문제를 사회가 책임지는 것도 문제"라고 말했다. 그의 회사 동료들도 그의 경제적 어려움에 대해 '씀씀이가 헤퍼서'라며 이씨를 탓했다고 했다.

『대출 권하는 사회』의 저자 김순영 박사는 "국가의 경제안전망이 없는 탓에 구제금융 이후 카드대출로 빚을 진 저소득층 신용불량자들은 모든 게 자신의 죄라고 생각하는 경향이 있다"고 지적했다. 국가가 복지로 재분배를 하지 않아 개인이 부채로 때운 것임에도 국가를 상대로 제도적 개선을 모색하기보다 자살 등의 선택을 하게 된다는 것이다.

정부에 대한 불신 또한 반복지 심리를 부르는 원인이다. 직장인 김선미 씨(34)는 "국가가 세금을 거둬서 제대로 된 복지에 쓴다는 보장이 없는데 굳이 세금을 내느니 필요한 단체나 구호기관에 직접 주는 게 낫다는 생각이 든다"고 말했다.

제 2 부

다른
나라의
복지는

01 아르헨티나 – 복지를 하면 나라가 망할까?

02 브라질 – 복지는 성장을 저해하는가?

03 그리스 – 쏠림복지가 문제였다

04 스웨덴 – 국가와 가족의 '함께 복지'

국가부도 정말 복지 때문이었나?

아르헨티나가 복지 때문에 망했다는 한국 보수진영 일부의 주장은 잘못된 정보에 근거한다. 아르헨티나의 현재 고질적인 재정적자 문제는 국부를 독식하는 대기업과 민영화와 금융규제 완화 이후 아르헨티나 경제가 금융자본에 장악된 데서 비롯된다. 아르헨티나의 복지제도는 후안 페론 전 대통령 당시 마련됐으나 이후 군사정권을 거치면서 대폭 축소됐다. 경제위기 과정에서 국민들은 일자리를 잃고 빈곤층으로 전락했다. 이후 정치인들이 이들 가난한 유권자의 표를 사기 위한 수단으로 복지를 악용하면서 사회적 연대라는 복지의 원래 취지에서 벗어나 포퓰리즘으로 변질됐다. 제대로 된 복지제도를 운영하기 위해서는 그만큼 건강한 정치가 필요함을 역설하는 셈이다.

아르헨티나
－복지를 하면 나라가 망할까?

01

　아르헨티나는 스페인 식민지배에서 1816년 독립을 선언한 이후 19세기 말부터 경제호황과 농산물 수출을 바탕으로 세계에서 부유한 나라 10개국 중 하나로 떠올랐다. 하지만 1930년대 세계대공황 등 외부변수에다 내부적으로는 공업화 등 산업다변화에 있어 성과를 거두지 못해 점차 경제가 어려움에 빠졌다. 1946년 후안 페론은 노동자 계급의 지지 속에 집권했으나 경제개방 등 반노동자 정책을 추진하다가 쿠테타로 1955년 실각하여 스페인으로 망명했다. 이후 아루트루 일리아, 후안 페론이 재집권했지만 그가 죽자 다시 군사 쿠테타가 일어나 군부독재시대가 되었다. 군부독재정권은 '더러운 전쟁'이라 불리는 불법적인 수단으로 반대파와 좌파를 탄압하고 경제적으로 여러 중요한 공공사업을 벌이기도 했지만 잦은 임금동결과 금융규제의 철폐로 인해 막대한 국가채무를 떠안고 국민의 생활수준도 급격히 떨어지게 됐다. 이후 포클랜드전쟁에서 패하고 국민들의 신뢰를 잃자 1983년 자유선거를 치루고 민주화 정부가 들어섰다. 하지만 이후 정권들도 정치적 안정과 경제적 안정을 이루지 못하고 2001년에는 해외 채무에 대한 불이행(Default)을 선언하기에 이르렀다. 이후 네스토르 키르츠네르가 대통령이 되면서 2005년 국제통화기금에 대한 모든 외채를 갚고 점차 경제위기에서 벗어나 경제성장을 계속할 수 있게 된다. 하지만 민주화 이래 현재까지도 극심한 양극화는 아직 해결되지 않는 고민으로 남아 있다.

아르헨티나 복지망국론의 진실

복지 이야기를 하면, 늘 나오는 말이 '복지를 하면 나라가 망한다'는 것이다. 어제오늘의 일이 아니지만 복지에 반대하는 한나라당의 주장이 바로 이것인데, 그들은 복지제도 때문에 망한 대표적인 나라로 아르헨티나를 꼽는다. 왜 우리 복지와 아르헨티나를 비교하는가? 우리와 산업구조도, 역사도 다른 나라임에도 우리처럼 국제통화기금(IMF)의 구제금융을 받았다는 점에서 눈길을 끄는 모양이다. 최근에 나온 대표적인 발언은 다음과 같다.

"세계 6위의 경제 대국까지 올라갔던 아르헨티나가 바로 복지 포퓰리즘 때문에 발목이 잡혀서 국가부도 사태를 맞았지 않습니까."(2011년 1월 14일, 한나라당 장윤석 정책위부의장)

"아르헨티나를 비롯해 과거 무상복지를 남발하다 추락하는 국가에서 보듯이 무상복지는 국민소득 3만 달러 시대에 가야 가능한 일.”(2011년 3월 14일, 한나라당 김무성 전 원내대표).

"우리가 흔히 얘기하는 남미 아르헨티나는 1950년대 5대 강국이자 부국이었지만 복지 때문에 망했다", "우리는 흔히 '남미 포퓰리즘'을 말하는데 우리도 그 유혹에 빠질 가능성에 대해 겸허히 반성하고 자제해야 할 시기"다.(2011년 3월 국회 복지 토론회, 이상득 한나라당 의원)

이 발언들을 보면 '지금 우리 복지가 과하므로 삭감을 해서 아르헨티나처럼 되는 것을 막아야 한다'는 논리가 깔려 있다.

이렇게 한국 보수진영은 아르헨티나의 실패를 내세워 국민의 복지요구를 이기심으로, 이에 호응하는 정치는 포퓰리즘으로 깎아내린다. 과연 근거가 있는 얘기일까? 아르헨티나 현지에서 확인할 수 있던 것은 아르헨티나의 경제는 '복지 포퓰리즘'이 아니라 무능한 군사독재와 신자유주의 때문에 망가졌다는 점이다. 2001년 이후 경제위기의 기원을 1940년대 중반의 페론주의에서 찾는 것은 억지춘향이다. '아르헨티나 복지망국론'은 짜깁기된 허상이었다.

잘못된 신자유주의 경제정책이 문제

2011년 5월 13일 오후, 부에노스아이레스의 국회의사당 앞에서 머리가 희끗희끗한 사람 20여 명이 모여 있었다. 연금 생활자들이었다. 이들은 "메넴 정권이 경제를 잘못 꾸려서 연금 가치가 반 토막이 났다"며 성토하고 있었다.

20m 옆 도로에서는 '공장 회생운동'(Movimiento Nacional de Fabricas Recuperadas) 플래카드를 내건 청·장년층 노동자 100여 명이 양철북을 두

'공장 회생운동'(Movimiento Nacional de Fabricas Recuperadas) 소속 노동자들이 2011년 4월 13일 오후 부에노스아이레스의 국회의사당 앞 도로에서 양철북을 두드리며 정부에 일자리 보장을 요구하는 시위를 벌이고 있다.
 −부에노스아이레스 | 김지환 기자

드리고 있었다. 일자리를 지키기 위해서라고 이들은 말했다. 공장이 망하더라도 노동자들이 인수해서 계속 일할 수 있도록 법을 개정하라는 것이 이들의 요구였다.

"우리 삶이 어려워진 건 정치인들이 경제정책을 잘못한 탓입니다." 자동차 헤드라이트를 생산하는 공장에서 일하는 노동자 카를로스 아이오알고가 말했다. "메넴 정권 때 인플레이션을 잡겠다면서 달러와 페소를 묶어서 결국 내수산업을 다 죽였어요. 중산층이 그때 무너졌죠." 그에게 '아르헨티나가 망한 것은 복지 포퓰리즘 때문 아니냐'고 물었다. 그는 생뚱맞은 얘기라는 표정을 지었다. "복지라뇨? 쥐꼬리만 한 연금 말고 뭐 있어야죠. 복지는 무슨."

아르헨티나에서 만난 다른 이들에게 같은 질문을 던졌다. 아이오알고와 비슷한 대답들이 돌아왔다. 그 중 라틴아메리카 사회과학대학(FLACSO) 루시아노 안드레나치 교수는 기자의 질문에 껄껄 웃었다. "아르헨티나의 경제 문제는 복지와는 전혀 관계가 없어요. 외국돈을 꿔다가 잘못된 경제정책을 꾸린 탓에 제대로 된 경제개발 모델을 못 만들어낸 게 문제죠."

아르헨티나 경제가 추락한 것은 군사독재(1976~83년)하에서다. 민주화를 짓누른 '더러운 전쟁' 속에 3만 명이 실종되던 시절, 아르헨티나 외채는 크게 늘었다.

'포퓰리즘 정책의 원조'로 불리는 후안 페론(1946~55년, 1973년 재집권, 1974년 사망 후 세 번째 부인 이사벨 페론이 승계)의 재집권 말인 1976년 아르헨티나의 외채규모는 78억 달러였다. 하지만 군정기간 외채는 368억 달러로 5배 가까이 늘어났다. 카를로스 메넴 집권기(1989~99년)에는 신자유주의 경제정책이 이어지면서 상황이 더욱 악화됐다. 외채규모가 1999년

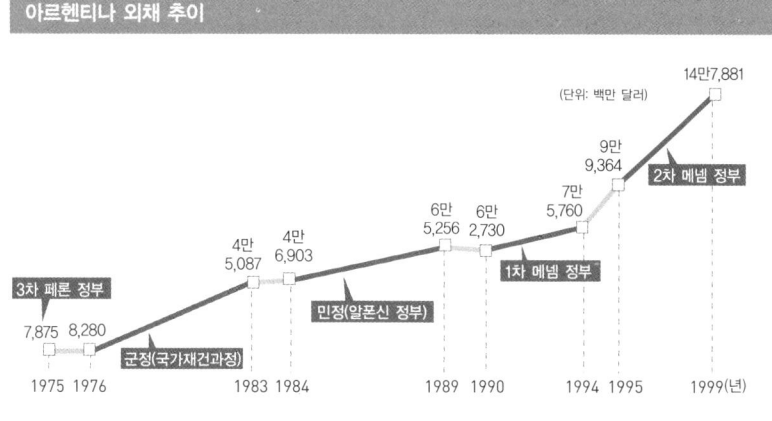

아르헨티나 외채 추이

기준 1,478억달러로 불어났다.

대부분의 전문가들은 잘못된 아르헨티나의 경제정책을 원인으로 꼽는다. 경제를 마구잡이로 외국에 개방하는 바람에 경제가 망가졌다는 것이다.

농업중심 경제의 아르헨티나는 20세기 초 대공황의 여파를 겪으면서 산업중심 경제로 변신을 꾀했다. 이때 늘어난 노동자의 지지에 힘입어 페론 정권이 등장했다. 하지만 임기 말, 경제개방으로 방향을 틀고 임금동결 등의 조치를 취하면서 페론은 1955년 쿠데타로 실각했다. 혼란기를 거쳐 1976년 등장한 군사정부의 경제실정에 외채는 불어났다. "언제 터질지 모르는 폭탄 같은 국가채무를 책임감 없이 늘리기만 하는 꼴"(안드레나치 교수)이었다. 인플레이션이 연 5,000퍼센트에 달하는 경제 혼란기가 이어졌다. 그래도 버틸 만은 했다.

이어 노동자의 지지를 얻어 카를로스 메넴이 집권하면서 아르헨티나 경제는 치명상을 입었다. 그는 규제완화·민영화·노동유연화 등 국제통화기금(IMF)의 처방을 적극 받아들였다. 그 여파로 일자리 60만 개가 사라졌고, 파업은 혹독하게 진압됐다. 1991년에는 IMF의 권고에 따라 페소화를 달러화에 1 대 1로 연동시킨 고정환율제를 도입하면서 아르헨티나 경제는 세계 경제의 흐름에 거의 무방비 상태가 됐다. 1997년 아시아가 외환위기로 흔들리자 그 쓰나미가 아르헨티나를 덮쳤다. 아르헨티나는 결국 2001년 디폴트(채무불이행)를 선언했고 실업률은 33.8퍼센트로 치솟았다.

국회 앞 시위현장에서 만난 산후스토 공장의 노동자 레나토 아벤다뇨는 "고정환율제가 되면서 여기서 생산하는 것보다 중국에서 수입하는 게

한 청년이 2011년 4월 15일 부에노스아이레스 한인촌 근처 거리에서 부잣집 개들을 산책시키고 있다. 일자리가 귀한 아르헨티나에서는 개 산책 아르바이트를 하는 광경을 흔히 볼 수 있다. -부에노스아이레스 | 김지환 기자

더 싸졌다"고 회고했다.

"메넴 정권 때 경제개방이 되면서 몇몇 대기업들이 경제를 독식했어요. 기업들이 국내에서 생산은 안 하고 외국제품들을 싼 값에 수입해다가 팔아서 이익을 챙겼어요." 이 같은 현상에 대해 이성형 서울대 라틴아메리카연구소 교수는 "아르헨티나의 고질화된 재정적자 문제는 국부를 독식하는 대기업들, 그리고 메넴의 민영화·규제완화 이후 아르헨티나를 장악한 금융자본들 때문"이라고 지적한다.

정말 무리한 복지 때문에 망했나?

페론 집권기에 대폭 확대한 복지시스템이 국가경제에 부담이 됐던 것은 아닐까? 전문가들은 고개를 저었다. 아르헨티나의 복지황금기는 페론의 집권 초 5년에 그쳤기 때문이다. 이후 정치혼란기와 군사독재 정권,

메넴 정권에 이르기까지 나라 살림살이가 어렵다면서 의료, 교육, 주거복지 등을 큰 폭으로 줄였다. 안드레나치 교수는 "군사독재정권 때 사회보험기금이 크게 줄었는데, 그건 복지지출이 아닌 정부의 기금 전용 때문"이라고 말했다.

일차적으로 군정기간에 무너진 아르헨티나의 복지제도는 메넴 시대에는 신자유주의 파도 속에 흔적만 남게 됐다. 1991~94년 아르헨티나의 사회지출 수준은 1980년대 수준에도 못 미쳤다. IMF의 구제금융을 받고 고정환율제가 무너지던 2001년 당시 빈곤층은 55퍼센트에 달했다. 임금과 복지가 고장 난 아르헨티나의 빈부격차는 심각해졌다. 2009년 유엔 자료에 따르면 아르헨티나의 상위 20퍼센트의 소득은 하위 20퍼센트의 17.8배에 이른다. 소득분배의 불평등 정도를 0과 1 사이의 값으로 나타내는 지니계수가 0.513(0에 가까울수록 불평등 정도가 심함)으로 불평등이 매우 심하다는 게 각종 수치로 확인되는 셈이다.

일부 국내 보수언론은 아르헨티나에서 아직도 복지지출이 상당한 것으로 오도한다. '복지 혜택을 늘려 달라'며 피켓을 들고 도로를 점거한 '피케테로(Piquetero·실업자운동조직)'의 시위를 "현금을 뿌리는 무분별한 복지지출" 현상이라고 주장하기도 한다. 하지만 그 이면에 무너진 임금과 황폐해진 복지제도가 있다는 점은 전하지 않는다.

아르헨티나의 복지에 관해 잘 알려지지 않은 또 다른 진실이 있다. 중산층 이상의 선별복지 성격이 그것이다.

노동자의 지지를 받아 당선된 페론 전 대통령은 노동조합에게 시혜적인 복지와 높은 임금 등을 내놓았다. 최저임금제가 도입됐고 남녀 간 임금차별이 줄어들었으며 농촌 노동자들의 노동조건도 나아졌다. 하지만 이 같은 혜택이 모두에게 돌아간 것은 아니었다. 페론의 지지기반인 공무원과 노조에 소속된 노동자들에게만 혜택이 주어졌고 노동시장에서도 하층인 비공식 부문 노동자(33퍼센트)는 사각지대에 놓여 있었다.

어떤 일자리를 갖느냐에 따라 복지에 있어서 차별을 받는 관행은 지금까지 이어지고 있다. 노동자 아벤다뇨는 "어느 직장에 다니느냐에 따라 혜택 수준이 달라진다. 군사 쿠데타 전에는 임금의 82퍼센트를 연금으로 받았는데, 이젠 소속 직군별로 수령액이 다르다. 이는 의료보험도 마찬가지"라고 말했다.

이 같은 '들쭉날쭉 복지'는 아르헨티나를 비롯해 남미 전반에서 발견된다고 에블린 휴버 노스캐롤라이나대 교수는 지적한다. 사회부조가 상대적으로 발달한 반면, 이보다 지출비용이나 적용대상 규모가 큰 사회보장제도인 연금 등 사회보험이 중상층에게 유리하게 설계돼 있다는 것이다. 때문에 남미에서는 복지를 통해서 제대로 된 소득재분배가 이뤄지지 않고 있다.

게다가 1950년대 아르헨티나 사회정책들이 주로 반자치단체이자 페론의 부인 에비타가 세운 '에비타 재단'을 통해 이뤄진 점 역시 복지를 통해 사회통합을 이루기보다는 정치적 지지기반을 늘리려는 시혜적 성격이 있었음을 시사한다.

그렇다면 복지예산을 삭감하지 않으면 우리나라도 아르헨티나처럼 된다는 아르헨티나 복지망국론은 어디에서 비롯된 걸까? 이성형 교수는 한국 언론의 아르헨티나 보도 태도의 문제를 지적한다.

"1990년대 한국 언론은 메넴이 페론당 출신이지만 페론주의와 결별하고 IMF의 처방을 모범적으로 실행한 자유경제의 선봉자라고 칭찬했습니다. 그런데 2001년 아르헨티나가 신자유주의 정책의 여파로 디폴트 상태가 되자 '페론주의'와 '포퓰리즘'이 아르헨티나의 패인이라며 기억상실증적인 태도를 보인 바 있죠."

이 교수는 "아르헨티나 사태에서 무언가 배우고 교훈을 얻으려는 강박관념은 이해되지만, 현실과 맞지도 않은 과도한 복지정책, 노조의 저항을 머리에 먼저 떠올리는 것은 옳지 않다"고 말했다.

아르헨티나의 복지는 시혜적이고 선별적인 성격이 있다. 가난한 유권자에게 정부가 '쌈짓돈'처럼 복지 혜택을 주는 문화다. 이는 결국 정부가 나라 곳간을 바탕으로 지지를 사는 행위로, 민주주의를 취약하게 만든다. 앞으로 국가복지를 강화해야 할 우리가 고민해야 할 부분이다.

'선물의 정치' 때문에 왜곡된 아르헨티나의 민주주의

땅딸막한 체구의 카를로스 베니테스(63)는 학생들이 모두 하교한 뒤 체 게바라의 벽화 등으로 꾸며진 학교의 출입문을 걸어 잠그고 있었다. 2011년 5월 14일 부에노스아이레스주 로마 데 사모라시에서 만난 그는 한 '피케테로'(실업자운동조직)가 운영하는 학교에서 같은 해 1월부터 하루에 6시간씩 청소, 경비 업무 등을 하고 있다. 24년 동안 일했던 코카콜라 공장에서 1994년에 퇴직한 뒤 미장일 등을 했다는 그는 이 학교에서 일한 대가로 정부로부터 매달 1,300페소(약 34만 원)를 받는다. 그는 "월급보다는 보조금에 가까운 돈이지만 혼자 살고 있으니 어떻게든 버티고 있다"라고 말했다.

베니테스는 정부가 실업자에게 상·하수도 청소, 공공주택 건설 같은 공공근로 일자리와 급여를 주는 사회프로그램인 아르헨티나 트라바하(Argentina Trabaja)의 수급자다. 이 제도는 2001년 경제위기 무렵 크게 늘어난 실업자들을 보호하기 위해 아르헨티나 정부가 만든 '응급처치'다. 최근 중국 붐으로 콩 수출 등이 늘면서 아르헨티나 경기가 살아났다지만 수급자는 여전히 적지 않다. 이 프로그램의 정점이던 2003년 수령자는 220만 가구, 규모는 국내총생산(GDP)의 0.9퍼센트에 달했다.

문제는 이 같은 사회프로그램을 통해 저소득층에 사회적 부를 나눠주는 데 있어서 아르헨티나 특유의 정치문화가 작용한다는 점이다. 바로 '선물의 정치'다. 정치인이 선거에서 자신이나 자신이 속한 정당을 지지해달라며 시민들에게 물질적 지원을 주는 일종의 표 거래다. 아르헨티나의 복지는 이 때문에 권리가 아니라 시혜의 성격을 못 벗고 있다. 아르헨티나의 국가복지가 포퓰리즘으로 연결되는 것은 바로 이 같은 구조와도 관계가 있다.

예로 카를로스 메넴과 네스토르 키르치네르 대통령 모두 자신의 권력을 강화하려고 사회프로그램을 이용했다. 1996년 카를로스 메넴은 정부에 반대 목소리를 높이는 실업자들의 거리시위인 피케테로 운동의 확산을 막기 위한 '당근'으로 공공근로와 같은 사회프로그램을 시행했다. 2003년 5월에 집권한 키르치네르 정권은 여기다 추가로 마이크로크레디트(소기업 창업지원금) 등을 개설, 실업자들의 정치적 지지를 얻으려 했다. 정부가 가진 '부'를 법과 제도적 절차를 거치지 않고 집권 정의당(PJ)의 지지자로 줄을 서면 나눠주는 식이다.

피케테로 단체인 '연금자와 실업자를 위한 독립운동(MIJD)'의 니나 펠로소 공동대표(49)는 "사회프로그램에 따른 급여 등의 분배도 수급자 리스트에 따라 이뤄지는 게 아니라 자기편에게 더 많은 혜택을 주는 방식으로 분배된다"고 말했다. 펠로소 대표는 또 "정부를 지원하는 피케테로 단체의 지도자가 실업자를 지원하는 사회프로그램의 운영권과 예산까지 같이 얻는다"면서 "키르치네르 정부는 이 같은 방식으로 피케테로 조직들을 회유했다"고 설명했다. 실제로 2002년 말에는 피케테로 조직이 20만 개(전체의 10퍼센트) 이상의 보조금 프로그램을 통제하기도 했다.

이런 '우리가 남인가'식의 끼리끼리 복지의 한계를 뛰어넘고자 크리스티나 페르난데스 현 정부는 직접 투명하게 관리하는 복지제도를 확대하는 중이다. 사회안전망에서 소외된 노동자를 일컫는 '네그로'(비공식 부문 종사자)와 실직자의 가정에는 자산심사를 통해 18세 미만의 자녀 1명당

아르헨티나 실업자 가장 보조금 프로그램 수령자 추이

시점	인원(명)
2000년 2-4분기	877
3-4분기	1,818
4-4분기	1,797
2002년 1-4분기	1,924
2-4분기	1,984
3-4분기	1,945
4-4분기	1,856
2004년 3-4분기	1,971
2-4분기	1,755
2-4분기	1,604
3-4분기	1,671
2-4분기	1,526
2006년 1-4분기	1,565
4-4분기	1,461
3-4분기	1,492
2-4분기	1,321
2008년 1-4분기	1,400
3-4분기	1,250
4-4분기	1,156

(단위: 명)

아르헨티나 수도 부에노스아이레스의 한 주택가의 길 위에서 젊은 노숙자가 이불을 덮은 채 낮잠을 자고 있다. 지중해재단(IERAL)의 조사에 따르면 2010년 현재 아르헨티나 18~24세의 실업률은 19퍼센트에 달한다. −부에노스아이레스 | 김지환 기자

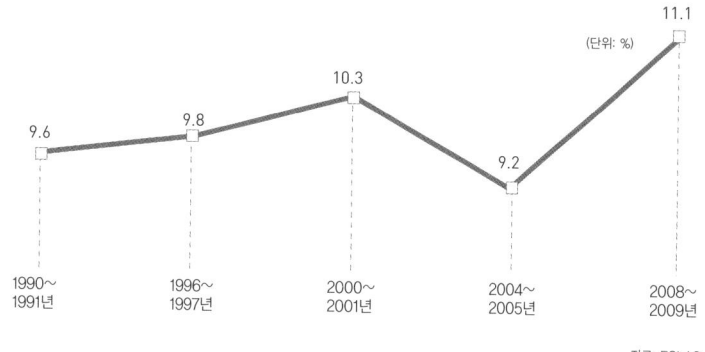

아르헨티나 GDP대비 공공사회지출 비용

자료: ECLAC.

220페소(5만8,000원)의 자녀수당을 지급하고 있다. 브라질의 보우사 파밀리아처럼 자녀를 학교에 보내고 예방접종을 맞혀야 하는 조건이 달린 이 정책의 수혜자는 2010년 7월 현재 36만여 명이다. 또 2009년부터 국민연금에 기여금을 내지 않은 이들(여성 60세, 남성 65세 이상)도 최저연금인 1,272페소(33만5,000원)를 받을 수 있도록 하고 있다.

아르헨티나의 사회정책을 기획·조정하는 국가사회정책조정위원회의 후안 카를로스 나달리치 총괄기획국장은 "키르치네르 정권 이전에는 사회복지 정책에 '선물의 정치'같은 성격이 있었다"면서 "2004년 이후에는 투명성을 높이기 위해 은행 카드를 통해 돈을 지불하기 때문에 누군가 중간에 손을 댈 수 없다"고 말했다. 하지만 "은행 카드를 통한 보조금 지급 정책은 매우 제한적으로 집행되고 있다"(라미로 살보체아 부에노스아레스대학 교수)는 지적도 있다.

한편에서 이런 '선물의 정치'가 벌어질 때 공공의료와 공공교육 등 사회적 약자에 대한 안전망은 헐겁다. 직업군에 따라 조직된 노동사회보험

(Obras Sociales)이나 민간보험을 가지고 있지 않아서 공공의료에 의존할 수밖에 없는 아르헨티나 인구는 2008년 현재 약 37.62퍼센트에 달한다. 부에노스아이레스의 두란병원에서 만난 간호사 릴리아나 곤살레스(40)는 "2000년대 초 경제위기 이후 민간보험에 돈을 내지 못하는 계층이 늘어나면서 공공병원으로 사람들이 많이 몰린다"며 "하지만 인력과 약품, 장비 등 모든 것이 부족한 상태"라고 말했다. 병원 입원실 직원인 툴리오 호세 루이스(49)는 "상황이 이렇다 보니 새벽에 일찍 와야 당일에 진료를 받을 수 있다"며 "초진을 받고 전문의한테 진료를 받기까진 짧게는 1주일에서 길게는 4개월까지 걸린다"고 말했다.

건강한 민주주의가 자리 잡지 못하면 건강한 복지도 자리 잡는 게 어려운 셈이다. 부에노스아이레스에서 만난 한국외대 중남미연구소 손혜현 박사는 "페론주의의 영향과 카우디요(보스) 중심의 남미 정치문화는 소득재분배가 이뤄지는 유럽식의 보편적 복지를 이 나라에 뿌리내리지 못하게 했다"며 "제도권에서 분배돼야 할 재원이 비공식적인 루트를 통해 분배되는 등 아르헨티나의 복지는 정권이 정치적 지지를 얻기 위해 시혜적으로 뿌리는 측면이 있는 게 사실"이라고 말했다.

아르헨티나에서 무엇을 배울 것인가?

아르헨티나는 전통적으로 노동자, 기업, 지주계급 등이 결성한 '코포라시온'(조합주의 단체)이 강한 힘을 행사해온 나라다. 이들은 정부와 직접 협상하는 걸 선호했다. 이 같은 정치문화는 취약한 정당정치와 계급정당

중년 남성 2명이 2011년 4월 15일 오후 부에노스아이레스의 한인촌 근처에서 폐지 등 재활용품을 실은 손수레를 끌고 있다. 젊은 사람들이 폐지를 줍는 모습은 아르헨티나에서 드물지 않다. -부에노스아이레스 | 김지환 기자

의 부재로 이어졌다. 계급정당이 뿌리내리지 못한 아르헨티나의 경험은 한국의 경우 복지의 틀을 새롭게 짤 때 유럽에서 사회민주주의 정당이 했던 역할을 누가 할 것인지에 대한 고민을 던져준다.

아르헨티나의 취약한 정당정치는 페론 시대로 거슬러 올라간다. 페론은 정당이라는 중간과정 없이 바로 대중들에게 호소하는 것을 선호했다. 이로 인해 "페론 개인의 인기와 카리스마가 지배적이었고 페론주의 정당은 제대로 제도화돼 있지 않았다"(김달관 서울대 라틴아메리카연구소 연구교수)는 것이다. 이념과 정책의 빈자리에 '카우디요'(보스)인 페론이 들어선 것이다. 한국외대 중남미연구소 손혜현 박사는 "비록 페론당이 노동자와 하류층을 대표하는 정당으로 기능했지만, 정작 페론은 페론당이 잘 확립된 당 관료제를 갖춘 제도화된 정당으로 발전해 노동운동이 정치세력화되는 걸 원치 않았다"고 말했다.

메넴의 집권기에 페론당은 전통적인 노조 중심 정당에서 비공식 지역 조직에 기반을 둔 후견주의(정치적 지지와 물질적 혜택을 맞바꾸는 것) 중심 정당으로 변했다. 메넴이 실시한 신자유주의 개혁으로 아르헨티나에선 실업자가 늘어났고 산업 노동자의 수가 급격히 줄어들었다. 이에 따라 페론당의 중요한 정치적 동원세력이었던 CGT(아르헨티나 노동자총연맹)의 영향력은 약해졌고, 노조로부터의 지지도 예전처럼 얻을 수 없게 됐다.

하지만 페론주의 정당이 여전히 영향력을 유지할 수 있었던 배경에는 지역 정치조직이 있었다. 지속된 경제위기로 노동계급이 비공식 부문과 서비스 부문으로 쪼개졌지만 페론당의 지역조직이 이들을 끌어안는 역할을 했다는 뜻이다. "실업자와 빈민으로 전락한 다수의 노동자들이 페론당에 남아 있었던 이유는 정치적 충성심 때문이 아니라 지역 '푼테로'(페론당의 지역 정치브로커)가 분배하는 음식, 약품, 공공 일자리 등이 필요했기 때문"(손혜현 박사)이었다.

이 같은 전략은 페론주의 정당의 지지층이 떨어져나가는 것을 막는 데 중요한 역할을 했다. 하지만 이것은 계층적 갈등에 따라 정당이 만들어지는 것을 가로막았다. 후견주의는 제도화된 원칙과 절차에 따라 표를 받는 게 아니라 뒷구멍으로 혜택을 주는 걸 통해 정치권력을 유지하기 때문이다. 이런 정치문화로 인해 제도에 따른 보편적 복지시스템이 자리를 잡지 못했다. 복지는 또 시민들의 권리가 아니라 정치권력이 나눠주는 '떡고물'이 됐다.

복지논쟁이 한창인 한국사회에서 '누가' 제대로 된 복지국가를 만드는 역할을 할 수 있을지에 대한 의문이 계속 나오고 있다. 한국은 노조조직률이 낮을 뿐만 아니라 지역주의 정당의 잔재가 아직 남아 있기 때문이다. 이는 아르헨티나와 마찬가지로 계급정당이 제대로 뿌리내리지 못한 한국사회가 마주할 수밖에 없는 질문이기도 하다.

복지를 늘려 경제성장 이룰 수 없나?

　브라질에서 복지는 곧 성장이었다. 빈곤계층에게 자녀를 교육시키고 예방접종을 맞히면 현금을 지급하는 '보우사 파밀리아'를 실시함으로써 빈곤층의 삶을 서서히 개선하고 있고, 최저임금을 매년 인플레이션 수준 이상으로 올리면서 신흥 중산층을 만들어 내수를 탄탄하게 하고 있다. 다만 향후 복지제도를 더 확대하려면 정부의 재정도 그만큼 탄탄해야 한다. 하지만 현재 브라질의 조세는 지나치게 간접세에 의존하는 경향이 있다. 조세개혁을 통해 직접세 비율을 늘려 세금의 역진성을 해소하는 것은 지우마 호세프 정부의 향후 과제다.

브라질
– 복지는 성장을 저해하는가?
02

 남미에서 가장 넓은 국가 브라질은 포르투갈의 식민지였다가 1822년 브라간사 왕가의 황태자 페드루가 페드루 1세로 즉위하면서 브라질제국으로 독립하였다. 그 후 제정시대는 1889년 데오도로 다 폰세카 장군의 쿠데타로 인해 붕괴되었고 공화제가 실시되었다. 하지만 바르가스가 1930년 혁명으로 정권을 잡아 독재가 시작했다. 하지만 바르가스 독재는 1945년 쿠테타로 막을 내리고 1946년 새로운 헌법 제정 이후 1950년 브라질 최초의 선거에서 바르가스가 당선되면서 민주정부가 수립됨과 동시에 바르가스가 재집권하였다. 하지만 군부의 저항으로 1954년 바르가스는 자살하며 혼란은 더해갔다. 그리고 브라질의 민주정부는 1964년 카스텔루 브랑쿠 장군의 쿠데타로 인해 군부독재시대로 접어들었다. 군부독재시대 초기의 브라질 경제는 놀라운 성장을 했지만 1973년 오일쇼크에 제대로 대응하지 못하면서 경제는 다시 추락하고, 빈부의 격차로 인해 범죄가 비약적으로 높아졌다. 또한 군사독재정권에 의한 인권 침해도 커다란 사회문제가 되었다. 군사독재정부에 대한 불신이 높아지자 1985년 선거에 의해 문민정권이 다시 정권을 잡았다. 하지만 끝이지 않는 부정부패로 경제적·정치적으로 안정을 찾지 못하다가 2003년 노동자 출신 루이스 이냐시우 룰라 다 실바 사회당 대통령이 집권하면서 세계 경제호황과 맞물려 경제가 회복되고 각종 사회정책도 싹트는 중이다.

브라질, 복지는 곧 성장이다

복지는 성장을 저해하는가? 이런 고정관념을 가진 사람들에게 "그렇지 않다"는 것을 경제 수치로 보여준 나라가 브라질이다. 2010년 말 퇴임한 루이스 이냐시우 룰라 다 실바 대통령은 집권 8년 동안 복지가 성장의 저해요인이 아니라 동력이 될 수 있다는 것을 입증한 것으로 평가된다. 2003년 취임 첫해부터 보우사 파밀리아(Bolsa Familia·빈곤가정에 현금을 주는 복지제도)와 최저임금 인상 정책을 실시해 나라의 빈곤율을 크게 떨어뜨리면서도 세계 8위의 경제대국으로 성장시켰기 때문이다. 부자의 주머니를 키워 그 곳의 돈이 서민에게로 한 방울씩 흘러 떨어지기를 기다릴 게 아니라 전기 펌프를 설치해 돈을 아래로 콸콸 이전시키는 것이 낫다는 룰라식 복지정책이 효과를 나타낸 것이다. 이는 양극화가 날로 심각해지고 있는 우리에게 시사하는 바가 크다. 대기업에게 경제개발과 관련한 각종 특혜를 몰아줘온 관성을 벗지 못한 채 분배정책이 경제에 부정적이라고 주장하고 있기 때문이다.

신(新)중산층을 만들어내며 성과를 이룬 브라질의 국가복지는 그러나 아직 갈 길이 멀다. 대부분의 사회안전망은 많은 서민을 품지 못하고 있다. 보편적인 복지국가를 만들기 위해서는 재원을 마련해야 하지만 세금을 어디서, 어떻게 걷느냐 하는 문제를 근원적으로 해결하지 못한 채 룰라는 퇴임했다. 불투명한 소득구조와 기득권의 조세저항 때문에 직접세보다 간접세에 의존해온 현 구조를 넘는 것이 현 지우마 호세프 정권의 과제다.

룰라 정권의 대표적 복지정책, 보우사 파밀리아

2011년 5월 17일 오후(현지시간) 브라질 상파울루시 중심가에서 차량으로 30분을 달려 펭야(Penha)의 한 파벨라(favela·빈민촌)를 찾았다. 그라피티로 뒤덮인 철길 옆의 이 빈민가 슬레이트 지붕 밑에는 옷가지들이 빨랫줄을 따라 가지런히 널려 있었다. 골목에는 뜀박질하는 맨발의 꼬마들이 일으킨 뿌연 흙먼지가 피어올랐다.

이곳에서 만난 밀레이지 아파레시다 산토스(31·여)는 노점상인 남편과 함께 초등학생인 두 아들을 키우고 있다. 가게 점원으로 일하는 산토스의 한 달 수입은 540헤알(약 36만 원). 이 가족은 매달 44헤알(2만2,000원)을 지원받는다. 보우사 파밀리아(빈곤가정 현금지원제도)에 따른 혜택이다.

"보우사 파밀리아의 수당을 받으려면 아이들을 학교에 보내고 예방접종을 맞혀야 한다는 조건이 있어요. 아이들 교육과 건강을 위한 것이니까 전혀 손해 볼 게 없는 조건이라고 생각해요."

양 갈래 머리를 한 세 살배기 딸을 안은 '싱글맘' 올리베이라 디 실바

브라질 상파울루시 펭야의 한 빈민가에서 2011년 4월 17일 올리베이라 디 실바(22·오른쪽)가 보우사 파밀리아 카드를 쥐고 있는 딸을 안은 채 환하게 웃고 있다. −상파울루 | 김지환 기자

(22·여)도 매월 90헤알(6만 원)씩 지원받는다고 말했다. 딸아이가 개나리빛의 보우사 파밀리아 카드를 만지작거렸다. "이 돈을 받기 전까진 아이를 돌보느라 직업을 가질 수가 없었는데, 이젠 아이를 공공 어린이집에 맡기고 식당 주방에서 보조로 일하고 있어요. 생활비를 벌게 됐지요."

보우사 파밀리아는 룰라 정부의 대표적인 복지정책으로 꼽힌다. 가정형편과 자녀수에 따라 매월 22~200헤알의 생활보조금을 수혜가정에 지급한다. 워낙 양극화가 심한 사회라 국내총생산(GDP) 0.5퍼센트에 해당하는 재정을 투입하는 것만으로도 효과가 컸다. 중앙정부가 시·군과 협력하면서 내려 보낸 자금이 대부분 빈민층에게 전달된다는 평가다. 2003년 12월 시작할 당시 수혜자가 380만 가구였으나 지난해에는 1,311만 가구로 늘었다. 동네 주민 끌라우지오 올리베이라 다 산따나(30)는 "정치인은 다 도둑놈이라 생각했는데 룰라는 낫더라. 부를 나누기 시작했고 많은

게 변했다"고 말했다.

상위 1퍼센트가 하위 45퍼센트 소득에 맞먹는 브라질의 빈부격차와 절대빈곤은 룰라 집권 기간에 상당히 완화됐다. 제툴리오 바르가스 재단(FGV)의 경제계층 지표를 보면 2003년 28.17퍼센트에 달했던 빈곤율은 2009년 15.54퍼센트로 감소했다. 반면 중산층 비율은 늘었다. 전체 인구

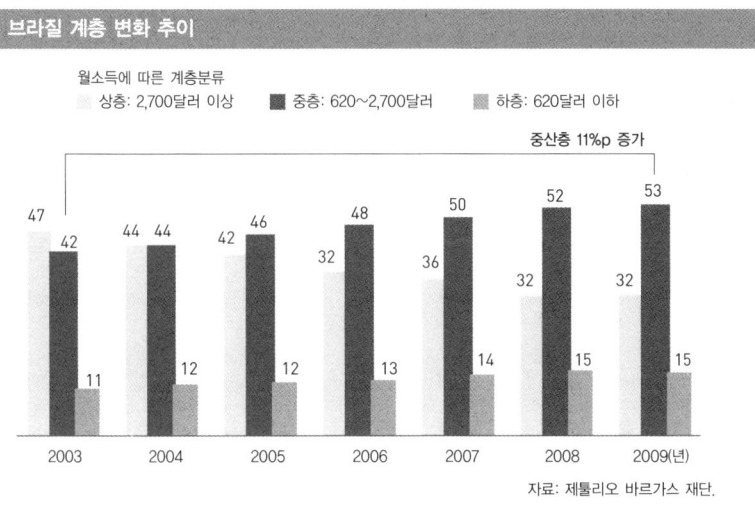

자료: 제툴리오 바르가스 재단.

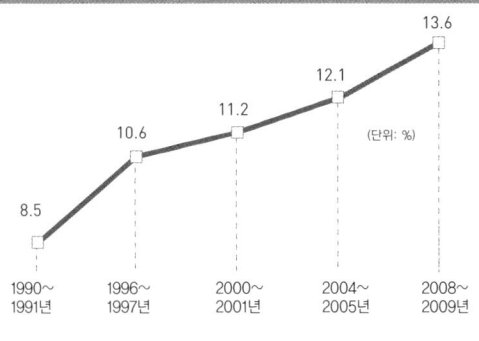

자료: 유엔 중남미경제위원회.

에서 중산층이 차지하는 비율은 2003년 37퍼센트(6,600만 명)에서 2009년 50퍼센트(9,500만 명)로 전체 인구의 절반으로 늘었다. 하지만 로돌포 호프만 등의 연구자들은 빈부격차를 해소하는 데 있어서 보우사 파밀리아처럼 국가가 국민에게 직접 현금을 주는 '소득이전프로그램'의 영향은 약 20퍼센트 정도에 그친다고 지적한다.

최저임금 인상으로 내수를 살리다

더 큰 효과는 임금 수준의 개선을 통해 나타났다. 룰라는 집권 8년 동안 물가상승률을 제외하고도 최저임금을 실질적으로 2배 가량 올렸다. 2002년 월 200헤알(13만5,000원)에서 2010년 510헤알(34만5,000원)로 끌어올린 것이다.

이는 최저임금을 부의 배분을 통한 보편적 복지의 일환으로 본 룰라 정부의 철학과 직결돼 있다. 브라질의 빈곤은 각 경제부문의 성장 차이가 아니라 소득분배의 불평등에서 비롯되었다는 판단에 따라 분배의 균형을 모색한 것이다.

전통 경제학자들은 임금을 올리면 실업이 늘어난다며 최저임금 인상 정책에 반대했다. 이들에게 임금이란 가능한 한 줄여야 하는 비용이었을 뿐이다. 하지만 룰라 정부는 임금을 경제의 총수요에 맞춰 소비자 구매력을 증강시키는 요소로 보고 인상을 추진했고, 그 결과 저소득층의 살림살이는 점차 나아졌다.

룰라의 바통을 이어받은 지우마 호세프 현 정부도 인플레이션 인상분을 감안해서 올해 최저임금을 당초 예정됐던 540헤알에서 545헤알로 조정, 인상한 바 있다.

룰라의 이 같은 '역발상'은 상당한 효과를 거뒀다. 빈곤이 완화되고 지갑을 열 여력이 있는 사람들이 늘자 내수시장이 확대됐고, 일자리가 늘

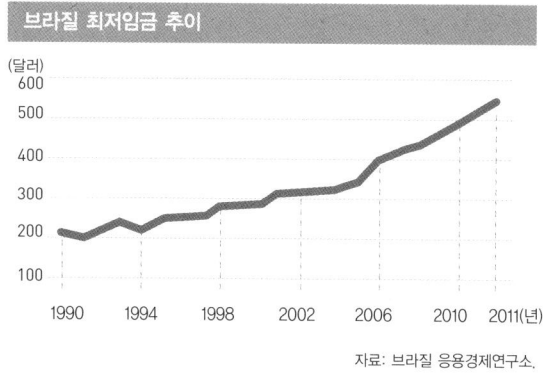

브라질 최저임금 추이
자료: 브라질 응용경제연구소.

어났으며, 이는 다시 지갑이 두터워지는 선순환으로 이어졌다. "고용 확대와 소득 증대 등에 따라 내수소비가 7년 연속 증가세를 보인 게 브라질 경제 지속 성장의 주요인"(알레샨드리 톰비니 브라질 중앙은행 총재)이라는 평가가 나온다. 게다가 중국이 견인한 성장 붐까지 브라질에 훈풍으로 불었다. 2010년 세계 7위 경제대국 브라질의 경제성장률은 7.5퍼센트로 24년 만에 최고치를 기록했다.

새 헌법에 명시된 사회보장

브라질의 이 같은 복지국가 정신은 1988년 민주화 끝에 개정된 '시민헌법'에 바탕을 두고 있다. 정치적인 민주화에 그치는 게 아니라 실질적으로 시민권과 사회권을 확대하는 전환점이 이때 만들어지면서 시민들은 투표권뿐 아니라 자신의 삶의 질도 바꿀 정치적 토대를 갖게 됐다. 새 헌법은 사회보장을 명시하면서 브라질 국가복지 철학의 뼈대를 이뤘다. '모든 시민이 사회보장에 접근할 수 있도록 보편적인 보장과 공조', '개인의 필요와 요구에 따른 서비스 제공', '복지 혜택의 삭감 불가능' 등이 활

자로 새겨졌다. 이 같은 철학은 2002년 노동운동가 룰라가 대통령이 되고 일하는 서민들을 대변하는 노동당(PT)이 정책을 펴면서 꽃피기 시작했다. 에블린 휴버 노스캐롤라이나대 교수는 『복지국가 핸드북』에서 "민주주의와 진보정당이 빈곤과 소득격차를 줄이는 것은 사회지출의 배분을 통해서 뿐만 아니라 최저임금과 노조지원 및 종합적인 임금책정 정책 등을 통해서도 효과를 나타낸다"고 지적했다.

브라질에는 지금 한걸음 더 나아가 '시민기본소득'에 대한 논의까지 이뤄지고 있다. 재산의 많고 적음이나 취업 여부에 관계없이 모든 사회구성원에게 일정 수준의 생활을 보장하는 보조금을 지급하는 것이다. 2004년 법 제정을 이끈 에두아르도 수플리시 PT당 상원의원은 2011년 4월 18일에도 상파울루주 캄피나스, 파울리니아, 아메리카나 등 3개 도시를 순회하며 기본소득을 '전도'하고 있었다. 재원을 마련하기 위해 유권자를 설득하는 것이다.

"이 제도가 시행된다면 5년 이상 거주 외국인을 포함해 브라질 내 모든 거주민들이 사회, 경제적 조건에 상관없이 매월 40헤알(약 3만 원)을 받게 될 겁니다. 이후 점점 더 금액이 늘어나겠죠." 기본소득의 개념이 언뜻 이해하기 어려워 다시 물었다.

"공무원이 일일이 개인 소득을 확인하는 것도 불가능하고, 개인이 소득신고를 해도 '나는 요 정도밖에 못 번다'고 하면 수치심을 갖게 되거든요. 그게 기존 복지제도의 문제입니다. 하지만 보통 사람들은 정부로부터 공짜 돈을 받기 때문에 일을 안 하는 게 아니라, 일을 하다간 돈을 못 받을 것 같으니까 실업상태를 유지합니다. 만약 기본소득이 있으면 누구도 최저빈곤으로 떨어지지 않고 어떤 일을 해도 추가적인 소득이 되니까 일을 하고자 하는 인센티브가 되죠."

　소득 이외에 사회보험을 고쳐나가는 것도 브라질의 과제다. '낸 만큼 받는' 국가복지의 기조가 아직 많이 남아 있어서다. 2005년 기준 브라질의 비공식 노동비율은 50.4퍼센트로 노동자의 절반이 사회보험의 사각지대에 있다. 공식적으로 노동계약을 맺은 노동자 중에서도 35퍼센트만 사회보장 기여금을 내고 있다. 결국 전체 국민의 극히 일부분만 사회보험의 적용을 받고 있는 셈이다. 때문에 광범위한 비공식 노동을 음지에서 양지로 끌어올리는 노력이 계속돼야 한다는 지적이다.

　공공부문에 종사하는지 여부에 따라 양극화된 연금도 풀어야 할 과제다. 브라질은 공무원이 일반 시민에 비해 2003년 기준 25배 이상의 연금을 받는 구조다. 페르난도 리몽지 상파울루대학 교수는 "룰라 임기 첫해에 연금제도를 손질하긴 했지만 아직 전체적으로 완성되지 않았다"며 "여전히 공무원 연금이 브라질 사회에서 나쁜 기능을 하고 있다"고 말했다.

높은 간접세의 개혁이 필요

　브라질은 세금 종류만 50가지가 넘는 등 복잡하고 불평등한 세제로 악명이 높은 나라다. 특히 높은 간접세 비중은 가난한 사람에게 많은 부담을 지우고, 부자에 유리하게 작용한다. 보우사 파밀리아(빈곤가정 현금지원제도), 최저임금 인상 등의 정책이 빈곤을 완화시켰지만, 제대로 된 소득재분배는 이뤄지지 않았다는 지적이 나오는 것도 이 때문이다. 룰라는 기득권층의 심기를 불편하게 할 세제개혁을 제대로 하지 못한 채 대통령직에서 물러났다. 하지만 보편적 복지시스템을 꾸리기 위한 재원 마련을 위해 세제개혁은 더 이상 피할 수 없는 과제다. 이는 이명박 정부 들어 부자 감세로 세수입이 줄어든 데다 튼튼하지 않은 조세구조 때문에 정부 곳간이 작은 한국과 비슷한 고민으로 볼 수 있다.

왜곡된 세제구조

브라질 상파울루에 사는 교민 유제만 씨(40)는 최근 10년 된 자가용을 현대차의 2륜구동 SUV로 바꾸려고 했다. 하지만 인터넷 사이트에서 가격을 확인한 뒤 마음을 접었다. 한국에선 2,000만 원 정도면 살 수 있는 차가 브라질에선 6,600만 원이었기 때문이다. 가격이 2배가 넘었다. 유씨는 "브라질의 높은 간접세와 유통 마진율 때문에 가격이 상대적으로 비싼 것"이라면서 혀를 내둘렀다.

2008년 기준 브라질의 조세부담률은 국내총생산(GDP)의 35.8퍼센트다. 같은 해 조세부담률이 20.7퍼센트(OECD 세입통계 2010)인 한국에 비하면 1.5배가량 높은 수치다. 하지만 브라질 세수의 절반은 간접세가 차지한다. 브라질 정부는 조세수입으로 1조34억헤알을 징수했는데 이 중 5,000억헤알(48.4퍼센트)이 간접세였다. 반면 직접세인 소득세 비중은 20.5퍼센트에 그쳤다. 간접세, 소득세 비중이 각각 31퍼센트, 35퍼센트인 경제개발협력기구(OECD) 회원국 평균치와 비교해보면 왜곡된 세제구조가 고스란히 드러난다.

브라질에서 간접세가 높은 이유는 크게 두 가지다. 먼저 주정부가 부가가치세의 세율을 정하는 데 너무 많은 재량권을 갖고 있다는 점이다. 이로 인해 주정부는 많은 세수를 확보하기 위해 경쟁적으로 기업들에 과도

브라질 조세구조

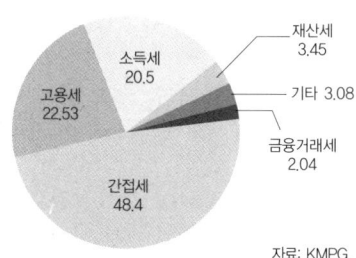

단위: %, 헤알(2008년 기준)

- 소득세 20.5
- 고용세 22.53
- 간접세 48.4
- 재산세 3.45
- 기타 3.08
- 금융거래세 2.04

자료: KMPG.

세금종류	조세수입	연방	주	시
소득세	2,120억	2,120억	0	0
고용세	2,330억	2,095억	178억	56억
재산세	356억	4억	187억	164억
간접세	5,006억	2,585억	2,200억	219억
금융거래세	211억	211억	0	0
기타	318억	183억	100억	34억
계	1조340여억	7,200여억	2,660여억	470여억

한 부가가치세를 과세했고, 이 부담은 고스란히 최종 소비자에게 전가됐다. 다음으로 간접세는 직접세에 비해 세금 걷기가 쉽다는 측면이다. 국제 회계자문사인 프라이스워터하우스쿠퍼스(PwC)는 올해 발간한 자료에서 "조세 저항이 적어 징수하기 쉬운 특성 때문에 간접세 비중이 계속 증가해왔다"고 분석했다.

PwC에 따르면 브라질의 간접세는 크게 네 가지로 이뤄져 있다. 우선 막강한 힘을 가진 주정부가 상품과 서비스에 부과하는 상품유통세(ICMS)가 있다. ICMS는 높은 간접세의 '일등공신'으로, 주정부는 주로 이를 통해 세수를 확보한다. 2008년 기준으로 ICMS는 26개 주정부 조세수입에서 82퍼센트 이상의 비중을 차지했다.

다음으로 연방정부 세목인 산업제품세(IPI), 사회통합 기여세(PIS), 사회안정조성기금 기여세(COFINS) 등이 있다. 이 중 COFINS와 PIS는 세입의 측면에선 간접세이기 때문에 역진적인 성격을 띤다.

브라질의 간접세는 3중으로 과세가 이뤄지는 구조다. 1만6,000헤알짜리 현대자동차가 상파울루주로 수입된다고 가정해보자. 브라질에서 현대차를 수입하는 업체는 35퍼센트의 관세를 내야 한다. 관세가 포함된 금액에 연방정부 세목인 IPI(산업제품세)가 25퍼센트 붙는다. 이어 수입업체에서 자동차 대리점으로 넘어갈 때 상파울루 주정부 세목인 ICMS(상품유통세)가 18퍼센트 과세된다. 결국 최종소비자 가격은 3만888헤알이 되기 때문에 판매하는 이들의 마진을 포함하지 않아도 거의 가격이 2배로 뛰게 되는 것이다.

2010년 상파울루주 공업연맹에서 IPSOS라는 설문기관에 의뢰한 세금 관련 조사에 따르면 브라질 국민들은 상품구매 때 평균 39.25퍼센트의 간접세를 내고 있는 것으로 나타났다. 세탁기와 가루비누의 경우 간접세가 각각 55퍼센트, 32.25퍼센트인 것으로 조사됐다. 이 같은 간접세는 저소득층에게 상당한 부담이 된다.

봉제공장에서 일하는 니에자 고메스 다 실바(24·여)는 "오토바이 택배를 하는 남편과 함께 맞벌이로 월 1,300헤알을 벌지만 생활이 빠듯하다"면서 "간접세 때문에 물건 값이 너무 비싸서"라고 말했다. 이 같은 문제에 따라 2010년 4월 파라나주 하원의원들은 상품에 부과되는 간접세 부담률을 국민들이 상품구매 때 볼 수 있게 명시하는 법안을 주 의회에 상정했다. 이 주에서는 최근 10년간 브라질에서 많은 유전이 개발되었음에도 불구하고 유류에 57.03퍼센트의 간접세가 붙어 있다. 또 국민건강에 관련된 의약품에도 36퍼센트의 간접세가 달려 있다. 공공세금 전문가인 아미르 카이르는 "브라질 국민은 세금을 낸 것에 비해 교육, 보건, 그리고 치안 면에서 낮은 수준의 혜택을 누리고 있다"고 말했다.

빈곤층은 소득 대부분을 가정의 소비물품 구매에 지출하기 때문에 상대적으로 더 많은 세금을 내고 있다. 브라질 정부 산하 응용경제연구소(IPEA)에 따르면 2010년 기준 최저임금 2배(1,020헤알) 이하 소득층의 경우 소득의 48.9퍼센트가 세금으로 지출된다. 반면 최저임금 30배(1만5300헤알) 이상 고소득층의 경우 소득의 26.3퍼센트를 세금으로 지출한다.

브라질의 국가복지를 저해하는 또 다른 요소는 지하경제다. 2010년 브라질의 지하경제 규모는 5780억헤알(약 3,245억 달러)에 달해 GDP의 18.4퍼센트에 해당하는 것으로 조사됐다. OECD 회원국들의 GDP대비 지하경제 비율이 평균 10퍼센트인 점을 감안하면, 탈세가 광범위하게 이뤄지고 있다는 것을 알 수 있다.

결국 소득 재분배를 위한 복지의 확대와 이를 위한 재원 마련을 위해 세제개혁이 이뤄져야 한다는 지적이다. 지우마 호세프 대통령은 후보 시절부터 기업에 대한 경쟁적인 부가가치세 과세 제한, 단일 부가가치세(VAT) 도입 등 세제개혁이 필요하다는 뜻을 밝혀왔다. 주정부에 따라 들쭉날쭉인 부가세를 국가 차원에서 개입하겠다는 의미다. 하지만 이 개혁이 세수 감소로 이어지는 걸 꺼리는 주정부들의 강력한 반대가 세제개혁의 걸림돌이다.

이성형 서울대 라틴아메리카연구소 교수는 "브라질은 주별로 상이한 부가가치세 체계를 갖고 있어 (세제개혁에) 여러모로 장애가 많다"며

"VAT의 단일화는 지방정부의 재정에 영향을 주기 때문에 주지사들의 반발을 무마하는 정치적 조치가 있어야 할 것"이라고 말했다.

브라질은 우리와 비슷한 시기에 민주화를 이뤘다. 하지만 노동운동의 힘이 강했고, 2003년에는 처음으로 노동정당이 집권했다. 기존의 보수적 경제학이론인 '트리클 다운'(정부가 투자 증대로 대기업의 성장을 촉진하면 중소기업과 소비자에게 혜택이 돌아가 총체적으로 경기를 자극하게 된다는 이론)을 반박하면서 노동자들의 최저임금을 정부가 나서서 적극적으로 올렸고 이는 중국의 원자재 수요 등과 맞물려 브라질의 경제성장에 플러스 요인이 됐다. 노동자들에게 최저임금을 보장하는 것이 곧 복지의 일환이라는 철학이 반영된 것이다. 이는 날로 양극화가 심해져가는 우리사회에 시사하는 바가 크다.

역진적 조세제도 고치지 않고는
소득 재분배 이뤄질 수 없다

이고르 펠립 산토스 (MST 대변인)

'땅없는 농민들의 운동'(MST)은 라틴아메리카 최대 사회운동조직으로 1984년에 출범해 150만 명의 빈농을 회원으로 두고 있다. 이 조직은 '놀고 있는' 대지주의 토지를 무단으로 점거해 직접 토지를 분배하는 운동을 벌여왔다. 이 모임의 이고르 펠립 산토스 대변인(사진)은 "브라질이 간접세 비중이 높은 역진적 조세제도를 고치지 않고선 제대로 된 소득 재분배가 이뤄질 수 없다"고 말했다.

Q 보우사 파밀리아가 브라질의 빈곤층을 줄이는 데 기여했다고 평가하나?

보우사 파밀리아는 가난한 사람들의 삶을 개선하는 데 의미 있는 역할을 했다. 하지만 그것만으로 충분치 않다는 게 보우사 파밀리아의 딜레마다. 가난한 사람들의 미래를 근본적으로 바꿀 수 있는 정책이 아니라는 뜻이다. 정부에서 돈을 나눠준다고 빈곤층이 가난에서 벗어날 수 있는 게 아니다. 좋은 일자리를 통해 계층 이동이 가능한 사회라야 한다.

Q 빈민 가정에 현금을 지급하는 것을 넘어 어떤 정책이 필요하다고 보는가?

부의 재분배 정책이 가장 중요한 문제다. 룰라와 지우마는 보우사 파밀리아에 쓰이는 돈보다 대내외 채무의 원리금(예산지출의 40퍼센트)을 갚는 데 더 많은 돈을 쓰고 있다. 이런 왜곡된 경제구조에 대한 개혁이 필요하다. 교육도 중요하다. 브라질에서는 10퍼센트 정도가 대학에 진학한다. 전체적인 삶의 여건을 개선하려면 교육받을 기회를 더 늘려야 한다. 보편적인 의료서비스도 개선돼야 한다. 토지를 배분하는 문제도 물론 중요하다.

Q 현실적인 소득 재분배 정책은 무엇이라 보나?

브라질은 조세체계가 누진적이 아니라 역진적이다. 부자들로부터 더 많은 세금을 거둬야 하는데 브라질에서는 반대상황이 벌어지고 있다. 특히 간접세 비중이 지나치게 높다. 기득권층이 세제개혁에 강력하게 반대하고 있다.

? 그리스 위기, 과잉복지 때문인가?

대표적인 남유럽형 복지국가인 그리스는 노인과 자녀 등 가족 구성원의 부양에 필요한 사회서비스 제공에 취약하다. 이 모든 책임은 대부분 가족의 몫이다. 정부는 가족의 가장에게 연금을 지급하는 방식으로 복지를 해결해왔지만 제대로 기능하지 않았다. 현재 그리스 정부는 국가부도의 위기에서 빠져나오느라 안간힘을 쓰고 있고, 낮아진 최저임금 탓에 '1,000유로'도 아닌 '592유로 세대'라고 불리는 젊은이들은 거리로 나와 정부의 긴축정책에 반대하며 시위를 벌이고 있다. 제대로 복지가 갖춰지지 않은 상황에서 맞게 된 경제위기 속에서 시민 구성원들의 고통은 크기만 하다.

그리스
－쏠림복지가 문제였다
03

그리스는 제2차 세계대전 이후 좌우대립으로 30년간 경제적·사회적으로 심각한 갈등을 겪으며 급격한 변화를 거쳤다. 이후 20년은 좌파의 열세 속에 상당한 경제성장을 이뤘다. 관광업과 해운업을 바탕으로 경제를 꾸리다가 1981년 유럽연합(EU)에 10번째로 가입하며 놀라운 경제성장을 이루며 2001년에는 유로화를 도입했다. 2004년 아테네 올림픽까지 성공적으로 치르면서 그리스는 성공한 유럽국가처럼 보였다. 하지만 2010년에 금융위기를 맞았다.

그리스의 위기는 재정적자에서 비롯됐다. 재정적자의 원인을 공무원 임금의 인상과 연금제도의 문제 등에서 찾기도 하지만 근본적인 문제는 정부의 부정부패와 조세회피가 EU국가 중 가장 심각한 상태라는 데 있다. 그리고 주요 경제가 관광 및 서비스에 국한되어 있어 경기변동에 민감하게 반응하고 경기침체 때 세금 수입이 더욱 부진해지기 때문이다. 여기에 2004년 이후 각종 세금을 대폭 인하하여 재정적자를 부채질했다. 또한 복지비 지출의 대부분을 일자리와 연금에만 집중했고 그 연금제도에도 불평등한 요소가 많았다. 가족주의가 발달한 그리스는 국가가 가족에게 책임을 떠넘기는 부분이 많고 가족복지와 실업자를 위한 복지 예산이 굉장히 낮은 실정이다.

그리스의 재정 위기는 결국 복지와 경제의 '선순환 구조'를 놓치고 서비스업과 제조업의 비대칭 산업구조의 모순, 그리고 정부의 무능에서 비롯된 부정부패와 무분별한 감세에서 찾을 수 있다.

재정파탄은 부패와 탈세 탓, 정치 실패가 복지 실패로

구제금융이 결정 난 지 1년. 2011년 현재 그리스는 여전히 '국가부도 위기'의 긴 터널에 갇혀 있다. 2011년 7월 유로존(유로화 사용국가) 정상회의에서는 그리스를 국가부도 위기에서 건져낼 EU·국제통화기금(IMF) 구제금융과 민간채권단 기여분 등 총 1,586억 유로 규모의 2차 지원 프로그램 제공을 약속했다. 이 같은 그리스의 경제위기에 대해 한국의 일부 보수세력은 과도한 복지 때문이라고 주장한다. 하지만 그리스의 복지지출 수준은 경제협력개발기구(OECD) 30개국 평균치에 불과하다. 현장에서 만난 시민과 전문가, 정부관료 누구로부터도 "과도한 복지가 위기의 원인"이란 말을 들을 수 없었다.

그리스의 위기, 무능한 정치인과 부정부패

그리스 복지의 문제는 연금 등 복지지출 대부분을 구세대에 지급한 데다 일부 힘 있는 직종이 연금 혜택을 차지한 데서 비롯된다. 비정규직을 전전하는 '1000유로 세대' 젊은 층의 복지는 개인에게 책임지게 했다. 국가가 방기한 복지 부담에 과부하가 걸린 젊은 층은 결혼을 회피하게 되고 그 결과 그리스의 합계출산율은 2011년 현재 1.38이다. 그렇다고 구세대의 복지상황이 만족스러운 것도 아니다.

2011년 4월 18일 저녁, 아테네 중심가 신타그마(헌법) 광장에서 열린 경제위기 연설에 참석한 대학생들. -아테네 | 유정인 기자

"프세프티스, 프세프티스"(그리스어로 '거짓말쟁이').

2011년 5월 17일 오후 아테네 시내 조그라포스 지역, 은퇴 선원인 방겔리스 알리비자토스(67)의 미간에 순간 깊은 주름이 팼다. 최근 1년 동안 그리스 정치인들의 무능 덕에 입에 붙은 단어가 입술을 비집고 나왔다. "한국에서 그리스 위기가 복지 때문이라고 한다고요? 그런 정치인이 있다면 거짓말쟁이일 거요."

일요일을 맞아 부인 요르기아 요르갈리(60)와 함께 이웃 바실리키 디미트로풀로스(56)의 집에 마실 나온 그는 이웃에게 선물로 준 그림 자랑을 늘어놓다가 그리스 재정위기로 화제가 옮아가자 담배부터 꺼내 물었다.

"오랫동안 정치인과 부유층이 저지른 부정부패와 탈세가 끝도 없었고 정부는 재정을 엉뚱하게 지출해 왔어요. 정부와 정치의 문제 때문에 맞은 위기인데 정작 희생은 국민이 다 덤터기 쓰고 있어요." 알리비자토스가 말했다. 드미트로풀로스는 "보편적인 무상의료도 좋은 제도이지만 정치인과 의료인, 공무원, 이용자의 크고 작은 부패를 국가에서 제대로 감독을 하지 못하면서 망쳐버렸다"고 거들었다.

그리스 정부의 대규모 긴축재정으로 연금이 축소된 노년층만 불만을 갖고 있을까? 다음날 저녁 시내 중심가의 신타그마(헌법) 광장에서 만난 대학생 마리오스 마띠오스(22)도 그리스의 실패는 무능한 정치인들의 문제라고 잘라 말했다. "그리스인들이 받는 복지 수준은 높지 않아요. 보험 혜택도 없이 최저임금에도 못 미치는 시간당 2.5유로(한화 3,850원)를 받고 일하는 청년들이 수두룩해요. 저도 그 조건에 전단지 아르바이트를 하고 있고요."

그리스의 위기, 비대칭 산업구조와 탈세, 조세회피

그리스 정부와 현지 전문가들은 그리스의 위기가 취약한 경제구조에 단일 통화를 사용하는 '유로존'의 태생적 한계가 겹치면서 나타난 구조적 문제라고 지적한다.

그리스는 2009년 말 경제위기가 본격화되기 전부터 국내총생산 대비 -10퍼센트를 상회하는 경상수지 적자에 시달려 왔다. 전체 산업의 대부분이 관광 등 서비스업(75퍼센트)인 데다 제조업 비중은 10퍼센트 내외에 불과한 비대칭적 산업구조 때문이다. 2008년 리먼 브러더스 사태로 인한 글로벌 금융위기는 관광업을 급속도로 침체시켰고 이는 그리스 재정에 곧 부담으로 돌아왔다.

나라 곳간을 튼튼히 해줄 세금은 제대로 걷히지 못했다. 지하경제는 국내총생산(GDP)의 25퍼센트에 달했고, 건설업에서 서비스업, 부유층에서 서민층까지 사회 전 영역에서 탈세와 조세회피가 만연했다. 그리스 정부가 부유층 거주 지역에서 과세대상인 수영장 갯수를 파악하기 위해 위성사진을 찍었더니 자진 신고된 324개의 50배가 넘는 1만6,974개가 적발된 것이 단적인 예다. 아테네대학 정치행정학과 디미트리 소티로폴로스 교수는 "수많은 음식점이나 호텔의 고용주들이 알음알음 사람을 고용하고 월급은 몰래 쥐어주는 식으로 세금 내는 걸 피해 왔다"고 설명했다.

유로지역 국가별 경쟁력 격차 추이

'유로존'이라는 단일 통화권 가입은 문제를 악화시켰다. 화폐가치가 상승하면서 수출경쟁력은 더욱 떨어졌다. 저금리로 자금조달이 가능해지면서 정부는 해외에서 부채를 끌어와 만성적인 재정적자를 메우는 데 사용했다. 흘러온 자금은 부동산 산업으로 흘러가 거품경제를 유발했다. 개별 통화라면 이 같은 대외불균형이 조기에 경고가 되거나, 추후 통화정책을 통해 일정 부분 조정할 수 있다. 하지만 '유로존'에 가입된 그리스 정부로서는 불가능한 선택이었다. 한국은행은 2011년 4월에 내놓은 보고서에서 "전문가들은 현재 유럽의 재정위기가 경제여건이 크게 다른 회원국에

2011년 4월 18일 그리스 아테네 중심가 신타그마 광장의 경제 실정 비판 연설에 시민 수천 명이 모여 그리스의 제3당인 공산당(KKE)의 경제위기에 관한 연설을 듣고 있다. -아테네 | 유정인 기자

단일통화정책을 적용한 구조적 문제점에 기인한 것으로 보고 있다"고 지적했다.

　방만한 연금운영은 비판대상이지만, 실제로 그리스 국가재정에서 연금을 포함한 공공복지지출이 차지하는 비중은 높지 않다. 그리스는 가족주의가 강해 국가복지가 발달하지 못하면서 오히려 유럽 내에서 복지 수준이 뒤떨어진 나라에 속한다. 2007년 기준으로 그리스의 공공복지지출 비중은 GDP의 21.3퍼센트다. 최하위 수준인 한국(7.5퍼센트)보다는 3배가 높지만, OECD 평균(19.3퍼센트) 수준에 가깝다. 복지가 발달한 스웨덴(27.35퍼센트), 덴마크(26.1퍼센트), 핀란드(24.9퍼센트) 등 북유럽은 물론, 프랑스(28.4퍼센트), 독일(25.2퍼센트) 등 유럽 대륙권 국가들에 비하면 꽤 뒤처진다. 아테네 정경대학 조지 파굴라토스 교수는 "유로존 내에서 그리스의 복지지출은 평균 수준이었지만 광범위한 탈세 때문에 안정적인 조세 기반을 갖지 못한 것이 부담이 됐다"며 "이는 복지뿐 아니라 그리스 공공부문 적자의 전반적인 문제"라고 말했다.

경제위기 속에 단일통화 체제의 허약함을 온몸으로 겪은 그리스의 미래는 여전히 불투명하다. 그리고 대규모 긴축재정에 따른 부담은 서민들의 삶을 팍팍하게 만든다.

"신발은 10년에 한 켤레 사는 대신 친구들과 와인을 마시면서 검소하지만 즐거운 인생을 살아왔어요. 그리스 사람들이 잘못한 게 아니잖아요. 그런데 이제 다른 유럽 사람들이 돈줄을 쥐고 우리의 삶을 뜯어고치려고 하네요." (요르갈리)

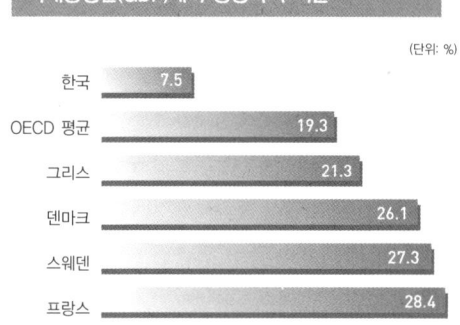

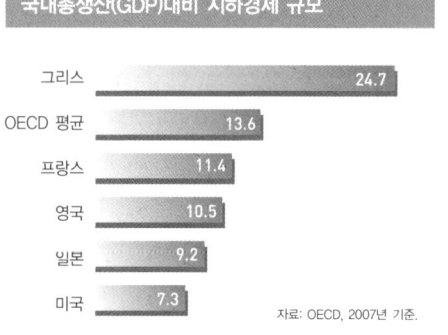

자료: OECD, 2007년 기준.

그리스 복지, 결론은 잘못된 분배
연금 빼곤 제도 열악, 경제 선순환·재분배 실패

그리스는 복지예산 비중이 한국의 3배쯤으로 경제협력개발기구(OECD)

의 평균을 조금 웃돈다. 그럼에도 '복지 부재'로 힘겨워하는 사람이 적지 않다. 현재 소득으로 가계를 꾸리기가 어렵다고 응답한 비율이 2010년 기준 63퍼센트로 OECD 평균(24퍼센트)의 2배가 넘는다. 저임금으로 치닫는 일자리와 연금에만 쏟아 부은 그리스의 복지가 경제적 선순환도, 사회적 부의 재분배도 이루지 못해서다. 복지지출과 경제의 선순환을 고민하는 한국이 짚어봐야 할 부분이다.

그리스 복지, 규모가 아닌 방향이 문제

2011년 5월 18일 아테네 아카다미아 거리의 한 북카페, 탁자 위에 놓인 아테네 안내서적을 뒤적이던 스타브룰라 푸시호요풀루(44·여)는 "아테네 시내 어디서나 이 아크로폴리스가 보인다. 거기가 내 첫 일터였다"고 말문을 뗐다.

그는 1994년 아크로폴리스 문화재 감시원을 시작으로 16년 동안 아테네 곳곳의 문화재를 돌봐왔다. 6개월, 때로는 1년마다 연장해온 (고용)계약은 2010년 10월 완전 해지됐다. 그리스 재정위기에 따른 대규모 공공부문 인원감축의 여파였다.

실직 후 당장 빠듯한 생활이 이어졌다. 그는 이전 급여에 관계없이 월 450유로(한화 70여만 원)로 고정된 실업급여로는 방값을 내기도 벅차다고 했다. "그나마 저는 실업급여를 받고 있지만 혜택을 못 받는 실직자들도 주변에 많아요. 임시직을 2~3개씩 뛰면서 생계를 해결해야 하는 거죠."

그리스 복지의 문제는 돈의 '규모'가 아니라 돈이 쓰이는 '방향'에 있다. "복지지출이 한 가지 기능만 가졌다"(아테네대학 존 이판토풀로스 교수)는 평가를 받을 정도로 연금에만 막대한 복지예산을 쏟아 부었다. 복지지출

규모가 1980년대부터 꾸준히 증가해 현재 OECD 평균 수준에 이르렀다지만, 이 중 연금이 차지하는 비중이 66퍼센트(2006년 기준)나 된다. 모든 복지국가들에서 노인인구의 증가로 연금의 비중이 높아지고 있지만, 유럽연합(EU) 국가 중 사회복지예산 중 연금이 가장 높은 비중을 차지하는 곳은 그리스뿐이다. 사회보장급여에서 은퇴자 연금이 차지하는 비중이 2001년 기준으로 무려 90.3퍼센트다. 이 같은 수치는 최근 낮아졌다지만 아직도 84퍼센트 수준으로 추산된다.

자연히 다른 복지 부문에 쓸 돈이 부족하다. 보편복지인 의료와 교육을 제외한 나머지 부문에서 복지는 없는 것이나 다름없다. 가족복지와 실업자를 위해 할애되는 복지예산은 전체 사회급여에서 각각 3퍼센트 수준(2001년)에 그친다.

가족에게 떠넘기는 그리스 복지

그리스 역시 국가가 채우지 못하는 복지의 빈 부분을 부담해야 하는 것은 '가족'이다. 가족주의가 강한 남유럽의 정서 속에서 국가는 가족복지와 일자리 창출에 큰 투자를 하지 않았고, 그것이 오롯이 가족 부담으로 돌아오는 구조다. 한국과 유사하다. 신현중 교수(한남대 행정학과)는 "그리스에서 국가는 가족 중 남성 가장에게 양질의 일자리와 연금을 보장하면서 가족이 스스로 복지를 책임지도록 했다"면서 "연금이 과다하고, 공공부문 일자리가 많고, 여성의 취업률이 매우 낮은 것은 그 같은 맥락"이라고 설명한다.

하지만 그리스에서 양질의 일자리는 크게 줄고 있다. 그리스노동연구소(INE-GSEE)의 2008년 보고서에 따르면 그리스 노동자 중 22퍼센트가 저임금으로 일하고 있으며, 10명 중 4명이 세전 월 1,100유로(169만 원) 미만을 번다. 유럽평균의 83퍼센트 수준인 임금은 노동생산성이 9퍼센트나 높아졌는데도 좀처럼 인상되지 않는다. 그리스 기업들이 투자나 수출 등을 통해 일자리를 늘리고 노동자에게 소득을 나누는 쪽이 아니라, 임금을 깎고 일자리를 줄이고 파견형태로 직접고용을 줄이는 방식으로 기업의 이익을 최대화하는 근시안적 전략을 선택했기 때문이라고 노동연구소는 지적했다.

연금 위주의 사회안전망 속에 그리스 청장년층은 2008년 경제위기에 고스란히 노출됐다. 경제위기 후 실직자가 크게 늘었지만 실업급여를 받을 자격이 있는 사람은 100명 중 12명, EU 15개국 평균(40.7퍼센트)의 1/3에도 못 미친다. 수급자격은 '최근 2년간 직장이 있어야' 받을 수 있는 등 엄격한 데다, 실직 후 1년 동안 받는 실업급여는 이전 급여의 평균 33퍼센트로 한국(31퍼센트)과 함께 OECD 최하위권이다. 실업자 재교육과 일자리 창출 등 적극적 노동시장정책 프로그램에 할애되는 비중 역시 매우 낮다.

이에 따라 복지를 통해 노동시장을 활성화하고, 그 과실로 다시 복지를 튼튼히 하는 '선순환'은 자리 잡지 못했다. 게다가 각종 사회보험 혜택은 '장기간 안정적인 노동'을 조건으로 내걸면서 비공식 노동자들을 소외시켰다. 결국 복지와 경제의 '선순환 구조'를 놓친 것이야말로 그리스 복지제도의 뼈아픈 교훈이라는 지적이다.

아테네대학 정치행정학과 디미트리 소티로폴로스 교수는 "그리스는 직장을 잃은 모든 사람들에게 안전망을 제공하지 못했다. 정부는 일자리를 창출하는 데 더 많은 돈을 써야 했고 GDP에서 연금이 차지하는 비중을 줄여야 했지만 이 역시 제대로 이루어지지 않았다"고 말했다.

더 심각한 문제는 그동안 국가가 떠맡긴 복지를 해결해온 가족도 한계상황에 봉착했다는 점이다. 그리스의 가계부채는 1994년을 100으로 놨을 때 2004년에는 2,105로 약 21배 늘어났다. 2009년 현재 규모는 약 930억 유로(143조 원). 은행대출 상환이나 가게 임대료도 내기가 어렵다고 응답한 이들이 한 설문조사에서 절반이 넘었다. 영국 바스대학의 테오 파파도풀로스 교수는 "1990년대 중반까지 그리스 가족들은 일하는 이가 일자리 없는 이를 부양하는 식으로 가족복지가 이뤄져왔지만, 1990년대 후반부터 임금체계가 와해되고 가족의 주요자산인 부동산과 주택가격이 폭락하면서 새로운 국면을 맞고 있다"고 지적했다.

실업기간에 따른 실업급여 임금대체율
(단위: %, 2007년 기준)

	1년	2년	3년	5년 평균
OECD 평균	52	40	25	28
그리스	33	5	1	8
스웨덴	66	63	41	37
독일	64	48	42	45

자료: 한국노동연구원.

그리스 아테네 아크로폴리스 파르테논 신전. -아테네 | 유정인 기자

북카페에서 만난 푸시호요풀루도 "실업자 중에는 부모집으로 다시 돌아가서 얹혀사는 사람이 대부분"이라며 "나도 부족한 생활비는 어머니로부터 도움을 받고 있는데 혼자 버틸 수 있는 데까지 버텨보려고 한다"고 말했다. 카페를 나서는 그의 뒤로 희뿌연 하늘에 갇힌 아크로폴리스가 올려다 보였다.

실패한 그리스 연금제도, 고소득층만 특혜

"헌법에 보장된 시민의 평등권이 완전히 잊혀진 것처럼 보일 정도로 총체적으로 불평등하다."

그리스 정부의 연금제도에 관한 1958년 보고서의 내용이다. 반세기가 지났지만 이런 연금 불평등은 나아지기는커녕 굳어졌다. 아테네대학 정치행정학과 디미트리 소티로폴로스 교수는 "한국이 그리스 복지에서 중요하게 생각해봐야 할 지점"이라고 조언했다.

"그리스는 보편적인 연금제도를 만들면서 여러 직종, 다른 정치적 영향력을 가진 단체들이 평등하게 참여하는 '열린 토론의 장'을 만드는 데 실패했습니다. 때문에 일부 힘 있는 단체들이 과실을 쓸어갔죠."

정치적으로 영향력이 큰 직종들은 정치세력과 직접적인 관련을 맺고 표와 연금혜택을 교환했고, 그리스의 퇴직연금은 '상향식 선별복지'로 변질됐다. "국민총생산(GDP) 대비 연금지출액이 경제협력개발기구(OECD) 회원국 중 상위권에 들었지만, 분배 정의 관점에서는 형편없는 제도(플라톤 티니오스)"라는 평가가 나오는 이유다.

복지국가의 두 가지 발전 경로

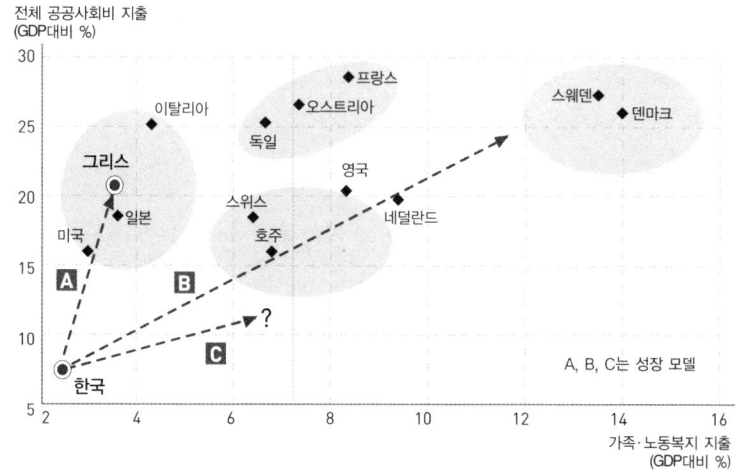

자료: 양재진, 한국복지국가 전략의 성찰과 모색(2011).

그리스의 연금은 직종별로 150여 개의 연금공단에서 각각 운영해왔다. 최근 연금개혁을 통해 13개 공단으로 통합했지만 일부 직종이 '낸 것보다 더 많이 돌려받는' 불공정한 관행은 고쳐지지 않았다. 민간부문에서 일하는 국민들이 포함된 근로자사회보험기금(IKA)의 경우에는 자신이 낸 금액의 1.1배를 연금으로 받는 반면, 공무원과 공공기관 종사자 등 공공부문은 연금기여액의 2~5배를 연금으로 돌려받고 있다. 변호사, 의사, 엔지니어 등 고소득 전문직종 역시 수혜층이다. 20년 동안 선원으로 일하다 퇴직해 한 달에 1,000유로(150만 원)를 연금으로 받고 있는 방겔리스 알리비자토스는 "물가가 많이 올라 이전과 같은 연금을 받더라도 노후를 즐기며 살 수는 없다. 변호사들은 2,500~3,000유로를 받는 걸로 알고 있다"고 말했다.

방만한 연금혜택의 대표로 꼽히는 '조기 퇴직'을 살펴봐도 마찬가지다. 그리스의 공식 은퇴 연령은 65세다. 하지만 보험료 납입기간이 20년을 초과하면 연금에 불이익을 받지 않는 탓에 퇴직 연령이 60세 전후로 OECD 국가 중 가장 빠른 축에 속한다. 공무원의 실제 퇴직 연령은 이보다 5세 적은 55세로 추산되고 있다.

연금 배분의 불평등에 따라 그리스는 연금에 쓰는 지출은 가장 많으면서, 동시에 노인빈곤율이 유럽에서 가장 높은 '역설적인 나라'가 됐다. 2010년 기준 그리스 인구 5명 중 1명이 최저빈곤선 이하의 삶을 살고 있으며 이 중 22퍼센트가 연금을 받는 노인들이다.

그리스의 복지지출 수준은 OECD 30개국의 평균 수준이다. 그런데도 복지가 사회안전망으로 제 기능을 하지 못하는 것은 연금 등 복지지출 대부분이 보육, 아동 등 사회의 새로운 구성원을 길러내는 가족복지나 경제위기에 취약해진 노동자를 위한 복지가 아니라 연금복지에 대부분 쓰이기 때문이다. 복지를 늘린다고 하더라도 힘있는 유권자 세력에 많이 배당을 하게 되면 결국 전체적인 복지지출의 균형이 깨지고 그에 따른 부작용을 감수하게 된다. 복지는 일부 계층의 정치적 이득이 아닌 사회 지속성의 측면에서 설계돼야 한다.

왜 우리나라 복지는 그리스와 비교되는가?

그리스가 복지 때문에 망했다는 주장은 국내 보수 정계에서 '자기복제'를 통해 반복돼왔다. 이명박 대통령이 2011년 7월 10일 긴급 경제관료 회의에서 "그리스가 10년 전 어떻게 했는지에 따라 지금 고통 받고 있다"며 그리스 국가부도 사태의 뿌리로 복지 포퓰리즘을 지목한 것도 그 중 하나다.

하지만 복지를 단순히 예산의 문제로만 접근해서는 그리스 위기의 본질을 이해하기 어렵다. 앞서 말한 것처럼 그리스의 위기는 노인연금은 '비대'하고 노동·가족 분야는 '미미'한 기형적인 지출 탓이지 과잉복지 때문이 아니다. 2007년 기준 그리스의 복지지출은 국내총생산(GDP) 대비 21.3퍼센트로 경제협력개발기구(OECD) 30개국의 평균(19.3%)을 조금 상회하는 수준이다. 1980년대부터 복지지출 규모가 꾸준히 증가했다. 지출만 보면 복지선진국이다. 하지만 그리스는 유럽에서도 손꼽히는 복지후진국이다. 예산 크기가 아닌 지출구조의 왜곡이 심각한 탓이다.

아리스티데스 하치스 아테네대학 부교수는 2011년 8월 11일 국회 초청 간담회에서 "복지지출이 빈곤층이 아닌 각종 압력단체로 들어갔고 그 효율성도 크게 낮아졌다"고 말했다. 새로운 일자리를 창출할 산업 부문을 개발하지 못한 채, 관광업과 해운업에 의존해온 그리스 경제구조는 외부 변수에도 취약했다. 이처럼 새로운 세대를 위한 일자리와 복지를 제공하는 데 실패하면서 그리스의 합계출산율(여성이 가임기에 낳는 평균 자녀수)은 1.53명으로 OECD 평균(1.73명)에 못 미친다. 출산율이 떨어지면 고령화는 심화되고, 세수가 줄어들면서 노인들에게 들어갈 정부 재정 부담은 더욱 커진다. 복지를 통해 노동시장을 활성화하고 다시 복지를 튼튼하게 만드는 '선순환' 구조를 만들지 못한 것이다. 그리스 위기를 통해 우리가 정말 배워야 할 것들은 바로 이것이다. 역사적으로도 복지국가를 해서 망한 나라는 없다. 언제나 부패한 나라가 망한다.

그리스 위기는 국정관리의 위기

루카 카첼리(노동사회부 장관)

루카 카첼리(사진) 그리스 노동사회보장부 장관은 "그리스의 경제 위기를 '복지국가의 위기'로 볼 수 없다"고 단언했다. 그는 2011년 4월 18일 아테네 아카디미아에 있는 장관실에서 기자와 만나 "그리스의 위기는 국정관리(거버넌스)의 위기라고 할 수는 있지만 복지국가의 위기로 볼 수는 없다"며 "선진 복지시스템을 구축하는 것은 한국에도 큰 도전이 될 것"이라고 말했다. 카첼리 장관은 2010년 9월부터 그리스의 노동·복지에 대한 개혁조치를 이끌고 있다.

Q 경제위기의 주범으로 방만한 복지재정을 꼽는 시각이 있다.

그리스 경제위기는 두 가지 요인 때문이다. 행정이 효율적으로 이뤄지지 못했고, 과거 정권들이 정부예산 규모를 무책임하게 늘려놔서다. 이는 전체 정부지출의 문제이지 사회복지지출의 문제는 아니다. 따라서 국정관리의 위기라고 할 수는 있겠지만, 복지국가의 위기라고 볼 수는 없다. 그리스의 사회정책 수준은 그리 높지 않았다.

Q 한국에서는 그리스의 예를 들어 복지재정 확대를 경계하는 주장이 나오는데.

그리스 국가재정에서 복지지출이 차지하는 규모는 크지 않다. 경제개발협력기구(OECD) 자료를 보면 유럽 국가들의 GDP대비 복지재정지출 평균보다 그리스의 복지지출 수치는 오히려 낮다. 그리스 재정지출의 큰 부분은 (공공부문) 월급과 차관 이자비용이 차지하고 있다.

Q (복지제도인) 고령자 연금은 정부의 주요 개혁 대상이지 않나?

그리스 사회보험의 큰 문제는 연금보다 보험 사각지대라고 생각한다. 보험 혜택 없이 일하는 사람이 유럽연합(EU) 평균치는 6퍼센트인데 그리스에서는 올해 기준으로 26퍼센트에 달한다. 2015년까지 12퍼센트로 줄이려고 한다. 줄인다 해도 EU 평균과는 차이가 많이 난다.

Q 현재까지의 개혁조치에 대한 평가는?
2010년 개혁의 우선순위는 재정적자를 줄이는 것이었다. 복지지출을 줄이는 것이 아니었다. 그리스는 큰 규모인 임금과 연금은 줄여야 했는데, 이는 재정적자를 줄이기 위해 단행된 조치였다. 이를 통해 2009년 15퍼센트였던 GDP대비 재정적자를 10퍼센트까지 끌어내렸다. 2011년 정책 우선순위는 사회정책 효율화로, 사회적 부의 전이가 가장 필요한 사람들을 대상으로 이뤄지고 있는지, 사회정책의 혜택을 합법적으로 받고 있는지를 평가하고자 하는 것이다.

Q 한국에선 복지국가 논쟁이 있다. 무엇을 중시해야 한다고 보나?
한국 역시 1997년에 경제위기를 겪었으므로 복지 사각지대와 사회안전망 확보에 대한 고민이 있을 것이다. 노동 의욕을 훼손하지 않으면서 더 향상된 복지시스템을 만들어가는 것이 한국의 큰 도전이 될 것이다.

그들은 왜
기꺼이 세금을 낼까?

스웨덴의 복지는 '고비용, 고효율' 모델이다. 세금을 많이 내고 그만큼 국가로부터 혜택도 많이 받는다. 이를 위해 '노동연계복지'가 운영된다. 세금을 낼 수 있는 노동자들이 많아야 하므로 정부가 나서서 공공부문 일자리와 직업훈련교육과 상담 등 서비스를 제공한다. 열심히 일한 노동자들은 실업기간에는 실업 급여, 퇴직 후에는 연금을 받는다. 이외에도 보육, 교육, 의료, 주거 등 많은 부문의 복지가 제공된다. 삶은 안정적이다. 스웨덴은 각종 조사와 통계에서 세계에서 가장 높은 삶의 질을 유지하고 있는 것으로 나타난다. 복지에 대한 만족도가 높은 만큼 시민들도 기꺼이 세금을 낸다. 납세와 복지의 선순환이 자리 잡고 있는 것이다.

스웨덴
−국가와 가족의 '함께 복지'
04

　북유럽 스칸디나비아 반도에 위치한 스웨덴은 가장 발달한 후기산업 국가 중 하나로 꼽힌다. 경제·사회적으로 반사회주의형 국가로 분류할 수 있을 정도로 복지정책에 전폭적이다. 스웨덴은 세계적으로 국가경쟁력이 높은 나라로 세계에서 가장 높은 기술수준을 자랑한다. 유럽연합에 가입하긴 했지만 유로화를 쓰지 않고 자체 화폐인 크로나를 쓴다.

　교육에 있어서도 높은 교육열을 자랑한다. 제2차 세계대전 이후 어릴 때부터 영어 교육을 받아 대부분의 국민이 영어로 무리 없는 소통이 가능하다. 의무적 과정은 아니지만 유치원 과정이 있고 국민 모두가 경제적·사회적 격차에 관계없이 교육에 대한 동등한 접근권을 가져야 한다는 사회민주주의 전통에 근거하여 모든 공교육시스템은 무료이다. 그래서 7세에서 16세까지는 법에 의해 의무적으로 교육을 받아야 한다. 이후 고등학교와 대학교 교육은 의무는 아니지만 무상으로 제공된다.

스웨덴의 복지모델 확립은 1950년대 유럽 1위의 경제 부국으로 등극한 후 사회주의 모델을 제도적으로 차용하면서부터이다. 세금이 높은 것으로 유명한 스웨덴은 교육, 연금, 건강 등 거의 대부분의 복지사업을 수준 높은 서비스로 국가에서 책임지고 있다. 그리고 1970년대 집권한 사민당이 구축한 공공 – 민간 협력체제인 '스웨덴 모델'을 보수정권이 집권한 이후에도 지속하고 있다. 하지만 최근 고성장 경제시대가 끝남에 따라, 재정이 압박받으며 심각하고 구조적인 문제를 겪고 있다. 따라서 복지제도 역시 변화의 조짐을 보이고 있다.

고용 없이는 복지국가도 없다
– 노동과 연계 복지선순환 가능

2010년 1인당 명목 국내총생산(GDP) 4만8,875 달러, 세계 경제포럼 국가경쟁력 2위, 경제협력개발기구(OECD) 소속 국가 가운데 올해 '행복지수' 세계 3위.

경제위기의 파고 속에서도 복지국가 스웨덴은 빛나는 성적을 냈다. 20세기 초 유럽에서 가장 가난한 나라 중 하나였던 스웨덴은 현재 노동과 연계한 복지가 단단한 대표적인 나라로 손꼽힌다. 일을 해 얻은 소득의 평균 절반을 세금으로 내지만 복지로 그 혜택이 돌아온다는 것을 믿는 국민들의 연대의식은 복지의 선순환을 가능케 했다. 하지만 '스웨덴 모델'은 1990년 경제위기 때 신자유주의의 영향으로 원래의 이상적인 궤도에서 다소 벗어나면서 소득불평등과 빈곤위험이 예전보다 증가한 것도 사실이다. 스웨덴 모델이 우리에게 시사하는 점은 무엇일까?

스웨덴 복지의 핵심은 고용

2011년 4월 14일 오후 2시 스톡홀름의 쇠데르 맬라르스트란드가(街) 고용청(AF) 사무소, 동그란 뺨에 웃음을 머금은 에바 해그마르크(41·여)가 세미나실 문을 열고 나타났다. 그는 2010년 12월까지 스웨덴 국립식품청에서 식품과 건강에 대한 인터넷 칼럼을 쓰던 계약직 공무원이었다고 자신을 소개했다. "그러니까 4개월째 실업 상태예요." 가볍게 어깨를 으쓱거리는 그의 얼굴 어디에도 그늘은 없었다. "아무래도 당장 일이 없으니까 어떻게 될지 불안하죠. 하지만 잘 될 거라고 믿어요. 국가도 도움을 주니까 생활하거나 일자리를 찾는 데 큰 걱정은 없어요."

이 날은 그가 다른 미디어·문화직종 구직자 10여 명과 함께 한 달에 두 번 고용청에서 소개한 직업코치를 만나는 날이다. 실직자가 새 일자리를 찾도록 정부가 적극적으로 돕는 것이다. 경제학자이자 스웨덴 복지국가 모델의 설계자인 루돌프 마이드너가 "완전고용과 평등은 스웨덴 복지모델의 나머지 부분들을 결정짓는 목표"라고 언급한 것처럼 '고용'은 스웨덴 복지의 핵심이다. 스웨덴 일자리 3개 중 하나가 공공부문인 것도 그 맥락이다. 스웨덴이 노동시장 복지에 쓴 돈은 GDP의 1.45퍼센트(2008년). 그 중 '적극적' 노동시장정책인 재취업교육에 우리나라의 5배인 0.99퍼센트를 할당하고 있다. 그나마 1990년대 경제위기를 겪으면서 규모가 많이 줄었다. 해그마르크가 이력서 작성법에서 직업교육 프로그램까지 상담을 받는 맬라르스트란드의 고용청 사무소와 같은 곳도 스톡홀름에만

30개에 달한다. "실업은 개인의 문제가 아니니까 국가에서 일자리를 찾도록 돕는 것은 변함이 없어요. 물론 최근 들어서 규율이 좀 엄격해졌지만요." 고용청 사무소의 페르 헬름 소장이 말했다. "최근 3년 동안 한 일이 무엇인지 직종을 나눈 뒤 전문성을 기를 수 있는 프로그램으로 연결하지요. 여의치 않을 경우에는 다른 일로도 새 직장을 찾도록 돕습니다."

구직 기간 동안의 생계 걱정은 크지 않다. 고용청에 '구직자 등록'을 하면 자동으로 자신이 속한 직종별 노동조합의 실업기금에서 수당이 지급된다. 빈곤층으로 추락할 가능성을 줄이는 것이다. 2년 동안 한 직장에서 일한 해그마르크는 스웨덴 중위임금 수준의 급여인 월 3만 크로나(한화 525만 원)의 최대 80퍼센트 수준인 2만400크로나(약 357만 원)를 실업 후 일주일이 지난 1월 3일부터 받고 있다. 200일이 넘어가면 70퍼센트로 줄어든다. 다만 실업급여에는 조건이 있는데, 실직 전 1년 6개월 동안 고용상태를 유지했어야 하고, 일주일에 17시간 이상 일했어야 한다. 혹여 실업

2011년 4월 14일 오후, 스톡홀름 중심가에 또 다른 고용청(AF) 사무소 앞을 지나가는 시민들. -스톡홀름 | 유정인 기자

기금 자격이 되지 않더라도 '기본수당'으로 하루 최저 320크로나(약 5만 6,000원)를 지급받는다. 고용보험 재정은 정부지원금과 사용자와 노동자가 낸 기여금으로 꾸려진다.

이처럼 노동자의 생계를 보호하는 안전망이 겹겹이 마련된 상황이어서 파업은 좀처럼 일어나지 않는다. 스웨덴 금속노조의 실업급여 책임자인 오케 륭그렌은 "스웨덴도 역사적으로 보면 섬유제조업 공장이 아시아로 이전하는 등 산업의 변동이 많았지만 파업은 없었다. 실업수당이 있었고, 재교육을 받을 수 있었기 때문이다. 스웨덴에서 실업은 곧 가난으로 이어지지 않는다"고 설명했다.

스웨덴이 노동 문제 해결에 공들이는 이유

토르본 룬드크비스트 미래연구소 교수는 간단하게 정리했다. "복지국가를 만들려면 세금으로 돈을 모아야 하고, 세금은 노동에서 나오니까 당연히 노동이 빼놓을 수 없는 문제죠. 스웨덴에서는 일을 하지 않으면 사회가 무너진다는 전제가 깔려 있습니다."

스웨덴이 추구한 '실업률 0퍼센트', 완전고용은 이 같은 철학에서 출발한다. 하지만 '인플레이션 없는 완전고용 상태'를 유지하는 것은 쉽지 않았고 1990년대 경제위기를 겪으며 원칙은 깨졌다. 2011년 현재 스웨덴의 실업률은 8.3퍼센트. "대규모 실업을 사회악이자 인적·경제적 자원의 낭비로 여기는 스웨덴"(마이드너)의 특성상 어느 파가 정권을 잡아도 똑같이 실업률을 줄이려 안간힘을 쓴다.

지난 2008년 세계 경제위기의 여파로 스웨덴의 대표적인 자동차 기업 볼보는 수천 명의 노동자를 해고했다. 하지만 우리나라의 2009년 쌍용자동차처럼 일자리를 지키기 위한 격렬한 파업은 없었다. 직장을 잃은 14명의 가장과 가족이 생계고 등을 이유로 연이어 자살한 쌍용차의 비극은 스웨덴에서는 상상하기 힘든 일이었다. 이야기를 들려주자 "직장을 잃었다는 개인적인 부끄러움 때문이냐"며 엉뚱하게 되묻는 현지인들이 많았다. "스웨덴에서는 직장을 잃었다고 해도 삶에 큰 변화는 없다"는 것이 한결같은 대답이었다. 무엇이 이런 차이를 낳았을까?

볼보의 대량해고가 시작되기 전인 2008년 10월, 스웨덴 정부는 예테보리에 있는 볼보자동차 본사에 임시로 고용청 사무소(AF-Volvo)를 설치했다. 정리해고를 앞둔 직원들이 미리 직업교육과 일자리 알선을 받고 새로운 직업으로 자연스럽게 이동하도록 하기 위해서였다. 해고를 앞둔 회사들은 6개월 전 고용청에 먼저 정리해고 통보를 하고, 직원들이 미리 직업교육을 받을 수 있게 돕게 돼 있다. 2009년 초에는 간판을 '예테보리 운송사업을 위한 직업안내소'로 바꿔 볼보뿐 아니라 볼보 하청업체 직원들까지 담당하며 '경제위기 이후'를 준비하도록 했다.

사내에 국영 직업안내소를 설치하는 것은 스웨덴으로서도 이례적인 일이었다. 실직사태에 대처하는 정부의 자세에 따라 실직자들의 삶이 어떻게 달라질 수 있는지 극명하게 드러내주는 예다.

결국 2009년 9월까지 1년여의 운영기간 동안 이곳에 2,635명의 구직 희망자들이 오갔다. 스웨덴 고용청의 2011년 2월 자료에 따르면 이 중 1,556명은 경영이 호전된 볼보의 일자리로 돌아갔고, 438명은 고용 프로그램에 참여해 일자리 교육 등을 받고 있고, 298명은 창업 등 다른 이유로 고용 프로그램 수혜를 중단했다. 나머지 770명은 여전히 실직 상태인 것으로 파악되고 있다.

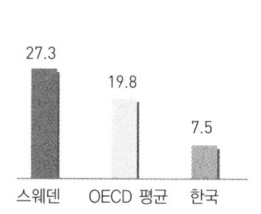

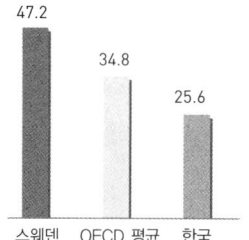

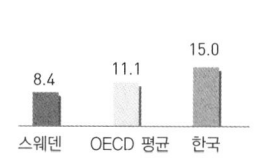

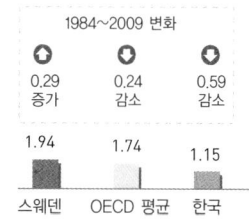

쇠데르 맬라스트란드 소재 고용청의 페르 홀름 사무소장은 "볼보처럼 경제 위기로 인한 대량해고의 경우에는 국가적인 문제로 받아들였기 때문에 특별히 임시 사무소까지 설치해 해결했던 것"이라며 "시민들의 세금을 통한 사회안전망이 깔려 있어 당장 임금을 잃더라도 교육비와 보육비는 들지 않도록 국가가 사회적 책임을 지고 있기 때문에 '실업 공포'는 적다"고 설명했다.

실업자의 삶이 급격하게 추락하지 않도록 방지하는 복지는 실업수당과 노동시장 프로그램 외에 더 있다. 해그마르크는 실직 상태이지만 2년 전 병으로 쓰러진 어머니의 병원비는 걱정하지 않는다고 말했다. 병원비의 경우 국세와 지방세로 충당돼 모든 국민에게 혜택이 돌아간다. 스웨덴 국민이 1년에 부담하는 병원비 한도는 900크로나(15만7,500원), 약값은 1,200크로나(21만 원)이다. 그 이상 들어가는 의료비는 국가가 부담한다. 그 재원은 국민이 낸 세금으로 마련된다.

하지만 노동시장을 아우르는 복지가 과거보다 약해졌다는 불만도 접할 수 있었다. 토마스 카르렌 스웨덴노동조합연맹(LO) 이코노미스트는 "현재 보수정부는 과거 사민당 정부보다 저임금 일자리를 일단 공급하고 보자는 식의 경향이 강하다"면서 "고용주 협회의 목소리가 커지는 반면 LO의 영향력은 약화되는 추세 속에 노동시장에서 약자를 보호해온 기존의 기조가 흐려질 수 있다"고 우려했다.

신자유주의 미국도 스웨덴 '다시 보자'
-1990년대, 2008년 경제위기 극복

경제와 정치, 노동시장, 복지제도가 유기적으로 잘 짜인 스웨덴의 복지모델은 1932년 사민당이 단독정권을 수립하면서 본격 시작됐다. 스웨덴 생산직노동조합총연맹(LO)과 긴밀한 관계 속에 복지국가의 틀을 일군 것이다. 하지만 "복지제도가 곧 당의 역사"인 사민당이 2006년, 2010년 총선에서 잇따라 우파연합에 패하면서 '고부담 고복지'의 스웨덴 복지제도는 일련의 개혁을 맞고 있다. 2005년에 상속세, 2008년에는 부유세가 폐지됐고 '일하는 사람들의 부담을 던다'는 취지로 국민의 조세부담률도 10

스톡홀름 중심가에 있는 스웨덴노동조합연맹(LO) 중앙본부 건물. LO는 사민당과 함께 '스웨덴 모델' 구축에 주요한 역할을 담당해왔다. -스톡홀름 | 유정인 기자

년 전의 56퍼센트에서 46.4퍼센트로 낮춰졌다. 최근 5년간 감세규모는 1,000억 크로나(한화 17조4,120억 원)에 이른다. 2003년에 스웨덴 국민들이 '1억일'을 썼다는 병가는 이제 인정받기 까다로워졌다.

스웨덴 복지의 변화

스웨덴 국민의 인식도 달라졌다. 스웨덴노동조합연맹(LO)의 이코노미스트 토마스 카르렌은 "과거에는 사민당을 중심으로 협약도 있고 뭉치는 정신이 있었는데, 현재 스웨덴은 개인주의에 있어서는 세계에서 첫째가는 나라"라면서 "시대가 변하고 있다"고 말했다. 스웨덴 복지의 저력인 노조조직률이 1990년대 말 80퍼센트에서 2008년 기준 68.3퍼센트로 떨어진 것도 하나의 징후다.

스웨덴 복지모델에 대해 일각에서는 '유토피아'로 묘사하고, 또 한편에서는 '과도한 복지가 1990년대 경제위기를 불렀다'고 말한다. 엄밀히 말하자면 스웨덴의 복지는 시대의 흐름에 따라 적응하고 있다. 스웨덴 복지모델의 설계자인 루돌프 마이드너조차 "스웨덴 복지가 계속되기 위해서는 과거의 검증된 모델에 집착하지 않고 달라지는 환경에 따라 개조하고 현대화할 필요가 있다"고 지적한 바 있다.

스웨덴의 복지가 달라진 계기는 1990년대 경제위기다. 1980년대 사민당이 '제3의 길'을 표방하면서 금융부문을 개방했는데 이는 당시 초호황과 맞물려 부동산 거품을 일으켰다가 1990년대 폭락하며 금융위기로 이어졌다. 1930년대 이래 최악의 경기침체로 3년 연속 실업률과 재정적자는 늘었고 몇 년간 마이너스 성장이 이어졌다. 스웨덴 기업들이 1980년대에 나라 밖으로 공장을 이전하면서 일자리는 줄었고 기업들의 목소리는 커졌다. "불평등은 확대되고, 빈곤 위험 등이 증가한 것으로 나타났으며 미혼모, 이민자, 자녀가 많은 가족, 젊은 층의 어려움이 커졌다"고 핀란드연금센터 미코 카우토 연구원장은 지적한다. "21세기에 들어서며 스웨덴 모델이 기로에 섰다"는 것이다.

하지만 이는 '현미경'으로 들여다보았을 때 가능한 평가다. 스웨덴의 사회복지비 지출 비중은 1993년에 36.8퍼센트로 최고치를 기록한 이후 약간의 감소추세를 보이지만 여전히 30퍼센트 전후로 높다. 스웨덴에서 만난 전문가들은 복지국가 스웨덴의 기본 지향점은 달라진 적이 없다고 입을 모았다. 토마스 카르렌은 "보수당이 조정하는 정책 중 노동정책은 노조의 힘이 약화된 상황인 만큼 우려되는 것도 사실"이라면서도 "복지국가의 근본은 흔들리지 않고 있고 운영방법과 구성요소에 변화가 있을 뿐"이라고 말했다. 보수정당이 미세한 조정을 거듭하며 스웨덴을 '탈(脫)

복지화'시킬 가능성이 없느냐는 기자의 질문에 그는 "보수당의 정책 내용을 봐도 특별히 그 같은 계획을 발견하기는 어렵다"고 대답했다.

노동시장정책과 복지제도가 일부 조정에도 대체로 기조가 유지되는 것도 이 같은 맥락이다. 예로 국가노동시장위원회(AMS)가 노동청(AF)으로 조직규모를 축소했지만 국가가 나서 실직자들의 재교육과 직업 알선을 책임지는 시스템은 아직 견고하다. 교육과 보육, 의료서비스도 무상에 가까운 서비스를 국가가 제공하는 가운데 약국과 병원 등 일부 기관의 민영화를 통해 선택권을 보장하고 있다.

이는 스웨덴 복지시스템에 대한 유권자들의 깊은 믿음이 있기에 가능한 것이다. 금속노조의 실업급여책임자인 오케 륭그렌도는 "스웨덴 사람들이 보기에는 보수당과 사민당의 정책 차이가 크지만 국제적 시각에서는 차이가 없다"고 말했다. "현 보수당의 정책은 과거 사민당 정책에 가깝다. 스웨덴 모델에 변형은 있겠지만 복지에 대한 기본적인 사회혜택을 바꿀 수는 없기 때문"이라는 설명이다.

이 같은 '복지국가 스웨덴'의 저력은 2008년 세계금융위기를 수월하게 극복하면서 새삼 재조명됐다. 2010년 경제성장률 5.5퍼센트를 기록하며 북유럽 국가들 중 가장 빠른 회복세를 보였다. 고용률도 평균 72.2퍼센트로 경제협력개발기구(OECD) 평균(64.8퍼센트)을 웃돌고 있고, 국가채무와 재정적자 비율도 건전하게 유지되고 있다. 세계경쟁력포럼이 2010년 9월 내놓은 「국가경쟁력보고서」에서 스웨덴은 스위스에 이어 세계 2위다.

최연혁 교수(쇠데르턴대)는 "단순한 사회복지 모델이 아니라 국민행복, 삶의 질, 기회균등 보장 모델로 보면 스웨덴은 영·미나 유럽대륙보다 사회안정적이며 세계금융위기 사태와 같은 위기상황에 대한 대처 능력이 뛰어나다"며 "때문에 신자유주의 모델의 미국에서도 북유럽 다시보기 논의가 진행되고 있는 것"이라고 말했다. 일부 한국의 우파는 스웨덴의 이 같은 성과가 시장주의적 개혁 덕분에 가능했다고 주장하지만, 기본적으로 '복지 체력'이 있었기에 가능했다는 설명이다.

복지국가를 만드는 것은 국민의 공감대

스웨덴 사람들은 복지국가를 만드는 데 있어 무엇이 중요하다고 볼까? 토마스 카르렌은 "복지가 곧 이득이라는 생각을 사회구성원들이 공유하는 것이 중요하다"면서 "임금 조정을 통해 소득의 평준화, 균등함을 이루는 것부터 시작해야 할 것"이라고 말했다. 스웨덴은 1990년까지 중앙교섭으로 동일한 내용의 노동에 대해서는 동일한 임금을 지급하는 '연대임금제'를 유지하면서 임금격차와 빈부차를 줄인 경험이 있다.

미래연구소 토르본 룬드크비스트 교수는 보편적 복지를 위한 사회적 공감대를 강조했다. "예를 들면 무상급식은 안 주면 티가 난다. 부자들에게 왜 주느냐는 얘기도 있지만 부자들도 복지 혜택을 받으니까 본인들이 세금을 내는 것"이라는 설명이다.

오케 륭그렌은 "모든 것을 개인의 책임으로 돌리는 사회는 지속가능하지 않다"고 강조했다. "자본주의 사회에서는 국민의 30~40퍼센트가 빈곤에서 헤매는 양극화 사회로 갈 것이냐, 아니면 다른 길을 찾을 것이냐에 대한 고민을 해야 한다"는 것이다.

복지 수준이 매우 뒤처진 한국은 현재 조정의 과정뿐 아니라 '복지국가 구축 과정'에 좀 더 주목해야 한다는 지적도 나온다. 최연혁 교수는 "한국이 봐야 할 스웨덴의 중대한 시기는 오히려 좌우 공조체제를 이루

2006~2010 우파연합 집권기간 복지 변화

실업수당	실업 직후 최대 1년까지 80%를 보장받던 대체율을 1년 동안 75%로 하향 조정
재취업 교육제도	조직구성 슬림화, 전문화. 맞춤 직업코치제 시행
병가판정	병가자의 노동능력평가 세밀화, 재활 통한 직장재복귀 권장 강화
의료기관	기초의료기관·약국 일부 민영화, 치과의료 보조금 확대
치과의료	18세까지 무료진료에서 65세 전환 치료비 무상지급 도입
세금	부유세 폐지, 종합주택세 인하
특징	보편적 복지 유지 속에 국가 역할 일부 축소 조정 세금인하, 친시장, 일자리 창출을 통한 복지기금 확충

자료: 최연혁, 2010.

고 노사대타협의 물꼬를 튼 1930년대"라며 "그때의 좌우 공조체제와 노사 간 협의체제가 여전히 남아서 미세한 조정에도 불구하고 스웨덴 모델을 지탱하고 있는 것"이라고 말했다. 스웨덴 사민당이 1932년 처음 집권한 이후 이뤄낸 사회적 대타협의 정신이 스웨덴 사회의 근간을 이루고 있는 것이다.

좌우가 공조하고, 노동자와 기업·정부가 대화와 타협을 하는 사회적 분위기는 스웨덴이 세계 최고 수준의 경제를 이루는 바탕이 됐다. 이는 2008년 경제위기에서 미국 등 신자유주의 국가보다도 더 뛰어난 대처능력으로도 이어졌다. 과거 1980년대보다는 연대와 복지의 수준이 일부 후퇴했다는 내부진단도 나오지만 복지국가의 근간은 보수정당이 집권하고 있음에도 '사회의 약속'으로 지켜지고 유지되고 있다.

스웨덴 모델 튼튼해지고 있다

보수당 페테르손(스웨덴 보수당 의원)

스웨덴 보수당의 예니 페테르손(사진) 의원은 "'스웨덴 모델'은 계속 튼튼해지고 있으며 시대적인 조정을 하고 있는 것"이라며 스웨덴 모델 붕괴론을 경계했다. 그는 2011년 4월 13일 스톡홀름 중심부에 있는 국회의사당에서 기자와 만나 "모든 사람이 삶의 안정성을 누릴 수 있도록 해야 한다는 국가의 역할에 변화는 없다"면서 "현재에 맞는 복지를 찾아가는 노력이 한국도 필요하다"고 말했다. 스웨덴 보수당 등 우파연합은 2006년 12년 동안의 사민당 집권을 끝낸 뒤, 2010년 총선에서도 승리했다.

Q 사민당 집권이 끝나면서 스웨덴 모델이 약화되는 것 아니냐는 이야기도 나오는데.

절대 스웨덴 모델이 붕괴하고 있다고 보지 않는다. 현재에 맞는 스웨덴 모델로 오히려 튼튼하게 만들어 가고 있다고 생각한다. 종전에는 스웨덴노동조합연맹(LO)과 사민당이 나서 많은 것을 조정했다면, 지금은 여러 당이 합쳐져서 중립적으로 스웨덴의 모델을 지켜가는 방향으로 바뀌어가고 있다. 국제화의 영향, 그리고 유럽연합(EU) 법안과 국내 사정을 맞춰야 하는 등 시대적 이유로도 일부 조정될 수밖에 없는 환경이다.

Q 재집권에 성공한 이유는 무엇이라고 보는가?

스웨덴 모델의 골격을 지키는 동시에 '지속가능한 복지'에 대한 국민의 기대가 있었다고 본다. 또 지금의 보수당은 종전 1920~30년대 전통적인 우익 보수당보다 달라지는 현재 흐름에 유연하게 적응하면서 국민의 신뢰를 받고 있다. 과거와 달리 진보적 성향을 띠는 정책들을 내놓고 있으며 그 지향점은 중도라고 생각한다. 현실을 저울질하면서 현재에 맞는 것을 찾아간 것이 승리의 절대적인 이유라고 본다.

Q 잇따른 세금감면에 따른 복지재정 축소 우려 등 개혁조치에 대한 내부 비판도 만만치 않아 보인다.

보편적 복지가 선진화 단계로 가면서 개인들이 각자 원하는 서비스를 선택할 수 있도록 자유를 주는 방향이다. 중소기업을 중심으로 산업을 부흥시키려면 세금감면 등 우호적인 기업 환경이 필요하다. 실제 레스토랑의 세금을 감면하니 그동안 높은 고용주세 때문에 고용을 하지 않던 사업주들이 채용에 나서면서 일자리가 창출됐고, 실업수당 비용이 줄어 재정은 강화됐다.

Q **한국에서도 복지국가로 가는 길을 모색하는 움직임이 나타나고 있는데.**
스웨덴과 단순 비교할 수는 없지만 경제성장과 복지를 두고 현실에 맞는 선순환 모델을 만들어야 한다. 경제를 강화하면서 복지를 늘릴 때 이것이 미래의 힘이 된다. 가장 중요한 것은 어느 당이 집권하든 정확한 복지국가의 상을 만들어 국민을 설득하고, 이를 지켜나가는 것이다. 나라의 위기가 있을 때마다 정당이 색을 버리고 하나로 뭉치는 것이 스웨덴 복지국가의 힘이었다.

제 3 부

복지, 어떻게 바꿀 것인가?

01 노동시장의 부당한 구조

02 시장 논리를 넘어서

03 체감되는 복지를 만들자

04 안심하고 아이 낳고 늙는 사회

노동시장이 왜곡되는 동안 국가는 무엇을 했는가?

같은 일을 하면서도 차별적인 임금을 받는다면 노동자 사이의 불신과 기업에 대한 불신은 당연히 클 수밖에 없다. 기업이 노동자 임금을 통해 비용을 줄이는 문제에 몰두하고 대기업이 이익을 독식할 생각만 한다면 노동자의 양극화, 기업의 양극화, 사회의 양극화가 격화되는 것은 자명하다. 그리고 양극화로 인한 사회적 비용의 증가는 국가가 감당해야 한다. 이를 막기 위해서는 노동자를 위한 제도 개선, 즉 최저임금의 현실화를 이루고 간접고용을 규제하여 동일한 노동에 동일한 임금을 받을 수 있도록 노력해야 한다. 아울러 대기업의 이익 독식을 구조적으로 개선하여 노동자가 마음 편하게 일할 수 있는 바탕을 마련해야 한다. 이러한 문제가 해결될 때 복지국가는 더 가까워질 수 있는 것이다.

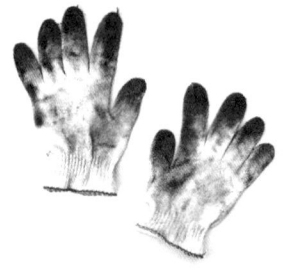

노동시장의 부당한 구조 01

저임금의 비정규직, 가난한 워킹푸어는 늘어만 간다. 이들의 한숨도 깊어간다. 부당한 임금과 노동환경에 항의하면 해고통지서가 돌아온다. 둘러봐도 뾰족한 수는 보이지 않는다. 한국에서 노동자들은 비정규직으로 파편화돼 있고 이들을 대변할 정치조직도 마땅히 눈에 띄지 않는다.

저임금 노동자들이 늘어나면 내수는 줄어들고, 결국 경제의 대외의존도가 심해지면서 경기는 더욱 외부 변수에 취약해진다. 노동자와 하청기업들이 마땅히 받아야 할 임금과 정당한 납품단가는 단순히 '분배정의' 문제가 아니다. 이익을 제대로 나누지 않고 대기업들이 독식함으로써 빈곤의 악순환은 계속된다. 결국 그에 따른 사회적 비용은 정부가 지불해야 한다. 문제의 심각성은 이런 부당한 구조에 있다.

이러한 부당한 구조를 해결하지 않는다면 양극화는 점점 더 심해지고 복지국가로 가는 길에 가장 큰 장해물이 된다. 복지국가는 질 좋은 노동환경과 공정한 기업의 이익분배에서 나온다. 질 좋은 노동환경은 차별 없는 임금으로 개선할 수 있으며 최저임금의 현실화는 그 출발점이다. 또한 공정한 기업의 이익분배는 질 좋은 노동환경을 만드는 기초가 된다. 이러한 경제적 구조를 이루지 못한다면 빈부의 양극화는 더욱 심해지고 국가가 감당해야 하는 사회적 비용은 더욱 증가할 것이다.

공정시장, 공정임금

한국은 일한 만큼의 대가를 얻는 사회가 아니다. 외국도 사정이 다르진 않지만 정도가 더 심하다. 1997년 외환위기 이후 고용유연성이 심화되면서 부당한 보수와 처우가 만연해졌다. 전체 가구의 약 40퍼센트를 차지하는 중산층은 고용불안정과 비정규직의 증가로 휘청이고 있고, 열심히 일을 해도 빈곤층에서 벗어나지 못하는 근로빈곤층(워킹푸어)은 209만 명으로 경제활동인구의 10퍼센트에 달한다(보건사회연구원, 2009년). 가정경제를 지탱하는 두 개의 기둥 중 가족이 직접 일해서 번 '시장임금'이 무너진 탓이다. 국가가 세금을 가족에게 재분배하는, '사회임금'으로 상징되는 국가복지가 취약해 한국의 가정은 지난 반세기 동안 시장임금이라는 '외기둥'에 크게 의존해왔다. 즉, 임금의 붕괴는 곧 빈곤으로의 추락을 의미한다.

어느 하청업체 정직원과 대기업 비정규직의 비애

다시 야간조다. 10시간을 꼬박 지새우는 용접 작업, 아침 8시까지 시간당 30개씩 머플러(차량 배기가스의 소음을 줄이는 장치)를 용접하고 나면 손마디가 저린다. "해야지, 해야지. 다른 도리가 있나?" 강진욱 씨(46·가명)는 나오는 한숨을 억눌러 참는다. 그는 현대자동차에 머플러를 납품하는 경북지역의 한 2차 하청업체 정규직이다. 5년 전 처음 일을 시작했을 때는 길 가는 현대차만 봐도 '내 손으로 만든 부품이 들어갔겠구나' 싶어서 뿌듯했다. 하지만 자부심은 오래 가지 않았다. 현대차 신입사원의 초봉은 4,200만 원. 그러나 그는 야근과 야간교대를 반복해도 1년에 2,800만 원밖에 손에 쥐지 못한다. 월급날 2만 원짜리 아귀찜 하나를 포장해와 집에서 아내와 소주잔을 기울이다보면 하청업체의 설움에 울컥한다. "열심히 일해도 원청과 하청의 봉급이나 대우 차이가 너무 나니까 이젠 길 가는 현대차만 봐도 보기가 싫어지더군요."

그나마 하청업체라도 정규직인 그의 형편은 낫다. 현대차의 또 다른 하청업체에서 비정규직으로 일하는 그의 아내는 2010년 1,300만 원의 연봉을 받았다. 현대자동차가 5조2,670억 원으로 사상 최대의 순이익을 낸 해다. 하청업체 직원과 비정규직 입장에선 동의하기 어려운 현실이다.

"일하다 보면 가끔 전화국 돈 벌어주기 위해 태어난 건지 헷갈릴 때가 있어요."

박정필 씨(39·가명)는 주택, 사무실을 돌며 인터넷을 깔아주는 일감을 KT로부터 받아 일한다. 일주일에 엿새를 일한다. 아침 8시 20분에 전화국에 도착해 조회하고, 물건 챙기고, 9시를 전후해 전화국을 나서 하루 할당량을 숨 가쁘게 채우고 난 뒤 7시에 퇴근하는 생활. 일에 치여 끼니 거르는 일도 비일비재하다. 한 달에 한 번은 일요일에도 출근한다. 하지만 오토바이 기름값, 통신비 등을 빼고 나면 올해로 업무경력 10년 차인 그가 손에 쥐는 돈은 월 180만 원 내외. 미혼이라서 버틸만하지만, 결혼해 자녀를 둔 동료들은 소주값 만 원의 여유조차 없다.

"다른 업종의 비정규직을 봐도 처지들이 비슷해요. 우리는 모두 날품 팔이가 되려고 태어난 건가 싶죠. 왜 우린 정규직보다 더 '빡세게' 일을 하고 정규직의 50퍼센트밖에 안 되는 임금을 받느냔 말이죠. 그렇다고 여건을 개선할 법적인 방법도 없고요." 박씨의 깊은 한숨이 담배연기와 함께 새나왔다.

더 악화되는 경제구조의 현실

우리사회의 복지를 논의하면서 불공정한 경제구조와 양극화한 노동시장의 문제까지 짚어야 하는 이유는, 국가복지를 개선하는 것만으로는 갈수록 열악해지는 가족들의 삶을 개선할 수 없기 때문이다. 국가복지로 가족을 보조하는 동시에 일단 가족들이 자신이 일한 만큼 제대로 된 보상을 받는 것이 건강한 복지국가로 가기 위한 첫 걸음이다. 하지만 대기업은 높은 수익을 올려도 노동자들은 그에 걸맞은 대우를 받지 못하는 불합리한 경제구조는 개선되지 않고 되레 악화되는 양상이다.

"내가 답답해서 계산기를 두들겨 봤거든요." 2010년 3월까지 8년 가까이 현대차 아산공장에서 일한 사내하청 노동자 이신철 씨(52·가명)는 비정규직을 고용해 대기업 현대차가 남기는 이윤에 대해 말했다. "볼트를 비정규직이 1분에 다섯 개 조인다고 치면 정규직은 세 개를 조여요. 그런데 비정규직인 내가 연봉 3,500만 원을 받을 때 정규직은 5,500만 원을 받는단 말입니다. 현대차가 비정규직을 대략 1만 명을 써서 인건비를 아낀다 치면 1년에 남기는 돈이 5,000억 원쯤 됩디다. 그게 원래는 비정규직들 월급 아닙니까?"

현대차는 생산직 5명 중 1명이 이씨와 같은 사내하청이다. 포스코도 생산직 사내하청 직원이 절반(52.26퍼센트)을 넘어섰다. 정규직과 같은 일을 시키고도 임금은 적고 해고도 쉽고 기업복지 비용은 없어도 된다. "복지나 임금에 차별이 있지만, 사실 정말 심각한 건 고용이 보장되지 않는다는 거예요. 일하는 사람들이 입바른 소리라도 할라치면 계약해지를 해버리죠." 이씨의 목소리는 높아졌다. "1997년 외환위기 때 경제를 살린다면서 비정규직 늘려놨잖아요. 그런데 경제위기가 지나갔는데도 왜 계속 이런 식인가요? TV 다큐멘터리 '동물의 왕국'을 보면 힘 센 동물들이 염치도 체면도 없이 초식동물 잡아먹는 게 꼭 대기업이 하청 뜯어먹는 우리 공장 풍경 같더라 말입니다."

거시 지표로만 보면 한국 경제는 풍요롭다. 2008년 세계 경제위기에서 독일만큼이나 빠른 속도로 회복하고 있고, 현대·삼성·SK·LG 등 4대 재벌은 2008~2010년에 자산은 29퍼센트, 매출액은 19.8퍼센트, 순이익은 27.5퍼센트, 계열사는 15.6퍼센트 증가했다. 10대 대기업의 2010년 사내유보금은 57조 원에 달한다. 정부의 각종 세제혜택과 환율정책에 호황을 누린 덕이다. 하지만 배부른 것은 대기업뿐이다. 전체 일자리의 90퍼센트를 제공하는 중소기업들은 말라가고 있다. 비용절감과 이익 극대화를 노리는 대기업은 중소기업을 소위 '단가 후려치기'로 쥐어짠다.

"한 달에 순수익이 많으면 500만 원 정도입니다. 지난 석 달은 적자였어요." 대기업에 전자부품을 납품하는 한 하청업체 사장이 푸념했다. "직원이 12명인데 총 월급이 퇴직금 포함해서 평균 1,800만 원 정도밖에 안 돼요. 직원들 월급, 올려주고야 싶죠. 그런데 그럴 여력이 없어요. 우리

공장에서 쓰는 구리며 철 같은 원자재 가격이 2010년 40퍼센트 이상 올랐는데 단가 후려쳐서 수익 내는 대기업에서 이런 하청업체 사정을 봐주느냐는 말입니다. 우린 납품 끊기면 회사 문 닫아야 하니까 불공정거래 횡포에도 냉가슴만 앓죠." 지난 2008년 한 대형유통업체에 납품하던 중소기업 사장이 업체의 횡포로 인해 부도를 맞자 이에 항의하며 매장에서 분신자살한 사건은 중소기업의 현실을 단적으로 보여줬다.

대기업이 시장지배적 위치를 악용해 중소기업과 노동자들에게 제대로 대가를 치르지 않는 구조는 대다수 서민들의 시장임금에 악영향을 미친다. "원청인 대기업이 몇조 원을 벌어 사상 최대 순이익을 내든 말든 우리 가족한테는 별나라처럼 먼 얘기일 뿐"(강진욱 씨)인 이들이 대다수다. 전체 국민소득 중 노동자들이 시장에서 얻는 소득의 비중을 나타내는 노동소득분배율은 지난 4년간 지속적으로 하락세다. 2007년 61.1퍼센트였던 수치는 2008년 61.0퍼센트, 2009년 60.9퍼센트로 낮아졌다가 2010년 59.2퍼센트로 떨어졌다. 저임금 노동자 비율도 심각하다. 국제노동기구가 2010년 발간한 「글로벌 임금 보고서」에 따르면 2007~2009년 기준, 한국은 선진국으로 분류된 나라 중 저임금 비율이 25.6퍼센트로 제일 높았다. 저임금 비율이 가장 낮은 핀란드(5.3퍼센트)와는 20퍼센트 포인트 이상, 미국(24.5퍼센트)보다도 1.2퍼센트 포인트 높은 수치다.

가계부채 수준이 높은 것도 따지고 보면 낮은 임금 수준과 무관하지 않다. 2010년 우리나라 가계부채는 9퍼센트 늘어났고, 총액으로는 937조 원에 달한다. 경제를 위협하는 '시한폭탄' 수준이다. 시장임금과 사회임금 모두 부족한 가족들이 '빚'을 내서 생활을 유지하고 있다.

이렇게 시장이 왜곡되는 동안 국가는 무엇을 했는가? "한국의 경제정

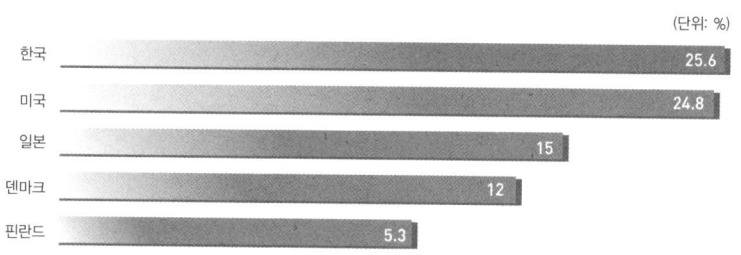

자료: ILO, 「2010/11 글로벌 임금보고서」.

책이라는 게 기본적으로 재벌들과 관료들이 이해관계를 같이 하는 거죠. 정부의 기본 입장이 기업가 편입니다. 1970~80년대 경제발전에 대기업이 큰 역할을 했으니까 헤게모니가 그 쪽에 있는 거죠." 장경섭 교수(서울대)의 지적이다. 정운찬 동반성장위원장이 2011년 5월 "경제정책 일선에 있는 공무원들이 대기업에 너무 충성하는 경향이 있어서 동반성장 정책이 잘 될 수 있을지 걱정된다"고 비판한 것도 같은 맥락이다. 김대중 정부가 1997년 외환위기 당시 '재벌개혁'을 내걸었지만 큰 성과를 보지 못했고, 노무현 정부 당시의 고환율정책이 재벌 배불리기 효과를 낳은 것도 근본적으로는 친재벌 행정의 영향이다. "고환율정책으로 외채가 급증하면서 2008년 미국발 금융위기에서 한국은 아시아 신흥 개도국 중 가장 심각한 타격을 입었다"(김태동 성균관대 교수)지만 이때에도 정부는 재벌의 편의를 봐주는 정책으로 경제위기 극복을 모색했다. 대기업의 출자총액제한제도를 폐지했고, 상호출자와 채무보증 제한 기준을 완화했다. 법인세 최고세율은 2009년 귀속분부터 25퍼센트에서 22퍼센트로 낮아졌다. 2012년에는 20퍼센트까지 추가 인하된다. 그러나 정부가 주장해온 '트

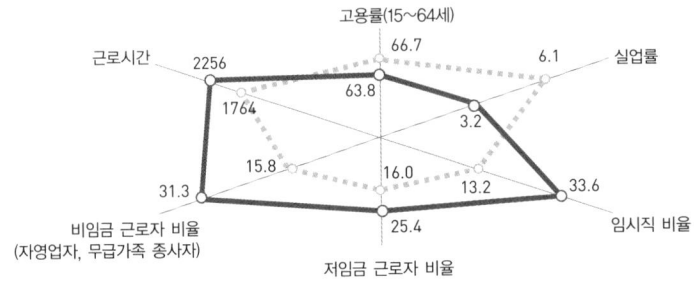

'트리클 다운' 효과(정부가 투자증대로 대기업의 성장을 촉진하면 중소기업과 소비자에게 혜택이 돌아가 총체적으로 경기를 자극하게 된다는 이론)는 나타나지 않았다. 거대한 재벌과 가난한 중소기업으로 시장의 양극화는 심화됐다. 중소기업이 일군 시장은 대기업이 자본력과 유통망을 내세워서 고스란히 뺏어가는 현실이다.

재벌이 부를 독식하면서 한국의 경제는 허약해지고 있다. "중국이 제조산업의 강력한 경쟁자로 떠오르면서 한국 경제는 재벌 의존의 경감과 나머지 경제부문의 강화가 긴급한 정책적 과제"(영국 파이낸셜타임스)라는 지적 등 한국 경제구조에 대한 경고성 기사들이 요즘 외신에서 심심찮게 나온다. 내수를 살리지 않으면 수출의존적 경제구조는 더욱 심화되고 경제는 외부 충격에 취약해진다.

복지는 질 좋은 노동시장에서 나온다

이런 상황에서 국가복지에 재정을 쏟아 붓는 것은 효과를 보기도 어려울 뿐더러, 국가 재정 자체에 심각한 부담이 될 수 있다. 금속노조 정책연구원 이상호 연구위원은 "노동시장에서의 소득 증대는 빈곤층 확대에 따른 미래의 복지지출을 줄이고 재정능력을 향상시키는 만큼, 공정한 노동소득은 지속가능한 복지국가 형성의 중요한 원천"이라고 지적한다. 복지재원을 마련하는 데 반드시 필요한 것이 세금을 꼬박꼬박 낼 수 있는 튼튼한 중산층이기 때문이다. 2명 중 1명이 비정규직이고, 4명 중 1명이 저임금을 받는 한국의 노동시장은 노동자들이 안정적으로 세금을 내기 어려운 구조다. 스웨덴이 노동시장을 아우르는 복지를 지향하는 것도 '복지국가를 유지하기 위한 재원은 좋은 일자리에서 나온다'는 인식 때문이다. 서강대 문진영 교수는 "한국은 노동시장의 구조를 바로잡지 않고 여기서 탈락해 빈곤층이 되는 이들에게 뒤늦게 복지를 제공하고 있다"면서 "이런 구조에서는 상대적으로 좋은 일자리에 종사하는 사람들이 세금을 많이 내는 반면 복지 혜택은 하층계급이 받게 되므로, 세금을 내는 주체와 받는 주체가 달라져 정치적으로 지지를 받기 어려워진다"고 지적했다.

"그러니까 생활이 유지가 안 되는 임금을 받는데 그 외의 복지를 이야기하는 건 허구죠." KT 비정규직인 박정필 씨가 담배를 비벼 끄며 말했다. "비정규직 임금이 업종에 따라 다르다고 하지만 평균이 150만 원쯤밖에 안 되잖아요. 임금이 낮고, 고용도 불안한데 복지가 다 뭡니까. 난 복지 문제의 핵심은 쥐꼬리만 한 임금 문제라고 봐요. 원청이 기본적으로 주는 비용이 너무 낮아요. 원청에서 하청으로 주는 임금을 높여야 하지 않겠습니까."

경기도에서 식료품 하청 생산공장에서 일하는 김모 씨도 비슷한 얘기를 했다. "지난 3월에 정부가 '초과이익공유제' 내놓는 거 보고 또 생색내기 하는구나 싶더라고요. '단가 후려치기'만 안 해도 하청업체들 숨통이 트이는데, 대기업이 기왕 가져간 이익을 다시 돌려받아서 누구에게 어떤 기준으로 나눠주겠다는 건지 모르겠습니다."

'공정한 단가와 공정한 임금', 시장의 개혁 논의 없이는 복지도 없다는 것이 중소기업과 비정규직 노동자들의 목소리다. 하지만 이 같은 논의가 '선(先) 노동시장, 후(後) 복지정책'과 같은 구도로 이어지는 것은 경계해야 할 필요가 있다.

오건호 사회공공연구소 연구실장은 "무상의료도 필요하고 안정된 일자리도 확보돼야 하지만, 어느 하나가 부족하다고 해서 다른 하나가 허구가 되는 것은 아니라 불완전할 뿐"이라며 "복지를 주창할수록 노동시장 개혁에도 적극적으로 나서야 하고, 노동개혁이 절실한 만큼 복지 확충에도 나서야 한다"고 말했다. 이상헌 ILO 연구조정관은 "비정규직 사용과 저임금을 통해 노동비용을 절감하는 기업들의 태도가 바람직하진 않지만 이해관계가 첨예한 두 당사자 사이에서만 답을 찾으려고 하는 게 옳은지는 의문"이라며 "노동시장정책과 복지정책을 좀 더 통합적으로 운영해 나갈 필요가 있다"고 말했다.

공정임금, 첫 출발은 최저임금 현실화
-장기적으로 동일노동 동일임금·산별 교섭 필요

일한 만큼의 소득을 기업이 노동자에게 지급하는 '공정임금'은 지속가능한 복지국가로 가기 위해 반드시 필요하다. 동일한 노동에 대해서는 동일한 임금이 차별 없이 지급돼야 하며, 저임금과 불안정한 고용으로 인해 저소득층으로 추락하는 가족들에 대한 복지비용을 기업이 국가에게 떠넘기는 것을 막아야 한다. 이상헌 국제노동기구 연구조정관은 "비정규직 사용, 저임금 지급 등을 통해 기업들이 누리는 노동비용 상의 이익을 사회복지세 등 목적세의 형태로 회수해야 한다"고 말했다.

동일노동 동일임금의 첫걸음, 최저임금 현실화

공정임금의 하한선은 최저임금이다. 특히 한국처럼 노동조합 조직률(10퍼센트)이 점점 떨어지고 있는 상황에선 법정 최저임금은 조직화되지 않은 노동자들에게 최소한의 안전망이다. 때문에 2010년 시간당 4,320원으로 사회 전체 임금수준과 비교하면 경제협력개발기구(OECD) 국가 가운데 가장 낮은 최저임금 수준을 끌어올리는 것이 필요하다.

또 최저임금도 받지 못하는 노동자의 수가 2010년 8월 기준 196만 명(11.5퍼센트)으로 추산되고 있어 고용노동부의 행정지도도 실질적으로 이뤄져야 한다. 물론 사용자단체는 최저임금 인상이 실업자가 늘어나는 것으로 이어진다고 주장한다. 하지만 국제노동기구는 2010년 발간한 「글로벌 임금 보고서」에서 이 같은 보수적 경제이론이 공격받고 있다고 소개했다. 지난 2006년에는 노벨경제학상 수상자를 포함한 미국 경제학자 650

2011년 6월 23일 광화문 광장에서 시민단체 회원들이 최저임금 인상과 반값 등록금 실현을 촉구하는 기자회견을 열고 있다.
- 경향신문 제공

명 이상이 최저임금 인상이 일자리 축소로 이어지지 않는다는 성명서를 발표하기도 했다.

현실적이면서도 가장 시급한 일은 법정 최저임금 인상이지만 장기적으로는 동일노동 동일임금 원칙의 명문화 및 실천, 기업별 교섭이 아닌 산업별 단위의 중앙 교섭 활성화를 통한 노동자 간 임금격차 줄이기 등도 적극적으로 모색해야 할 부분이다.

간접고용 규제를 통한 노동자 보호

2007년부터 시행된 비정규직보호법에 따라 사용자는 '임금 그 밖의 근로조건 등에 있어서 합리적인 이유 없이' 비정규직을 차별해서는 안 된다. 하지만 이 차별시정 제도를 통해 동일노동 동일임금 원칙이 관철되는 경우는 많지 않다. 중앙노동위원회에 따르면 2009년, 2010년 임금과 관련해 접수된 사건은 각각 73건, 184건이었고 차별이 인정된 경우는 각각 19건, 61건에 그쳤다. 민주사회를위한변호사모임 권영국 노동위원장은 "'합리적인 이유'라는 기준이 주관적, 자의적이어서 차별시정 제도의 실효성이 낮다"며 "자의적 판단을 막기 위해 동일노동 동일임금을 근로기준법에 명시할 필요가 있다"고 말했다.

산업별노조와 사용자단체 간의 협약을 통해 산별 최저임금을 법정 최저임금과는 별도로 정하는 것도 중요하다. 독일은 법정 최저임금제도가 없지만 산별교섭으로 정해진 임금 하한선이 최저임금의 역할을 하고 있다. 한국에서는 이를 위해 산별교섭이 뿌리를 내리도록 법·제도를 개선해야 한다.

금속노조 법률원 송영섭 법률원장은 "초기업단위노조(산업·지역·업종별)가 단체교섭을 요구하면 사용자들은 단체를 구성해 이 요구에 응하도록 하는 조항을 신설해 산별교섭을 제도화, 안정화할 필요가 있다"고 말했다. 현재 현대·기아차, GM대우 등 완성차 4개사는 금속노조의 중앙교섭에 응하지 않고 있는 상태다.

또 중앙교섭에서 산별 최저임금을 정하고 사업장에 노조가 없더라도 이 최저임금의 적용을 받을 수 있도록 노조법(36조)에 규정된 단체협약 효력 확장의 요건을 완화하는 것도 조직되지 않은 노동자의 저임금을 끌어올리는 방법이 될 수 있다. 현행 노조법은 '하나의 지역에서 같은 업종의 근로자 2/3 이상이 하나의 단체협약을 적용받게 될 때' 같은 지역, 같은 업종에서 일하는 근로자에 대해서도 단체협약의 효력이 확장된다고 규정하고 있다. 송 법률원장은 "노조조직률이 낮은 한국의 현실 때문에 이 조

2011년 6월 29일 오후, 민주노총 등 한대련 소속대학생들이 세종로 거리에서 최저임금 인상과 한미 자유무역협정(FTA) 저지, 노조법 재개정을 촉구하는 범국민대회를 갖고 있다.
－경향신문 제공

항은 사실상 활용되지 못하고 있다"며 "효력 확장의 요건을 완화해 프랑스처럼 노조조직률이 낮더라도 사회협약을 통해 노조가 노동정책적인 부분에 개입할 수 있도록 해야 한다"고 말했다.

대기업, 공공부문 등의 핵심 업무에 사내하도급, 용역 등을 투입하고 있는 현실은 좋은 일자리를 가로막는 결정적인 요인이다. 특히 사내하도급은 한 사업장 내에서 일자리의 양극화를 만들어낸다. 은수미 한국노동연구원 연구위원은 2011년 2월 한국사회포럼에서 "비정규직 증가는 전 세계적인 현상이긴 하지만 한국처럼 핵심 업무에 사내하도급을 활용하는 것은 전 세계적으로도 예외적인 현상"이라고 지적했다. "외국의 유사업종 및 직종과 비교하면 비정규직을 사용한다는 점에서 유사하지만 고용 형태는 큰 차이가 있다. 한국은 사내하도급인 반면 외국은 (원청이 직접

지휘명령을 하는) 기간제나 파견을 사용한다"는 것이다.

이 같은 간접고용을 규제하기 위해서 크게 두 가지의 개혁이 이뤄져야 한다는 지적이다. 먼저 2008년 기준으로 300인 이상 대기업(54.6퍼센트)보다 사내하도급을 더 많이 활용하는 공공부문(78퍼센트)의 개혁이 필요하다. 공공부문을 평가할 때 외주화를 하지 않으면 인센티브를 주고, 공공이 조달계약을 맺을 때 간접고용 비중이 높은 기업에는 불이익을 줄 필요가 있다. 다음으로 불법파견에 해당할 경우 사용기간에 관계없이 직접고용된 것으로 간주하는 등 파견법을 손질해야 하고, 노동부가 단순한 노무도급의 경우에는 적극적인 행정지도를 통해 불법파견을 단속해야 한다.

언제까지 약자에게 더 불리한 사회안전망을?

우리에게 사회안전망이란 건강보험, 국민연금, 고용보험, 산업재해보상보험이다. 하지만 이러한 보험 역시 가진 자에게 더 많은 혜택을 주고 가지지 못한 자에게 소외를 느끼게 하는 구조이다. 시장의 논리가 복지에서도 그대로 적용되는 셈이다.

특히 건강보험을 제외하면 구멍 뚫린 사회안전망의 사각지대를 줄이는 것도 시급하다. 우리의 사회보험은 '낸 만큼 받는' 구조로 낼 여력이 없는 가난한 이들을 소외시킨다. 정규직 노동자들이 더 혜택을 받고 정작 혜택이 필요한 비정규직 노동자가 배제되는, 약자가 더 불리한 구조인 것이다. 복지서비스를 제공하는 과정에서 민간부문을 통해서 서비스를 제공하기보다는 공공부문에서 직접 서비스를 제공하도록 한다면 비용을 절감하고 시장논리로 진행도 막을 수 있을 것이다.

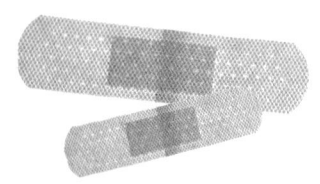

시장 논리를 넘어서 02

한국의 사회안전망은 긴강보험(건보)을 제외하면 구멍이 숭숭 뚫려 있다. 사각지대가 광범위하다는 뜻이다. 4대 보험 가운데 건보를 제외한 나머지 국민연금·고용보험·산업재해보상보험은 '낸 만큼 혜택을 받는' 구조다. 낼 여력이 없는 가난한 이들을 소외하는 '시장논리'가 우리 복지를 지배한다.

학원 강사나 보험설계사 등 많은 사람이 고용보험에 소외되어 있고 정작 필요할 때 고용보험은 효과를 발휘하지 못하고 있다. 이는 고용현장과 보험이 엇박자를 내기 때문이다. 실질적으로 고용이 안정된 정규직 노동자에게 더 유리하게 설계된 까닭에 현 고용보험은 청년실업자, 장기실업자, 영세자영업자 등에게 제도적으로 도움을 주지 못하고 있다.

보건사회연구원(보사연)에 따르면 빈곤층(경상소득 중간 값의 50퍼센트 이

하인 계층) 가운데 사회보험에 가입하지 않은 집단의 비율이 비빈곤층에 비해 2배가량 더 높다. 사회안전망이 정규직 노동자에게 더 높은 혜택을 주고 정작 혜택이 필요한 비정규직 노동자는 배제하는 방식으로 짜여 있는 것이다. 노대명 보사연 연구위원은 "현재 한국의 복지제도는 사회적 약자에게 더 불리한 제도"라며 "노동시장에서의 불평등이 복지에서의 불평등으로 이어지고 있다"고 말하고 있다.

고용보험에서 소외된 사람들
– 저소득층 연금·고용·산재보험 '사각', 국고 지원 늘려야

지난 5월 중순 대전광역시 유성구의 한 보습학원. 10년차 학원강사 김상운 씨(37·가명)가 중학교 3학년 학생들 앞에서 교재를 펴고 질문을 던졌다.

"'인간다운 삶을 보장하고 삶의 질을 향상시키는 ○○사회를 건설해야 한다.' 여기 빈 칸에 들어갈 말은?"

정답은 복지다. "아프거나 일자리를 잃었을 때, 그리고 늙었을 때 생기는 문제를 국가가 대비해주는" 사회보장제도를 배우는 수업이었다. 김씨는 씁쓸해졌다. 사회보장제도를 가르치지만 정작 자신은 그 제도 바깥에 있는 현실이 떠올라서다.

그는 노동자가 아니라 개인사업자로 등록돼 있다. 고용보험, 산재보험에 가입할 수 없다. 사업자라고 해봐야 지금껏 가장 많이 받아 본 월급이 130만 원에 불과하다. 사교육시장을 벗어나 대학원이나 사설 아카데미에서 공부해 출판사나 평생교육원 등에 취업하고 싶다. 하지만 현실은 자기계발의 시간을 허락하지 않는다. 일을 그만 둘 경우 문자 그대로 나락으로 떨어지기 때문이다.

김씨처럼 고용보험에 가입할 수 없는 노동자는 전체 취업자 2,338만 명 가운데 40.5퍼센트(946만 명·2010년 3월 기준)나 된다. 김씨와 같은 학원교사 외에 자영업자 등도 여기에 포함된다. 빈익빈 부익부 현상이 안전망에서도 빚어지고 있는 것이다. '1인 이상 사업장의 노동자'라는 가입조건에 맞아도 급여가 적고 일자리가 불안할수록 가입비율이 낮다.

2010년 6월 기준으로 중위임금(전체 노동자를 임금 순으로 줄 세웠을 때 가운데 있는 노동자의 임금)의 133퍼센트 이상을 버는 고임금 노동자의 고용보험 가입률은 10명 중 7명(69.5퍼센트)이다. 반면 중위임금의 67퍼센트 미만인 저임금 노동자의 가입률은 10명 중 3명(33.5퍼센트)이다. 5인 미만 사업장의 노동자의 가입률도 25.7퍼센트에 그친다.

자발적 실업일 경우에는 실업급여를 받을 수 없는 등 수급조건도 까다롭다. 여기에 기존의 소득에 대비해 턱없이 낮은 급여의 액수도 문제다. 사무보조원으로 1년짜리 계약 만료를 앞두고 있는 송선화 씨(31)는 최근 자신의 실업급여를 확인해보고 깜짝 놀랐다. 월 70~80만 원에 불과했던 것이다. 그는 "이 급여를 가지고는 밤마다 식당 등에서 아르바이트를 해야 생활이 유지될 것 같다"고 말했다. 현재 실업급여 액수는 1995년 고용보험 도입 당시 하루 상한액 3만5,000원이었다. 이 액수는 2005년 4만 원으로 오른 뒤 6년째 제자리를 맴돌고 있다.

이 같은 상황이 벌어진 근본원인은 고용보험의 특성과 우리나라 노동시장 구조의 괴리에 있다. 고용보험은 노·사가 보험료를 부담하기 때문에 보험료 감당이 가능한 정규직 노동자가 다수라는 전제가 깔려 있는 제도다. 그러나 한국은 IMF 외환위기 이후 비정규직 등 고용·임금이 불안정한 노동자가 절반 이상을 차지한 상황에 처해 있다. 실제 고용상황에 맞는 고용안전망이 아닌 것이다.

때문에 저소득·불안정 노동자에겐 정부가 보험료를 지원해야 한다는 지적이 나온다. 사회공공연구소 오건호 박사는 "한계상황의 저소득 노동자·기업에 대해서는 보험료를 정부가 지원해야 한다. 이들 보험료는 낮은 편이기 때문에 큰 부담이 되지는 않을 것"이라고 말했다.

반면 임금·고용이 안정적인 정규직 노동자와 이들을 고용한 대기업들의 부담을 더 늘려야 한다는 지적도 나온다. '새로운사회를여는연구원'의 이상동 경제연구센터장은 "우리나라의 고용보험료율은 세계에서 가장 낮은 편"이라면서 "누진세와 마찬가지로 소득이 안정적인 계층에게 소득 대비 보험료 비율을 높여야 한다"고 말했다.

이와 더불어 청년실업자, 장기실업자, 영세자영업자 등 제도적으로 고용보험의 도움을 받을 수 없는 이들에 대해서는 일정한 생활이 가능하도록 현금을 지급하는 '실업부조' 제도를 도입해야 한다는 목소리도 나온다.

노인을 위한 나라는 없는가?

김모 씨(51)은 21년 전 남편과 사별하고 딸을 홀로 키워왔다. 국민연금 보험료를 제대로 내본 기억이 없다. 그러니 연금수급은 포기한 지 오래다. 근근한 밥줄이던 문구점 문을 2007년 닫은 뒤 식당에서 일하고 있다. 1997년 경제위기에 이어 골목에 파고든 대형마트가 문구류까지 취급하면서다.

"노후대비라고는 계속 일할 정도의 건강을 유지하는 것뿐이에요. 지난해 11월 딸애가 대형서점에 취직하면서 피부양자로 등록돼서 건강보험료 부담은 덜긴 했는데……, 아직은 연금을 낼 형편까지는 못돼요."

국민연금이 만 27세 이상에게 의무적으로 적용된 것은 12년째다. 2010년 말 기준으로 국민연금 가입자는 1,923만 명에 달했다. 60세가 돼 연금을 타기 시작한 수급자기 300만 명을 돌파했다. 국민연금공단은 "국민연금이 베이비부머 세대의 노후 소득원으로 자리매김하기 시작했다"고 의미를 부여한다.

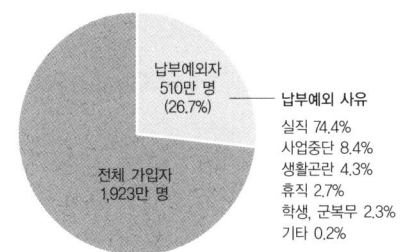

자료: 이낙연 의원실·국민공단(2010년 말 기준).

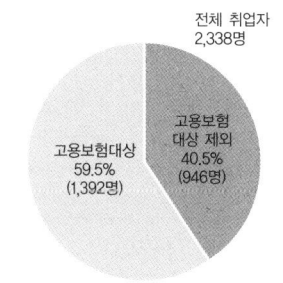

자료: 통계청, 김성식 의원실 재구성.

하지만 속내를 살펴보면 이 같은 평가는 무색해진다. 2010년 말 기준으로 전체 가입자의 24퍼센트에 달하는 462만 명이 보험료를 납부하지 못하고 있다. 실직과 사업 중단, 그리고 생활 곤란이 이유였다. 납부기간이 10년이 넘지 않으면 연금수급자 혜택에서 제외된다. 고용·임금이 불안정한 이들은 수급망 바깥으로 밀리기 쉽다.

고용주가 보험료 절반을 부담하는 직장가입자 등록비율이 정규직 노동자의 경우 78.4퍼센트였다. 하지만 비정규직은 38.1퍼센트에 불과했다(2010년 8월 기준).

나머지 대다수는 영세자영업자처럼 보험료를 홀로 부담하는 지역가입자가 된다. 하지만 이들은 임금·소득이 불안정한 만큼 보험료 납입을 꺼린다. 2011년 2월 국민연금 지역가입자 863만 명 가운데 71.2퍼센트가 보험료를 낼 수 없다고 신고했거나 체납했다.

가난한 이들이 보험료를 꼬박꼬박 낸다 해도 국민연금이 노후안전망 역할을 제대로 하는 것도 아니다.

엄모 씨는 서울 청계천 부근의 한 건물에서 매일 밤 네 시간씩 경비원으로 일한다. 그가 1년 전 이곳에 취업하면서 4대 보험의 적용을 받게 됐다. 하지만 "사회안전망에 들어왔다는 생각은 들지 않는다"고 말했다.

"지금 내는 국민연금 보험료가 1만8,000원인데 나중에 받아야 얼마나 받겠습니까?"

이 같은 상황은 국민연금의 보험료율이 워낙 낮은 데서 기인한다. 김연명 중앙대 교수(사회복지학)의 계산을 보자. 한국의 국민연금 구조에서는 평균소득을 버는 노동자가 20년 동안 보험료를 낼 경우 나중에 받을 연금액이 1인가구 최저생계비에 못 미치거나 약간 넘는 수준이다. 때문에 장기적으로는 보험료율을 올리되 저소득층에게는 정부가 보험료를 지원해 이들을 '노후안전망'으로 끌어들여야 한다는 지적이 나온다.

김연명 교수는 "안정된 사람들만의 노후를 챙겨주는 국민연금의 한계를 극복하기 위해서는 노인빈곤 방지를 위한 기초연금제도의 도입이 불가피하다"고 말했다. 2007년부터 한시적으로 도입된 기초노령연금의 지급액 규모를 키워서 기초연금제도로 변환할 필요가 있다는 것이다.

연세대 양재진 교수(행정학)도 "국민연금의 층을 두 개로 만들어 1층은 저소득 가입자를 위한 기초보장연금으로 만들고, 중산층 이상에게는 낸 만큼 받아가는 소득비례연금을 얹어주는 형태가 돼야 한다"고 말했다.

현재 기초노령연금은 최대 월 8만 원까지만 지급돼 "용돈연금"이라 불리는 신세다. 이를 최소한의 생활이 가능하도록 두껍게 만들어야 한다는 지적인 셈이다. 이를 위해서는 국가의 보조 확대가 절실하고 현재 쌓아놓은 연기금을 활용하는 방안도 제시된다.

그러나 정부는 이처럼 노후안전망을 강화하는 데 대해 소극적이다. 사각지대 해소에 힘쓰는 대신 "(연기금의) 운용수익률을 1퍼센트 포인트 높이면 기금 소진시기를 9년 늦출 수 있다"(전광우 이사장)는 등 투자수익만을 강조한다. 사회안전망으로서의 연금제도에 대한 고민이 보이지 않는 것이다.

의료복지에 소외된 사람들
– 건강보험 보장성, 국공립 병원 비중 늘려 공공성 살려야

시장논리가 지배하는 대표적인 복지부문 가운데 하나가 의료 분야다. 정부는 값싸고 질 좋은 의료서비스를 제공함으로써 시장에 표준을 세우는 '공공성'을 사실상 방치한 상태다. 그 사이 이윤을 중시하는 민간부문이 비대해졌다.

의료부문뿐만이 아니다. 정부는 보육, 주택 등 대부분의 복지부문에서도 공공서비스를 직접 공급하지 않는다. 오히려 민간시장에 맡김으로써 정부의 재정부담을 최소화해 왔다.

민간부문은 과당경쟁 속에 빠져 있다. 경쟁이 치열해져도 가격을 내리기는커녕 이윤 극대화를 위해 비싼 서비스를 내놓고 있다. 그 부담은 고스란히 환자와 가족의 몫이다. 의료시장의 문제를 통해 복지서비스 전달체계의 공공성을 살리는 방안에 대해 살펴보자.

비인간적인 영리병원의 횡포

인천 부평구 ㅅ병원 로비는 4성급 호텔에 버금간다. 반질반질한 대리석 바닥에는 조각상과 잘 가꾼 조경수들이 비친다. 그러나 인천 계양구에 사는 장안석 씨(31)는 불만을 쏟아낸다.

"호텔처럼 지으면 뭐합니까. 환자를 현금인출기쯤으로 여기는데요."

장씨는 올해 2월 어머니의 척추협착증 및 추간판 탈출증, 속칭 허리디스크 수술 때문에 이 병원을 찾았다. 척추뼈를 깎고 그 자리에 2개의 핀을 박는 수술은 무사히 끝났다. 2주 뒤 어머니는 퇴원했다. 진료비는 약 775만 원. 이 가운데 건강보험공단이 부담하는 몫을 제하고 환자부담금으로 355만 원이 청구됐다. 예상을 넘는 비용이었다.

그는 어머니가 퇴원할 때 병원 측에 세부 내역서를 보여 달라고 했다. 하지만 병원 측은 "휴일이라 공개할 수 없다"고 고집했다. 승강이 끝에 원무팀에서 확인한 결과 장씨가 내야 할 병원비 중 건강보험이 적용되지 않는 진료비용은 약 243만 원이었다. 이 가운데 큰 비중을 차지한 것이 99만 원짜리 뼈 접착제였다.

"건강보험이 적용되지 않는 비싼 제품이면 환자에게 미리 알렸어야 하는 것 아닌가요. 그런데 한마디도 없었어요."

게다가 진찰·수술이 아닌 C형 간염검사, 백혈구 수치 검사 등 이른바 '진료지원과목'도 건강보험이 적용되지 않는 선택진료(비급여 진료)로 분류돼 있었다. 환자의 뜻과 무관하게 건강보험이 적용되지 않는 비급여 진료를 늘리는 것은 진료비를 부풀리기 위한 오랜 수법 중 하나다. 보건복지부에 따르면 2007부터 2009년까지 전국 500병상 이상 의료기관 86곳의 비급여 진료비는 2조6,744억 원에 이르렀다.

비급여 진료를 확대하기 위한 병원의 수법도 다양하다. 병원 의사의 상당수를 선택진료의사로 채운다. 또 환자에게 통보하지 않은 채 비급여 약재를 쓴다. 자기공명영상(MRI) 등 비급여 검사를 남발하는 것은 물론이다. 현직의사 송윤희 씨의 고발 다큐멘터리 〈하얀정글〉에 출연한 의사들은 "레지던트가 MRI를 지시하면 월급에서 얼마를 더 준다. 어느 순간부터 MRI 건수가 늘어나고 있다"고 고백한다.

병원들이 이처럼 대대적으로 돈벌이에 나서는 이유는 무엇일까? 대형 병원들의 과잉경쟁에서 그 답을 찾을 수 있다. 경제가 성장하고 고령화가 진행되면서 의료시장은 급팽창했다. 현대아산병원(1987년)과 삼성의료원(1993년) 등 초대형병원까지 등장했다.

병원이 수익을 창출하는 방식은 두 가지다. 건강보험이 적용되는 진료의 경우 건강보험심사평가원의 진료비 심사를 거치지만 이 과정이 헐거워 과잉진료를 막기 힘들다는 지적이 꾸준히 제기돼 왔다. 비급여진료는 아예 심사과정이 없기 때문에 병원이 자체적으로 늘릴 수 있다.

그 결과 현재 우리나라 병원은 급여·비급여를 아우른 전체 진료가 과잉이다. 한국의 입원일수는 경제협력개발기구(OECD) 평균치의 약 2배인 13.6일(2008년)이다. 세계 최고 수준이다.

결국 가족들은 건보재정 악화로 인상되는 건강보험료를 내고도 비싼 병원비를 추가로 부담하게 되는 것이다. 이 때문에 병원이 과잉진료를 하지 않도록 정부가 통제해 공공성을 살려야 한다는 지적이 나온다. 어떻게 할 수 있을까? 공공병원인 일산병원이 그 가능성을 보여준다.

모두를 위한 공공병원의 가능성

박홍서 씨(56)는 지난달 일산병원에서 허리디스크 수술을 받았다. 앞서 소개한 장씨의 어머니처럼 허리에 핀을 두 개 삽입하고 2주 뒤에 퇴원했다. 그러나 병원에 대한 만족도는 박씨가 장씨보다 높았다.

"진료를 남발하지 않는다는 느낌을 받았어요. 수술도 바로 하라고 하기보다는 조금 더 지켜보면서 결정하자고 하기에 믿음이 갔고요. 수술 직후 아프다고 의료진에게 말했더니 일시적으로 아픈 것은 당연하다면서 '진통제 처방이 가능하지만 꼭 맞아야 하는 것은 아니다'라고 하더라고요. 일단 참아봤는데 정말 좋아지더군요."

박씨는 병원비 약 625만 원 중 257만 원을 자신이 부담했다. 이 가운데 건강보험이 적용되지 않는 진료비(비급여 항목)는 157만 원이다. 장씨보다 100만 원가량 부담이 적은 셈이다.

환자의 상태가 저마다 다르기 때문에 단순비교는 어려울 수 있다. 그러나 장씨와 박씨의 비급여 항목 부담률의 차이는 주목할 만하다. 장씨는 전체 진료비의 약 31퍼센트인 반면 박씨는 약 25퍼센트에 그쳤다.

두 사람 모두 주진료는 특정의사를 선택하는 비급여 진료를 택했다. 하지만 장씨의 경우에는 각종 검사비·치료재 비용 등이 병원의 사전통보 없이 비급여 진료비로 추가 청구됐고 그 액수는 약 100만 원이었다. 서비스의 질에서도 차이가 난다. 개인병원인 ㅅ병원에서는 고가 병실인 4인 병실이 일산병원에서는 건강보험이 70퍼센트까지 적용되는 기본 병실이다. 일산병원은 건강보험공단이 만든 공공병원이다.

결국 공공병원이 영리병원과 달리 과도한 수익을 추구하지 않기에 할 수 있었던 일이다. 2011년 5월 현재 일산병원에서는 건강

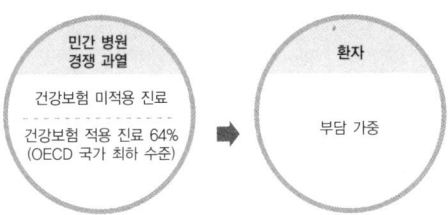

진료비 비교		인천 ㅅ병원(민간) 장안석 씨 어머니	일산병원(공공) 박홍서 씨
건강보험공단 부담		420만 원 (54.3%)	368만 원 (59.1%)
환자 본인 부담금	건강보험 적용 진료 중 본인분담금	111만 원 (14.3%)	100만 원 (15.9%)
	비급여 진료 (건보 미적용)	244만 원 (31.4%)	157만 원 (25.0%)
	환자 본인부담 총액	355만 원 (45.7%)	257만 원 (40.9%)
총진료비		775만 원(100%)	625만 원(100%)

보험 보장성을 높이는 제도도 시범 실시하고 있다. 76개 질병에 한해 원래 비급여(건강보험적용 제외) 처리되던 10만 원 미만의 진료·치료재에 대해 건강보험을 적용하는 것이다. 제한적으로나마 도입한 이 제도에 대해 박씨는 "실제 일반 병원보다 수술비가 적었고 진료를 남발하지 않는다는 느낌을 받았다"고 말했다. 공공병원이 건강보험의 보장성을 높인 결과 환자의 부담을 덜 수 있었던 것이다.

공공병원의 존재는 민간 병원업계에 과잉진료 없는 표준 모델을 제시한다는 차원에서 의미가 있다. 이 때문에 "공공병원이 30퍼센트는 있어야 민간 의료시장에 대한 의미 있는 견제가 가능하다"(이상이 제주대 교수)는 지적이 나온다. OECD 국가 중 공공병원의 비중은 한국이 8.8퍼센트

로 꼴찌다. 공공병상 비율도 전체 병상의 11퍼센트 수준이다. 90퍼센트에 이르는 유럽 국가들에 비해 한참 못 미치는 수준인 것이다. 일본도 한국의 3배 수준이다.

우리나라는 그동안 왜 공공병원에 무관심했을까? 서울대 김윤 교수(의료관리학)는 "미국식 사고방식을 지닌 엘리트들 때문"이라고 말한다. "엘리트들은 가난한 사람이나 행려병자를 책임지는 것까지만 정부의 역할이라고 보는 겁니다. 국가가 적극적으로 의료서비스를 제공해야 한다는 것까지에는 생각이 미치지 못한 거지요."

공공병원을 통한 민간 의료시장 통제를 포기한 사이 한국에서는 영리병원 간 경쟁이 극심해졌다. 2004년부터 2009년까지 종합병원은 283곳에서 311곳으로 급증했다. 병원도 967곳에서 1,880곳으로 2배 가까이 늘었다. 한국의 1인당 병상수는 인구 1,000명당 9.3개(2007년 현재)다. OECD 평균치(5.4개)를 뛰어넘는다.

한 대학병원 관계자는 "2000년대 중반부터 수익 창출 요구가 너무 심해져 양심적인 진료를 하는 의사들은 못 버티고 떠나기도 했다"고 당시 분위기를 전했다. 일반적으로 경쟁이 심해지면 가격이 낮아지지만 의료시장에서는 그 반대의 현상이 빚어졌다. "고가의 수술과 진료 항목을 개발하고 환자를 불안하게 만들어서 끊임없이 새로운 수요를 창출"(김윤 교수)하는 것이다.

이 때문에 일산병원처럼 값싸고 질 좋은 서비스를 제공하는 공공병원을 늘리는 것뿐 아니라 의료시장의 구조조정도 함께 진행돼야 한다는 지적이 나온다. 서울대 의대 이진석 교수는 "광역 지역단위로 병상수의 총량을 정하고 이 수준이 유지되도록 중앙정부가 병원에 개입해야 한다"고

뇌성마비 장애아동들이 2011년 5월 31일 경기도 고양시 일산병원 재활치료센터에서 수중재활치료를 받고 있다. 민간병원에서는 환자 1인당 30분씩 전담해 치료하는 재활치료가 수익이 되지 않아 많은 인력을 투입하지 않고 입원기간도 제한하지만, 일산병원 등 공공병원은 수익 위주의 구조가 아니기 때문에 충분한 기간 동안 치료를 받을 수 있다. - 경향신문 | 이상훈 선임기자

말한다. 더불어 가족들이 부담을 덜 수 있도록 건강보험이 적용되는 진료 영역을 늘려야 한다는 지적도 나온다.

2010년 건강보험료를 시민 1인당 평균 1만1,000원씩 더 내자는 '건강보험 하나로' 시민운동이 나타난 것은 이 같은 맥락이다. 건강보험의 재원은 시민·기업(직장가입자)·국고로 이뤄져 있다. 따라서 시민이 1만1,000원씩 더 내면 기업과 국가도 유사한 부담을 질 수밖에 없다. 그럴 경우 보장성 강화를 위한 금액 12조4,000억 원을 모을 수 있다는 것이다.

의료시장의 공공성을 살리는 이 같은 방안은 민간이 복지서비스 공급을 맡고 있는 다른 영역에서도 적용될 수 있다. 민간 어린이집이 95퍼센트 이상을 차지하고 있는 보육서비스가 대표적이다. 정부는 소득 70퍼센트 이하의 가정에 보육시설 이용료를 지원하고 있다. 하지만 민간 어린이집은 특기적성비를 마구 늘리는 방식으로 수익을 내고 있다. 마치 병원이 비급여 진료를 늘리는 것과 똑같은 행태를 보이고 있는 것이다.

중산층에게 보편복지가 필요한 이유?

지난 10년간 예산을 늘려 복지에 투자하고 있지만 많은 부분 체감하지 못하는 까닭은 보편적 복지가 아닌 선택적 복지이기 때문이다. 복지에 투자하는 예산이 적다 보니 선택적 복지를 하게 되고 세금을 내면서도 복지 혜택을 받지 못하는 중산층은 복지에서 소외당하고 있다.

많은 중산층에게는 주택 문제, 등록금 문제, 사교육 문제에 대한 불만이 쌓여가고 있는데 자신이 낸 세금으로 어떤 복지도 받지 못하고 있으니 복지를 위해 세금을 확대하자고 한다면 반대하지 않을 수 있겠는가? 이제라도 선택적 복지가 아닌 보편적 복지로 시스템을 정비하여 모든 국민이 느낄 수 있게 해서 자신이 낸 세금에서 보람을 찾게 해야 한다.

체감되는 복지를 만들자 03

우리나라는 지난 10년간 꾸준히 복지예산을 늘려왔다. 그럼에도 사람들은 복지를 쉬이 체감하지 못한다. 중산층까지 복지서비스가 보편화한 복지국가들과 달리 우리나라는 저소득층을 선별해 복지를 제공한다. 복지재정이 적고 인력도 부족해서다. 하지만 선별하는 과정에서 행정력은 낭비된다. 또 복지 혜택이 기초수급자에 쏠리면서 단 1원이라도 수급자격에서 벗어나면 각종 지원이 줄어든다. 2006년부터 5년간 서울 강북지역의 한 주민센터에서 사회복지담당 공무원으로 일해 온 이희경 씨(29·가명)의 하루를 재구성해봤다.

어느 공무원의 하루
– 턱없이 부족한 예산, 인력, 수급자 걸러내기도 바빠

오전 9시

오늘도 어김없이 현장방문으로 시작한다. 기초생활수급자, 차상위계층, 저소득·한부모가정 등 380가구 680명이 나의 담당이다. 이 날은 출근하자마자 주민신고를 받고 ○○동 연립빌라를 찾아갔다. 현관문을 열자 썩는 냄새가 코를 찔렀다. 먹다가 만 자장면 찌꺼기와 스티로폼 그릇 등 쓰레기가 문 입구에 허리 높이까지 쌓여 있었다. 빨지 않은 옷가지들이 흐트러진 방 안쪽에 병색이 짙은 유모 씨(60)가 앙상한 팔다리가 드러나는 잠옷 차림으로 누워 있었다.

"할아버지, 아드님은 출근하셨어요?"

유씨는 알콜중독자다. 그의 폭력에 견디지 못한 아내와 딸은 가출하고, 아들 혼자 그를 부양한다. 형편이 몹시 어렵지만 함께 사는 아들이 있는 터라 기초생활수급에서 제외돼 있다. 연락처 리스트를 확인해 아들과 딸에게 번갈아 전화를 걸어 유씨의 입원을 권유했다. 이 이상 내가 할 수 있는 일은 없다.

보통은 미리 약속하고 담당 가구를 방문한다. 이날은 혼자 사는 김씨 할아버지(79)를 오랜만에 찾아갔다. 안부를 물으니 "허리? 괜찮아, 다 나았어"라면서도 얼굴을 찌푸렸다. 지난 겨울에 허리를 다친 김 할아버지는 거동이 불편하다. 골목을 청소하고 일당 2만1,000원, 주 4회씩 월 33만 원을 받는 특별취로 일도 한동안 할 수 없었다. 일할 능력이 없는 사람을 대상으로 하는 특별구호 사업이 있으니 무리하지 마시라고 했다. 하

지만 할아버지는 "몸이 다 나았다"며 거절했다. 특별구호 급여는 특별취로의 절반 정도인 월 19만 원에 그친다. 김씨 할아버지는 연락이 끊겼다지만 부양의무를 지는 아들이 있다. 그러니 기초생활수급 대상자가 아니다. 특별취로로 버는 돈이 곧 그의 밥이자 반찬이다.

사회복지담당 공무원이 현장방문에서 처음 만나는 주민에게 묻는 질문이 있다. 가족관계와 근로능력 여부다. 가난한 이들이 복지 혜택을 받으려면 이 두 가지를 증명해야 한다. 몸이 아파 일할 수 없는 이들은 병원비 부담까지 겹치니 상황이 더 나쁘다. 하지만 혜택은 더 적다. 근로능력이 없다는 점 때문이다. 김 할아버지처럼 아픈 몸을 이끌고서 억지로라도 일을 한다.

한 집마다 상담시간은 30여 분. 세 집을 방문하고 나니 오전이 훌쩍 지나간다. 380가구를 혼자 담당하다 보니 아무리 애써도 한 달에 40가구 이상 방문하기가 어렵다. 내가 일하는 주민센터는 복지담당 인력이 단 3명이다. 저소득층, 여성·장애인, 노인 등을 나눠서 일해야 한다. 대체로 한 사람이 300~400명을 맡는다.

사회복지 담당 공무원들에게 가장 두려운 일이 있다. 바로 자신이 맡은 지역이 〈긴급출동 SOS〉와 같은 고발 프로그램에 나오는 것이다. 동 전체가 발칵 뒤집힌다. 담당자는 "대체 공무원은 뭐하고 있었나"라는 비난을 뒤집어쓴다. 방송에 소개된 이들에게는 온갖 지원이 쏟아진다. 하지만 근본적인 대책은 없다. 수급자 기준도, 담당 인력도, 특별구호 지원액도 거의 달라지지 않는다.

주민센터로 돌아오는 길, 김씨 할아버지가 혜택을 볼 수 있는 의료지원 제도를 찾아봐야겠다는 생각을 하는 와중에 미처 가보지 못한 동네가 멀리 보인다. 내가 맡은 지역에서 '기초생활수급대상 노인, 자택서 홀로 숨진 채 발견' 같은 기사가 나올까 걱정이 된다.

오후 1시

점심을 먹고 나면 가장 바쁜 시간이다. 아침의 현장방문 결과도 정리하고, 다음 방문 계획도 세워야 한다. 그러나 일단 주민센터까지 찾아오는 민원인들을 상담하는 것이 최우선이다. 30대의 한 가정주부가 "아이들 보육비 지원을 받을 수 있을까 해서 왔다"며 문을 열고 들어왔다. 나는 필요한 서류를 알려준다.

"보육비 지원은 소득인정액으로 심사를 받아서 결정되고요, 여기 소득신고서를 작성해주세요. 그리고 전·월세 계약서도 제출하시면 구청에서 지원대상 여부를 심사해 알려드릴 거예요."

하지만 지원 총액 자체가 적어서 가난한 순서대로 배분할 수밖에 없다. 그러니 기초생활수급대상자에게 우선으로 돌아간다. 민원인이 칸을 채워 내민 서류를 보니 자기 소유의 집에 거주하고 있다. 나는 "자가 주택이 있어서 선정되지 않으실 것 같다"며 "다음에 또 좋은 제도가 생기면 연락드리겠다. 죄송하다"고 민원인을 돌려보낸다. 민원인은 실망의 기색이 역력하다. "저는 늘 다음이네요. 지금 살고 있는 집값은 얼마 되지도 않는데요. 요즘 서울에 전셋값 1억 원이 넘는 집이 허다하잖아요."

하루에도 몇 번씩 이런 실망하는 얼굴을 본다. 그들에게 복지는 남의 일이 되기 쉽다. 복지예산이 쥐꼬리만 하다 보니 혜택을 받는 사람들은 제한되고, 그러다 보니 자산조사에 집착한다. 때때로 내가 사회복지공무원인지, 자산조사요원인지 헷갈린다.

오후 3시

민원상담 틈틈이 자산조사 업무를 병행한다. 전산망에 들어가면 해당 인의 세금·보험료 납부 내역 등을 파악할 수 있다. 자산조사는 구청이 주로 담당한다. 하지만 아무래도 민원을 직접 담당하는 쪽은 우리다 보니 세세한 부분은 동이 맡는다.

자료를 살펴보던 중 저소득·한부모가정 지원을 받던 이씨(45)가 더 이상 혜택을 받지 못하게 됐다는 사실을 발견했다. 이씨는 수년 전 남편의 폭력을 피해 중학생과 고등학생인 두 아들을 데리고 여성쉼터로 피신한 사람이다. 그런 그가 쉼터의 지원으로 얼마 전 일자리를 구했다. 전화 신호음 끝에 이씨가 전화를 받는다.

"이번에 취업을 하셔서 저소득—한부모 대상기준(소득인정액 기준 최저생계비 130퍼센트 이하)을 넘으실 거 같아서 확인하려고 전화 드렸어요." 이씨의 떨리는 목소리가 수화기 너머로 들려온다.

"네……. 맞긴 맞는데요……."

기껏해야 2~3만 원 차이였다. 그것 때문에 이씨는 그동안 지원받던 50여만 원가량의 아이들 교육비를 더 이상 받을 수 없게 됐다.

"큰 애가 고등학교 졸업할 때까지만이라도 안될까요?"

"죄송합니다."

"찾아가서 직접 얘기하면 어떻게 안될까요? 지금 이 월급으로는 도저히……."

"다음에 좋은 제도 있으면 알려 드릴게요. 정말 죄송합니다."

수화기를 내려놓고 양 손으로 잠시 얼굴을 비빈다. 이씨의 울먹이던 목소리가 가슴에 박혔다. 가난한 이들에게 제공되는 복지는 흔히 자활의지를 강조한다. 열심히 일해서 기초생활수급자 신세를 벗어나라고 한다. '희망키움통장'같이 수급에서 벗어나면 저축액만큼 지원하는 제도도 있다. 그러나 대부분의 복지가 수급계층에게 집중되는 상황에 탈수급은 되레 복지를 박탈당하는 절망이 되곤 한다.

저녁 7시 30분

저녁을 먹고 다시 자리에 앉았다. 민원인들을 상대하느라 근무시간에 해결하지 못한 시청과 구청의 공문을 처리하고 오전 현장방문 결과를 정리한다. 구청에서 하는 불우이웃돕기 성금 모집은 목표액의 절반 밖에 달성하지 못했다. 내일은 현장방문 후에 이 일도 해야겠다. 책상에는 중앙부처가 내려 보낸 복지사업 서류가 한 뭉치 쌓여 있다. 때때로 담당공무원이 숙지하기도 전에 보도자료부터 나온다. 현장에서의 목소리가 반영되는 방법은 없는 것일까?

저녁 9시, 일과를 끝내고 책상 서랍을 열었다. '덕분에 수급혜택을 받게 돼 고맙다'며 주민이 보내온 연하장이 보인다. 교육비 지원을 받도록 도와드린 50대 아주머니는 '덕분에 아들이 대학 갔다'며 기뻐했다. 기초노령연금을 연결해드린 한 할머니는 이사 가실 때 '그동안 고마웠다'며 직접 뜬 목도리를 가지고 오셨다.

하지만 이렇게 도울 수 있는 사람은 소수다. 대다수는 복지 혜택을 받으려면 가족관계, 근로능력, 수급기준 등을 넘어서야 하고 나는 최일선에서 '걸러내기' 행정에 동참하는 일이 많다. 이제는 한계를 느낀다. 주민들이 만족하는 복지는 언제쯤 구현될까?

공무원 숫자로 본 복지
― 복지공무원 수 1만 명당 2명. OECD 평균은 한국의 60배

복지 전달체계가 제대로 작동하지 않는 데에는 부족한 공무원 숫자도 이유로 꼽힌다. 2010년 기준으로 한국의 복지공무원 수는 1만496명이다. 인구 1,000명당 0.22명에 해당한다. 경제협력개발기구(OECD) 국가들은 인구 1,000명당 평균 12.24명(국제노동기구 조사결과·2004년)의 복지공무원을 두고 있다. 우리나라의 약 60배다.

반면 업무는 폭발적으로 늘고 있다. 기초생활보장제도 등 공공부조와 각 사회복지서비스를 제공받는 대상자는 2006년 395만 명에서 2010년에는 1,017만 명으로 157퍼센트 증가했다. 각 지방자치단체의 복지재정은 같은 기간 동안 15.3조 원에서 26.5조 원으로 71.8퍼센트 증가했다. 복지사업의 수도 같은 기간 58.2퍼센트 늘었다.

하지만 정부는 복지공무원을 확충하지 않는다. 정부는 2006년부터 2년간 1,830명의 복지공무원을 충원해 각 지방자치단체에 내려 보냈다. 이후 대규모 충원은 없었다. 2007년에서 2010년까지 전국적으로 고작 617명 늘었다.

지난 2009년 서울 양천구 복지공무원이 보조금 26억 원을 횡령한 사건이 발생한 것도 이런 구조적인 문제 때문이라는 것이다. 사회공공연구소 제갈현숙 연구위원은 "공무원 1명이 모든 복지업무를 전담하는 구조에서는 제대로 된 감시와 감독기능을 할 수 없다"고 지적한다. 사건 이후 정부는 사회복지통합관리망을 구축해 복지대상자의 소득·재산을 전산관리하고 있다. 하지만 현장에서 필요한 인력충원은 없었다.

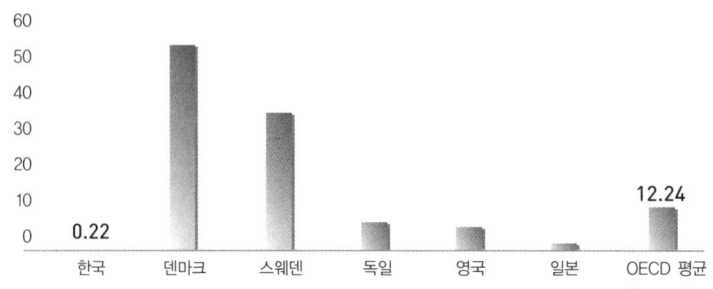

자료: 국제노동기구(ILO), 2004.

중산층에게 보편복지가 필요한 이유
― 중산층은 세금 내도 혜택 소외, '증세로 복지확대'엔 반감

국가복지를 필요로 하면서도 가장 체감하기 힘든 계층이 한국의 중산층 가족이다. 주택비용과 등록금, 치솟는 사교육비용을 감당하느라 허리가 휜다. 하지만 복지재정과 제도가 모두 미비한 한국에서 중산층까지 포괄하는 국가복지정책은 가뭄에 콩 나듯 한다. 세금을 내면서도 복지에서 소외되는 경험은 '사회적 연대'로 이어지기 쉽지 않다. 중산층이 필요로 하는 보편적 복지를 제공할 때에 복지국가에 대한 사회의 지지는 확대된다.

경기도 군포시에 사는 서주희 씨(33·가명)는 전업주부다. 각종 세금을 떼고 300만 원 선인 회사원 남편의 월급으로 7살과 4살인 두 딸을 키운다. 아파트값의 절반에 달하는 주택담보대출금 1억6,000만 원의 대출이자와 생명보험료를 내면 "저축 한 푼" 못하는 생활의 연속이다. 지난 3월

형편이 비슷한 친구의 말에 울컥했다.

"큰 애는 이용료가 저렴한 구립유치원에 보내고, 작은 아이는 정부보육료 지원을 받게 돼 적금을 붓고 있어."

그는 성실 납세하는 회사원의 처지를 글에 담아 '중산층의 슬픔'이라는 제목으로 인터넷에 올렸다. 공감의 댓글들이 달렸다.

"비슷한 처지네요. 유리지갑 월급쟁이들 답답합니다." "대출폭탄, 육아비, 비싼 물가에 아등바등 사는데……."

한국의 국가복지는 위기상황에 빠진 저소득층에게 복지를 선별적으로 집중 투하하는 방식으로 이뤄져왔다. 재정규모가 작고, 복지예산이 적었기 때문이었다. 중산층은 복지서비스의 대상이 아니었다. 보건복지부의 복지사업은 2006년 67개에서 2010년 106개로 늘고 중앙부처 복지사업은 2010년 6월 기준 292개에 이르고 있다. 그러나 이 가운데 보편적인 복지사업은 국가장학금·보육료지원·난임부부지원·임부철분제지급 정도에 그친다. 대부분은 국가유공자·장애인·저소득층이 대상이다.

이마저도 지원대상 선별과정에서 탈락하는 이들이 적잖다. 소득하위 70퍼센트에게 지원되는 보육료 지원제도가 대표적이다. 월소득 인정액 416만 원(3인 가족 기준)이 해당된다. 그러나 월 소득액 외에도 각종 재산과 부채를 소득으로 환산한 수치를 더해서 이 금액을 넘으면 정부지원을 받을 수 없다. 소득이 투명하게 공개되는 '월급쟁이'들의 푸념이 그래서 나온다.

"우리 집보다 형편이 나은 약사 부부가 곧 태어날 둘째아이의 보육료를 지원받게 된대요. 알고 보니 그 집은 남편 소득을 줄여서 신고했더군요."(한모 씨·37)

정부가 마련한 소득하위 70퍼센트의 기준은 각 지자체·국세청·건강보험공단이 파악 중인 소득액이 바탕이다. 하지만 고소득 자영업자들이 소득을 축소 신고해 세금을 탈루할 경우 이 기준은 왜곡된다. 국세청과 조세연구원은 "2009년 기준으로 근로자의 소득은 82퍼센트가 파악되는 반면 자영업자는 57퍼센트만 파악된다"는 자료를 냈다.

세금을 내더라도 혜택에서는 소외된다면 문제가 된다. 그런 상황이라면 복지제도가 시민사회의 연대나 지지를 받기는 쉽지 않다는 뜻이다. 예컨대 각종 영·유아 커뮤니티에서는 '보육료 지원 기준에 드는 법'에 대한 노하우가 입소문처럼 퍼지고 있다. 소득을 축소 신고하고, 아파트·토지 등 각종 재산을 명의 이전하라는 등의 편·불법 '노하우'다.

세금에 대한 부정적 인식으로도 이어진다. "세금은 내는데 돌아오는 게 없다. 결국 복지가 늘어나도 우리(중산층)만 부담 아니겠느냐"(서주희 씨)는 것이다. 하지만 보편적 복지서비스가 제한적이나마 확대되는 것은 긍정적이다. 혜택을 본 가족들이 좋은 반응을 보이고 있기 때문이다.

경기도에 거주하는 이옥인 씨(50)는 2008년 친정아버지가 중풍으로 쓰러졌다. 그런데 그 해 도입된 보편적 복지인 노인장기요양보험의 도움을 받았다. 어머니나 동서들에게 아버지의 병간호를 맡기는 대신 요양원에 모시고, 정부 지원 덕에 월 130만 원 비용 중 50만 원만 부담했다. 이씨는 "늘 추상적으로 느끼던 복지를 그때 체감했다"면서 "요양원 측과 아버지 병세를 상의할 수 있어서 좋았다"고 말했다. 1990년대 중반, 중풍을 앓는 시어머니를 모실 때에는 힘들었다. 주변에 상의할 사람이 없었기 때문이었다. 그는 "이런 제도를 확충한다면 세금을 더 내겠다"면서 "당장 우리 가족이 도움을 받게 될 것이라는 걸 알게 됐기 때문"이라고 말했다.

작년 둘째 딸을 얻은 이모 씨(37)도 국가복지에 대해 "다시 봤다"고 말한다. 이씨의 아내는 지난해 2월 둘째 아이를 출산예정일보다 6주일 일찍 분만했다. 폐가 조금 덜 자란 아기는 인큐베이터에서 지내야 했다. 치료비는 1,200만 원으로 월급이 200만 원 안팎인 그로서는 감당하기 힘든 비용이었다. 다행히 그는 2005년부터 시행중인 미숙아 의료지원제도의 도움을 받을 수 있었다. 미숙아 치료에 필요한 고액의 인큐베이터 사용료, 폐계면활성제 주사비를 건강보험공단이 모두 지불하고 나머지 의료비에 대해서도 소득수준별로 정부가 지원한다.

그가 부담한 비용은 총 20만 원에 그쳤다. 이씨는 "만약 그때 1,200만 원을 우리가 다 부담했다면 대출을 받아서 지금까지 그 빚을 갚고 있었을 것"이라고 말했다. 그는 "그 전까지는 세금이나 건강보험료에 대해 특별한 생각이 없었지만, 복지 혜택을 체험하고 나니 이런 제도를 위해서라면 건강보험료나 세금을 더 내야겠다는 생각이 들었다"고 밝혔다.

정부 지원 받지 못하는 빈곤층 복지 사각지대
― 빈곤층 70퍼센트가 기초생활보장 제외, '지원 집중'은 착시

서울 서대문구 충정로의 한 고시원에서 생활하는 정석춘 씨(47·가명)는 기초생활보호대상자(기초수급자)이다. 그가 받는 월 현금급여는 43만 원이다. 고시원비 25만 원을 내고 남는 돈이 그의 생활비다. 병원은 목디스크와 위장질환 가능성을 경고한다.

하지만 검사비나 수술비를 제외하더라도 약값과 치료비가 부담되므로

치료를 꺼린다. 교통비, 식비, 핸드폰비(신용불량자는 통신비 지원 불가)를 다 내려면 달마다 10만 원가량 부족하다. 할 수 없이 주변 사람들에게 손을 벌려야 한다. "몸이 나아지면 일거리를 찾아 자립하는 게 꿈"이다. 그러나 소득이 생기는 만큼 현금급여가 똑같이 깎인다. 그러니 단 몇만 원씩이라도 저축을 할 수 있을지 걱정이다.

공공부조는 국민에게 '최소한의 인간적 삶'을 보장하기 위한 기본적인 국가복지다. 국민기초생활보장제도가 도입된 지 11년째다. 하지만 급여는 상대적으로 낮아지고 수급조건이 까다로운 탓에 사각지대는 광범위하다.

1999년 최저생계비는 도시근로자 가구 평균소득의 40.7퍼센트 수준이었다. 그런데 2008년에는 30.9퍼센트로 떨어졌다. 정부는 2011년 1인 가구 최저생계비를 53만583원으로 발표했다. 기초수급자 급여 상한액은 43만6,044원으로 정했다. 그러나 이는 2010년 도시근로자 가구 평균소득의 40퍼센트 수준(61만7,580원)에 불과하다.

낮은 최저생계비는 기초생활보장제도의 광범위한 사각지대로 이어진다. 최저생계비가 기초수급자 대상 선정 때 소득·재산액의 평가기준이 되기 때문이다. 실제 우리나라의 빈곤층(중위소득 절반 이하)은 2009년 585만 명이다. 그러나 그 가운데 70.1퍼센트는 기초생활보장제도 바깥으로 밀려나 있다. 기준에 들어도 부양능력이 있는 직계혈족, 즉 부모나 자녀가 있다면 수급을 받을 수 없다.

보건복지부 자료를 보면 부양의무자 기준 때문에 수급자가 되지 못하는 인구가 100만 명으로 전체 빈곤인구의 17퍼센트에 달한다. 기본적으로 구성원의 부양책임을 '가족'에게 떠넘기기 때문이다. 구인회 교수(서울대 사회복지학과)는 "2차 세계대전 직후 서구와 달리 우리나라는 구성원의 부양책임이 가족을 넘어서서 국가와 사회의 책임이라는 인식은 나타나지 않고 있다"고 말한다. 그는 "부양의무자 기준 역시 대부분 나라에서는 전문가의 판단하에 탄력적으로 운영되고 있다"고 지적한다.

따지고 보면 한국의 국가복지가 빈곤층 지원에 집중된다는 것도 일종의 착시현상이다. 정부가 기초생활보장제도와 같은 기본에 충실하지 않는다는 것이다. 대신 시혜적·부수적인 복지프로그램들을 부풀린다는 것이다.

예컨대 기초수급자에게 책, 영화, 공연비를 대주는 '문화바우처' 사업이나 냉·난방기기를 저비용·고효율 제품으로 교체해주는 '저소득층 에너지효율 개선사업' 등이다. 또 각 지자체의 (노인대상) '생신상 차려드리기' 사업 등도 그 예에 포함된다. 이런 것들은 사업 자체로는 의미가 있다지만 어려운 이들의 삶을 바꾸는 데 큰 도움이 안 된다.

"교통비가 없어서 남에게 빌리고 있는데, 책이나 영화를 볼 정신적 여유가 있나요. 가끔은 구청에서 내는 신문을 보고 화가 치밀기도 합니다. 어려운 사람들을 돕고 있다는 선전뿐이더라고요. 고시원 옆방엔 말기암으로 힘겨워하는 기초수급자가 있어요. 그런데 제가 전화해서 항의하기 전까지 구청에선 한 번도 들러본 적이 없어요."

기초수급자 정석춘 씨의 항변이다.

? 빠르게 늙어가는 나라, 왜 아이를 낳지 않는가?

현재의 우리 복지는 소외된 계층 중에서도 선별된 일부에게만 제공되는 데 불과하다. 납세의 중요한 부분을 차지하는 중산층을 설득해 복지국가를 함께 세워 가려면 이들에게도 보육, 노인 돌봄 등 복지를 제공해야 한다. 현재 우리는 출산율 저하에 따른 급속한 고령화를 겪고 있다. 안심하고 아이 낳고 늙는 사회를 만들기 위해서는 하루 빨리 복지제도가 정비돼야 한다. 이 대부분의 문제를 해결하기 위해서 재정확대는 복지국가로 가기 위해 반드시 넘어야 할 산이다.

안심하고 아이 낳고 늙는 사회 04

지금껏 한국사회에서는 아이를 낳아서 기르는 것, 늙은 부모를 봉양하는 것을 가족의 몫으로 여겨왔다. 하지만 출산과 육아의 비용은 현재 가족에게 많은 부담을 주고 있다. 거기에 늙은 부모까지 봉양해야 하는 이중고에 시달리고 있다. 이제 더 이상 출산, 육아, 노인 부양을 가족에게만 책임지울 수 없는 단계에 이르렀다.

출산율 하락으로 인한 인구 감소와 급격한 고령화, 이에 따른 경제축소와 조세수입 감소 등 사회적 충격을 완화하려면 정부가 나서 국민이 안심하고 아이를 낳아 기를 수 있는 사회를 만들어야 한다. 그리고 연금만으로 생활이 불가능한 노인들, 아파도 제대로 치료받을 수 없는 빈곤한 노인들을 가족이 아닌 사회가 어떻게 부양해야 할지도 향후 빠른 시일 안에 해결해야 한다.

가까운 미래에 일본에 버금가는 초고령화 사회가 되면 해결할 문제가 아니라는 인식을 빨리 갖고 해결책을 찾아야 한다. 국민에게 납세, 국방, 교육, 근로 등 의무만 강요할 것이 아니라 국민을 보호하고 책임지는 국가의 책무를 보여줘야 한다. 말로만 출산을 장려하지 말고 출산과 육아, 교육 등에 걱정이 없는 국가시스템을 만들고 은퇴 후의 삶을 안정적으로 보낼 수 있는 국가가 될 때 국가가 책무를 다하는 것이다.

출산 장려에 앞서 시스템 정비부터

정부의 출산장려 광고를 보던 직장인 김모 씨(34)는 "1970년대도 아닌데 캠페인으로 해결하나"라며 혀를 찼다. 자녀 한 명을 낳아 기르는 데 2억6,000만 원(한국보건사회연구원)이 드는 한국사회에서 출산은 광고 카피처럼 "내 생애 최고의 작품"인 낭만적 사건이 아닌 '일상의 전쟁'이다.

"프랑스는 임신하거나 애를 낳으면 상위 15퍼센트만 빼고 가족수당을 주면서 국가가 지원한다는데, 애를 낳으면 생활수준이 저소득층으로 밀려날 판에 누가 애를 낳나요. 저도 포기했어요."

이숙진 젠더사회연구소장은 "저출산은 그 사회가 건강하지 않다는 것을 보여주는 지표"라며 "가정이 담당해온 '돌봄'을 국가가 흡수하는 것이 저출산을 극복하면서 복지국가로 나아가는 데 필수적"이라고 말한다. 문제는 '보육료 전액지원' 등이 늘어난다고 해도 현재의 우리 보육서비스 구조에서는 '밑 빠진 독'이나 마찬가지라는 점이다.

"오늘은 물류차가 평소보다 늦게 왔어요. 다 정리하고 집에 가야 하는

데 마음이 바쁘네요."

박스에 담긴 아이스크림을 냉장고로 차곡차곡 옮겨 쌓는 김가은 씨(30·가명)의 손놀림이 분주해졌다. 지난 15일 충남 천안 24시간 편의점, 시계는 오후 3시를 향해 가고 있었다. 부지런히 정리를 마치고 집에 가야 두 딸이 어린이집에서 돌아오는 시간에 맞출 수 있다.

김씨는 만 세 살과 네 살인 두 딸을 둔 엄마다. 2억 원대 아파트가 있지만 집값 대부분을 대출로 감당해, 200만 원 남짓한 남편의 월급은 빚을 갚고 생활비로 쓰면 남는 것이 없다. 두 딸을 비교적 저렴한 국공립 어린이집에 보내고 싶었지만 자리가 나지 않았다. 어쩔 수 없이 민간 어린이집을 선택할 무렵, 정부에 보육시설 이용료 신청을 했다. 다행히 두 아이 모두 100퍼센트 지원 대상에 선정돼 매달 19만 원, 27만 원가량을 받을 수 있었다.

그래서 김씨 가족은 결국 보육시설 이용료만큼은 걱정을 덜고 산다는 것이 국가가 기대하는 '이야기'일 것이다. 하지만 김씨는 어린이집 비용을 마련하기 위해 지난 3월부터 집 근처 편의점에서 아침 9시부터 오후 3시까지 아르바이트를 하고 있다.

"새 학기가 시작되는 3월에 70만 원쯤 더 내야 해서 아르바이트를 시작했어요. 학기마다 몇만 원짜리 특별활동이 계속 생겨나더라고요. 영어, 두뇌발달, 오감교육, 과학 같은 수업인데, 전체 원생이 다 들어야 한다고 하니까 돈을 안 낼 수가 없어요. 평달에는 30만 원 정도 더 내고 있고요." 김씨가 진열대의 캔커피들을 상표가 보이도록 돌려놓으며 말했다.

정부는 2011년 초 보육시설 이용 전액 지원 대상을 소득 하위 50퍼센트에서 70퍼센트로 확대하면서 "영유아 보육료가 가구당 33만5,000원(가구소득의 14.1퍼센트)에 해당하고 경제적 부담을 느끼는 가구 비율이 64.2퍼센트에 달한다"며 취지를 밝힌 바 있다. 그러나 김씨는 정부의 지원에도 불구하고 다시 매달 30여만 원의 부담을 지고 있다. 특별활동비를 빼고도 학습도구비, 미술재료비, 현장학습비, 우유값 등 추가로 내는 항목은 한 손에 꼽아지지 않는다. 매달 10일 편의점에서 40만 원을 받으면, 교회 헌금을 제외한 대부분을 다음날 어린이집으로 보낸다. 결국 정부의 지원금은 '증발'된 셈이다.

'증발된 지원금'은 어디로 흘러들어갔을까? 실마리는 서비스 공급과정에서 찾을 수 있다. 현재 정부 지원을 받는 가정은 정부로부터 받은 '아이사랑카드'로 민간보육시설 이용료를 결제한다. 하지만 이런 구조에서는 중간에 있는 보육업자들이 정부지원이 되지 않는 '기타 항목(특별활동비, 교재비 등)'을 계속 만들어내, 소비자에게 자비로 추가 결제할 것을 강요할 수 있다. 보건복지부의 「2009년 전국보육실태조사」를 보면 민간보육시설은 보육료 외에 월 평균 24만3,000원을 특별활동비로 받고 있다. 정부에서 한 해 1조9,000억 원을 들여 보육비를 지원하고 있지만, 2008년 민간보육시설 10곳 중 6곳에서 보육료를 제때 내지 못한 부모들이 있었다. 어린이집 선택은 근접성의 제약을 크게 받는데다, 학부모들은 자신의 어린이를 돌보는 어린이집의 권유를 쉽게 거절하지 못한다.

최근에는 대교, 웅진, LG와 같은 대기업까지 보육시설의 특기적성 교재개발·교사파견 등에 손을 대고 있다. 국가가 영유아 보육예산을 투자하는 사이, 영유아 보육서비스의 시장도 동시에 부풀어 오른 것이다.

시장이 아닌 국가가 가족에 맡겨진 돌봄의 영역을 직접 가져올 때 문제가 해결될 수 있다. 바로 국공립 보육시설을 확대하고 추가비용 통제를 강화하는 것이다. 하지만 정부의 대응은 소극적이다. 2009년 기준으로 국·공립 보육시설을 이용하는 영유아 비율은 10퍼센트 수준이다. 선호도가 높아 평균 대기자가 78명이 넘지만 보건복지부의 국공립 보육시설 확충계획은 지지부진하다. 최근 3년간만 봐도 2008년 102곳, 2009년 80곳, 2010년 58곳으로 매해 줄었다. 정부는 2006년 저출산대책으로 '새싹플랜'을 발표하며 "2010년까지 국·공립 보육시설을 2,700개로 늘려 이용아동대비 30퍼센트로

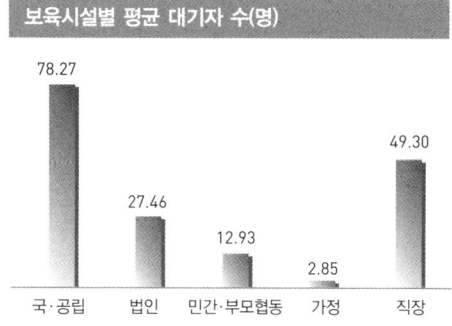

향상시키겠다"고 했지만, 2009년 새로 발표한 '아이사랑플랜'에서는 목표치를 2,119개로 낮췄다. 보건복지부 관계자는 "이를 달성하면 현재 10퍼센트 수준에서 약간 더 상향될 것"이라고 말했다. 정부는 대신 민간어린이집에 서울형, 공공형이라는 이름을 붙여 운영비를 지원해 국·공립 보육시설 수준으로 운영토록 한다는 계획이지만, 공공보육 인프라로는 한계가 있다는 지적이다.

김종해 가톨릭대 교수(사회복지학)는 "공공투자가 부족한 상태에서 보육서비스 공급 확대를 민간에 의존하면서 정부의 보육재정지출은 크게 증가했음에도 부모들의 비용부담 감소나 보육서비스 개선 효과는 낮다"면서 "보육서비스의 공공성과 사회적 책임을 강화할 수 있는 수단이 강구돼야 한다"고 지적했다.

산전·후 휴가·육아휴직, 비정규직 여성엔 그림의 떡

치과 간호사로 일하던 이모 씨(30)는 지난 해 여름 임신 사실을 병원 측에 알렸다. 그러자 병원 측은 엑스레이과로 배치했다. 이씨는 그 인사발령을 '그만두라는 말과 같은 조치'라고 판단했다. 결국 사표를 내고 말았다. 사실상 해직이었다. 산전 후 휴직급여를 받으며 출산을 준비하고 이후 복직하려던 계획은 포기할 수밖에 없었다.

"억울했죠. 임신한 환자들에게도 엑스레이는 권하지 않는데 이해할 수 없는 인사니까요. 남편 혼자 벌어서는 애를 키울 수가 없으니까 어떻게든 다시 취업을 해야겠죠. 제일 힘든 게 육아비거든요. 이전 직장에서 받던 월급이 아쉽죠."

이씨처럼 대부분의 여성 노동자는 출산으로 인한 경력 단절을 경험한다. 출산과 육아의 부담으로 여성들이 직장을 포기하거나 저임금 비정규직 일자리로 눈길을 돌린다.

정부는 보육을 저출산 대책의 중추로 삼고 예산을 적극 투입하고 있다. 하지만 일하는 여성들의 현실을 반영하지 못하면서, 소수에게 국한되는 제도가 됐다. 우리나라 여성경제활동참가율이 49.4퍼센트로 경제협력개발기구(OECD) 평균인 61.3퍼센트에 크게 못 미치는 데다, 비정규직에 여성 임금노동자의 64.9퍼센트가 몰려 있다. 여성 임금노동자 100명 중 26명은 최저임금에도 못 미치는 저임금 일자리에 종사한다.

'4대 보험 사각지대'에 있는 대다수 비정규직 여성이나 자영업자들에게 산전·후 휴가나 육아휴직 급여는 그림의 떡이다. 이들 제도는 180일 이상 연속적으로 고용보험에 가입돼 있어야 대상이 되는데, 경력이 들쭉날쭉한 비정규직 여성들은 요건을 충족하기가 쉽지 않다. 요건을 충족하더라도 노동자가 사업주에게 신청을 하도록 돼 있어, 인사상 불이익을 염려하는 여성들이 보장된 휴직 일수를 제대로 사용하지 못한다. 출산을 하더라도 절반은 육아휴직을 신청하지 않는다.

정부는 2011년 초 육아휴직급여를 기존의 월 50만 원에서 임금의 40퍼센트로 바꾸고, 최대 100만 원까지 지원한다는 육아휴직급여 확대방안을 내놓았다. 하지만 이미 제도 밖에 있는 대다수 일하는 여성들에게는 체감도가 낮을 수밖에 없다. 때문에 고용보험 적용대상 기준을 완화하고 산전후·육아휴직 사용 후 원직복직에 대한 지원책을 강화하는 방향으로 제도를 정비해야 한다는 지적이 나온다.

박승두 청주대 법대 교수는 "고용보험 적용대상에서 배제하고 있는 단시간 노동자 중 상대적으로 많은 수가 여성이므로 이에 대한 적용확대와 함께 피보험 기준(180일)을 대폭 단축해야 한다"며 "본인의 신청에 의해 휴가를 제공하기보다 강행규정으로 만들어 사업주에게 의무를 부과할 필요가 있다"고 말했다.

'젠더사회연구소' 이숙진 소장은 "사회보험 설계 자체가 여성의 노동실태를 반영하지 못하고 있기 때문에 여성의 노동시장 참여를 줄이지 않는 방식으로 설계를 다시 해야 한다"면서 "복지국가를 만드는 데 여성과 남성의 역할을 어떻게 설계할 것인지에 대한 고민이 더해져야 한다"고 말했다.

노후는 국가의 기본적 책임

지난 10일 새벽 4시, 알람이 울렸다. 심순희 씨(66·가명)는 알람을 끄고 현관문 밖으로 발걸음을 내딛었다. 15년째 앓는 관절염 때문에 다리를 절룩이는 그가 서울 서대문구 북가좌2동 주민센터 앞 버스정류장에 도착한 것은 4시 15분이었다. 동트기 전 어둑한 버스 정류장에는 매일 보는 익숙한 얼굴들이 그를 맞는다. 심씨처럼 새벽 첫 차를 타고 도심의 빌딩으로 청소일을 하러 가는 이들이다. "일찍 왔네!" 먼저 버스를 기다리고 있던 두 사람에게 심씨가 말을 건넸다. 광화문 쪽으로 출근한다는 60대 초반의 여성이 "나만 일찍 온 줄 알았네"라고 농담으로 답한다. 형광색 작업복을 입은 환경미화원들이 탄 쓰레기 수거차량이 엔진음을 내며 도로를 지나갔다. "남들 다 잘 때 일 나가는 게 싫지 않다면 거짓말이겠죠. 아침에 단잠 자는 거 마다할 사람이 있겠습니까." 심씨가 말했다.

모두 잠든 시간, 새벽 첫 버스에 노인들이 몸을 싣는다. 한평생 일하며 가족을 부양해왔지만 정작 자신의 노후생계는 준비하지 못했다. 우리나라는 국민연금이 1988년에서야 도입돼 현 노인세대는 가입하지 못했거나 짧은 기간 동안만 보험료를 냈다. 때문에 은퇴 뒤 충분한 소득보장을 받을 수가 없다. 65세 이상 노인 가운데 45퍼센트가 상대적 빈곤에 빠진 배경이다. 한국은 경제협력개발기구(OECD) 회원국 가운데 노인빈곤율(45.1퍼센트)이 가장 높다. OECD 평균치(13.3퍼센트)의 3배 이상이다. 특히 노인빈곤율이 전체 인구 빈곤율에 비해 3배 이상 높다. 빈곤이 고령층에 집중돼 있는 것이다.

"국민연금제도가 성숙되기 이전까지 과도기적 단계로 도입되는 한시적 공공부조"(보건복지부 관계자)로서 기초노령연금제도가 2008년 도입됐지만 현재 노인 단독가구는 많아야 겨우 9만1,200원을 받고 있다. 때문에 "기초노령연금 수급액의 수준이 낮아 기초노령연금 사업이 노인들의 빈곤 문제를 근본적으로 해소하기에는 힘든 것으로 보인다"(국민연금연구원 석상훈 연구위원)는 지적이 나온다. 국가가 공적연금 체계를 통해 보장하지 못하는 생활비를 벌기 위해 노인들이 황혼의 고단한 노동을 이어가고 있는 것이다.

구산동 종점에서 출발한 751번 첫차는 여느 날처럼 새벽 4시 25분쯤 북가좌2동 주민센터 앞 버스정류장에 도착했다. 버스는 이미 만원이었고 젊은 사람 한둘을 빼곤 전부 노인들이었다. 염색으로 흰머리를 감추었지만 주름까지 감출 수는 없었다. "다 청소일 나가는 양반들이야. 나이가 다들 많잖아." 심씨가 귀띔했다.

한국의 65세 이상 노인고용률은 2009년 현재 29.7퍼센트로 경제협력개발기구(OECD) 30개 회원국의 평균 노인고용률 8.8퍼센트보다 3배 이상 높다. 프랑스(1.4퍼센트), 독일(4.0퍼센트), 미국(16.1퍼센트), 일본(19.5퍼센트)보다 높다. 은퇴 뒤 일정한 수준의 공적소득 보장이 이뤄지는 국가와 달리 한국에선 노동시장에 오랫동안 남아 있는, 생계형 노인노동이 많다는 방증이다.

한국노동연구원 장지연 연구위원 등이 2008년 발표한 「중고령자 노동시장 국제비교연구」보고서를 보면 2000년대 중반 기준으로 한국에서 65세 이상 노인들의 전체 소득 중 근로소득이 차지하는 비율은 23.6퍼센트로 미국(10.9퍼센트), 독일(6.6퍼센트) 등에 비해 크게 높다. 이에 반해 공적연금 체계 등을 통한 공적이전 소득이 차지하는 비율은 13.9퍼센트로 미국(49.6퍼센트), 독일(74.8퍼센트) 등에 비해 굉장히 낮다.

심씨는 버스가 신촌쯤 도착했을 때에서야 자리에 앉았다. "내일(토요일) 일 나가요?" 옆자리에 앉아 있던 70대 여성이 심씨를 알아보고 말을 붙였다. "내일 대청소라 나가야죠. 그래도 노동조합이 생기고 나선 토요일 근무가 한 달에 두 번이던 게 한 번으로 줄고 수당도 받아요." 심씨가 대꾸했다.

1999년부터 대기업의 빌딩을 옮겨 다니며 청소일을 해온 심씨의 월 급여는 90만 원 남짓, 노조가 생기기 전에는 80만 원도 채 받지 못했다. 청소일 시작 즈음해서 국민연금을 부었지만 가입시기가 늦었던 탓에 한 달에 11만 원가량의 연금이 들어온다. 65세 이상 노인인구의 70퍼센트에게 지급되는 기초노령연금도 적용돼 한 달에 7만여 원을 받고 있다. 심씨는 "국민연금하고 기초노령연금을 합쳐봐야 20만 원도 안 되는데 그걸로 어떻게 사느냐"며 "얼마씩 더 벌어야 살지. 사실 국민연금도 잘 알지 못했는데 용역일 하면서 월급에서 돈이 떼어져 나가니깐 그냥 내게 됐다"고 말했다. 남편도 7만여 원의 기초노령연금을 받고 있지만, 1992년에 교통사고로 뇌손상을 입어 일터로 나가 돈을 벌 수 없는 상황이다.

남대문의 한 빌딩에서 일하는 심씨는 새벽 4시 50분쯤 버스를 갈아타기 위해 서울역 환승센터에서 내린 뒤 701번 버스로 갈아탔다. 한 정류장

청소노동자 심순희 씨(가명)가 5월 10일 서울 서대문구 북가좌2동에서 새벽 첫 버스를 타고 일터로 향하고 있다.
-경향신문 | 김정근 기자

뒤인 남대문역 앞에서 내린 심씨는 인근의 한 빌딩으로 바쁘게 발걸음을 옮겼다. 직원들이 출근하기 전에 쓰레기를 비우고 청소를 마무리해야 한다. 심씨는 자신을 포함해 이날 새벽 만난 이들의 공동된 걱정거리는 '언제 해고될 거냐'라고 전했다. "늘 내 머릿속을 떠나지 않는 생각은 '언제까지 일을 할 수 있을까'야. 해고만 안 되면 언제까지라도 하는 거지. 이 일이라도 더 하는 게 나으니깐." 새벽 5시, 작은 체구의 심씨는 불편한 다리를 이끌고 거대한 빌딩 안으로 사라져 갔다.

아무도 돌봐주지 않는 노인빈곤 현실
– 정부 일자리사업 90퍼센트가 월 20만 원 이하

2011년 5월 13일 오전 서울 상암초등학교 앞. '마포사랑 실버캅'이라는 글귀가 새겨진 주황색 조끼를 입은 양모 씨(74)는 파란불이 빨간불로 바뀔 즈음 횡단보도로 뛰어드는 학생들이 없는지 살폈다. 학교가 대로변 인근에 자리 잡고 있어 특히 신경을 많이 써야 한다. 양씨는 아동안전보호 업무를 맡고 있다.

"우리 세대는 공직생활을 한 사람들 빼놓고선 국민연금 제대로 받는 사람들이 많지가 않아요. 고생만 하고 산 세대지 뭐." 오전 8시부터 시작된 일을 마친 양씨가 호루라기를 내려놓으며 말했다. 양씨는 "일주일에 월, 수, 금 사흘 동안 하루 3시간 일을 한 대가로 월 20만 원을 받는데, 그것도 1년에 7개월 동안만 일을 할 수 있다"고 설명했다. 기초노령연금 7만여 원을 제외하면 유일한 소득이다. 먼저 일을 마치고 학교 안의 간이 사무실에서 쉬던 정모 씨(80)는 "이왕 정부에서 노인 일자리를 마련할 바에야 좀 더 생활에 보탬이 될 수 있는 돈을 주면 좋겠다. 이 일은 생계에 크게 도움이 되는 수준은 아니다"라고 말했다.

정부 노인복지정책의 핵심 중 하나가 양씨와 정씨가 참여하는 노인일자리 사업이다. 연금 수급연령 등이 사회적 의제가 되는 선진국과 달리 공적연금 체계가 현 노인세대의 노후소득을 제대로 보장하지 못하는 우리나라에선 노인노동이 중요한 의제가 되고 있다.

2004년부터 노후소득 보장을 위해 도입된 노인일자리 사업에 2010년 기준으로 노인 21만여 명이 참여했다. 전체 65세 이상 인구 대비 노인일자리 사업 참여율은 4퍼센트 정도로 적지 않다. 도입 첫해 3만5,000여 명으로 시작한 것에 비하면 규모와 예산(2010년 기준 2,770억 원)이 해마다 크게 늘고 있다. 보건사회연구원 이소정 연구위원은 "현재 노인들은 국민연금의 완전한 혜택을 받지 못하고, 기초노령연금도 낮은 상황이기 때문에 노인일자리 사업은 노후소득 보장이라는 측면에서 볼 때 과도기적 성격이 있다"고 설명한다. 적은 소득이나마 노인가구에 보태 노인빈곤율 감소 등의 역할을 한다. 우리나라 노인은 2010년 기준 3명 중 1명(35.1퍼센트)이 최저생계비 미만일 정도로 빈곤율이 심각하다.

하지만 급여액이 워낙 적어 기본적인 노후소득 보장이 못된다. 노인일자리 사업을 통한 월평균 급여는 대부분(87.6퍼센트)이 20만 원 이하이기 때문에 전체 노인의 45.4퍼센트가 급여에 대해 불만족스러워 하고 있다(2010년 노인일자리 사업 참여노인 실태조사, 노인인력개발원). 급여는 또 2004년부터 현재까지 전혀 인상되지 않았다. 대다수 노인들(77.6퍼센트)이 생계, 용돈 등 경제적인 목적으로 사업에 참여하고 있지만 급여 수준은 이 같은 노인들의 욕구를 충족시키지 못하고 있다. 이런 상황에서는 공적연금 체계의 문제점이 많은데도 '일자리가 최고의 복지'라는 논리로 가려져 버릴 우려가 있다.

근본적으로는 "65세 이상 노인 연령대의 복지와 일자리정책은 기초연금과 사회부조를 통한 빈곤완화, 가벼운 수준의 일자리 제공을 기본 원칙으로 삼는 게 타당하다"(노동연구원 장지연 연구위원)는 지적이다. "일자리가 최고의 복지라는 말은 노인들에게는 해당되지 않는다"는 것이다. 이태수 꽃동네현도사회복지대 교수는 "국민연금, 기초노령연금 등이 최저소득을 보장하는 역할을 하고 이 같은 기반 위에서 부업 정도로 노인일자리 사업이 이뤄져야 한다"고 말했다.

제 4 부

지속가능한 복지를 위해

01 복지재정 다시 짜기

02 세금 더 내고 복지 더 받자

03 시민토론회 - 복지국가, 시민의 손으로 짓는다

어떻게 복지국가로 갈 것인가?

우리는 노후, 의료, 주거 등 사회안전망을 가족이 해결할 수밖에 없는 구조였다. 그래서 이러한 사회안전망이 주로 사적영역에서 이뤄지고 있다. 하지만 다른 복지국가들은 모두 공적영역에서 이러한 문제를 해결하고 있다. 우리 역시도 제대로 제도를 갖춘다면 언제라도 복지국가 대열에 들어설 수 있다. 사회안전망을 포함한 복지제도에 있어 사적 시장이 아닌 국가가 중심에 서려면 먼저 재정지출 구조와 재정철학이 바뀌어야 한다.

복지재정 다시 짜기 01

 복지는 돈이다. 의도가 좋은 복지제도가 큰 저수지처럼 마련된다고 하더라도 물과도 같은 돈을 채워 흐르게 하지 않는다면 제도는 결코 효과를 발휘할 수 없다. 현재 우리나라의 복지는 저수지를 넓고 깊게 확장하는 것도 중요하지만 다른 경제협력개발기구(OECD)에 비해 턱없이 낮은 수준의 '수위'를 올려 사회 전 부문에 물을 흘려보내는 것도 중요하다. 물이 흘러가는 수로가 일부 대기업과 건설업체들의 배를 불리는 게 아니라 시민들의 필요를 해결할 수 있도록 해야 한다.

 특히 우리는 노후, 주거, 의료 등에 대한 사회안전망 전반에 걸쳐 공공이 아닌 민간에서 이루어지고 있다. 이는 국가가 사회안전망을 만들어 주지 않기 때문에 국민 각자가 알아서 만들어야 한다는 결론이다. 그렇다면 그러한 사회안전망을 민간부분에서 해결할 수 없는 사람들은 어떻게 해야 하는가? 이제 더 이상 사회안전망을 민간에 맡기지 말고 국가가 맡아야 한다. 많은 복지국가가 재정의 많은 부분을 복지 등 사회안전망 구축에 사용하는 이유를 생각해볼 필요가 있다. 우리의 경우 재정의 많은 부분을 경제정책, 그것도 토건 등 SOC 사업에 사용한다. 이런 재정 사용의 경제 우선순위를 복지 우선순위로 바꾸고 대규모 SOC 사업도 보다 투명하고 꼭 필요한 사업인지 철저한 조사를 통해 낭비되는 일이 없도록 해야 한다.

집안 살림, 나라 살림의 전환
가계살림, 연금·보험료 등 공공부담 더 높여야 복지 확대 가능

한국 중산층 가정의 가계부를 살펴보면 이미 노후, 의료, 주거 등 사회안전망 성격의 지출이 대단히 높다. 하지만 이 같은 지출은 공공영역이 아니라 주로 시장 등 사적영역에서 이뤄지고 있다는 게 다른 복지국가와의 차이점이다. 따져보면 공공부문에 낸다면 더 낮은 가격에 복지를 받을 수 있는데도, 공공부문이 제대로 제도를 갖추지 못한 탓에 가족들이 굳이 민간부문의 서비스를 찾게 되는 것이다. 말하자면, 우리는 이미 복지국가로 갈 수 있을 만한 지출을 하고 있다. 이 돈을 어느 쪽에 투입할지가 우리가 복지국가에 진입할지 여부를 결정하게 될 것이라는 지적이 설득력을 갖는 이유다.

민간보험에 의지할 수밖에 없는 현실, 공적보험 확대해야

2011년 6월 22일 경기도 용인시의 한 아파트. 전업 주부인 정모 씨(40)

는 초등학생과 중학생인 두 아들을 등교시킨 뒤 식탁 앞에 앉아 통장을 펼쳤다. 지난달 살림을 정리해보기 위해서다. 남편 강모 씨(45)는 모 대기업의 차장으로 일하고 있으며, 2000cc 자가용과 아파트 1채를 보유하고 있다. 남편 강씨의 월급 실수령액은 약 500만 원. 월 급여와 자가 아파트 보유 등 어느 모로 보나 중산층이다. 그러나 "적자를 내지 않으려고 아등바등해야 한다"고 정씨는 말한다. "월급의 거의 절반이 각종 보험료와 아파트 대출자금으로 고스란히 빠져나가요. 아이들 학원비까지 내고 나면 생활비로 남는 돈은 급여의 30퍼센트(150만 원)에 불과하죠." 노후·의료·주거 등의 복지를 시장에서 해결하면서 매월 상당한 금액을 고정적으로 지출하고 있는 것이다.

정씨 부부가 민간보험사에 내는 보험료는 월 65만 원이다. 먼저 지난해 가입한 ㄷ생명보험사 연금보험의 보험료로 50만 원이 들어간다. 정씨는 "부담이 크지만 나이 들어서 아이들에게 용돈을 달라고 할 수 없어서"라고 비교적 고액의 보험 가입 이유를 설명했다. 나머지 15만 원은 강씨가 사망할 경우 최대 1억 원이 지급되는 종신보험료다.

공적보험인 국민연금으로는 월 16만5,000원을 낸다. 강씨의 월 소득액의 4.5퍼센트다. 강씨 회사가 같은 액수만큼 부담하므로 적립 금액은 월 33만 원이다. 노후 및 가장의 사망에 대비하는 목적으로 납입하는 보험료 비중은 민간보험사와 국가(국민연금공단)가 약 4 대 1이다.

한국 가정은 정씨 부부처럼 공적보험보다는 주로 민간보험에 의지한다. 한국의 민간보험료는 한 해 92조5,200억 원. 반면 2009년 국민연금공단이 거둔 보험료는 고용주가 분담한 금액까지 합해 23조8,500억 원이다.

이는 공적 연금보험이 주요한 노후 안전망으로 기능하는 선진국과 대조적인 현상이다. 경제협력개발기구(OECD) 국가들의 공적 연금보험료 수입은 2008년 기준으로 평균 GDP대비 5.1퍼센트인 데 반해 우리나라는 2.5퍼센트에 그쳤다. 소득액에 대비한 보험료율을 봐도 OECD 국가 평균은 19.6퍼센트지만 한국은 9퍼센트로 최하위권이다. 연금보험료의 고용주 부담률도 OECD 평균이 11.2퍼센트지만 우리는 4.5퍼센트에 불과하다.

그 결과 우리나라 공적연금이 기존의 소득에 대비해서 어느 정도 수준인지를 보여주는 법정 소득대체율(퇴직 후 n연간의 연금수급액수÷퇴직 전 n연간의 소득)은 42.1퍼센트로 OECD 20개국(OECD 국가 중 법정의무사연금을 가진 나라 제외)의 평균 소득대체율 54.1퍼센트에 비해 낮은 편이다. 게다가 우리 국민연금의 경우 "실제 연금납입기간은 법정 납입기간(40년)의 절반 수준이기 때문에 실질소득대체율도 법정소득대체율의 절반인 약 20퍼센트 정도"(중앙대 김연명 교수)라는 게 전문가들의 지적이다.

의료보험도 마찬가지다. 강씨와 부인 정씨가 결혼 초에 가입한 보험의 보험료는 각 월 12만 원과 15만 원이다. 2~3년 전에는 국민건강보험의 낮은 보장성이 불안해 의료비를 실비로 지급하는 민간보험에 네 가족이 각각 추가로 들었고 여기로 매월 15만 원이 빠져나간다. 합계 42만 원을 민간보험사에 내고 있는 것이다. 반면 강씨가 피부양자인 세 가족 몫까지 합해 국가의 의료안전망인 국민건강보험에 내는 돈은 절반인 21만3,000원이다.

민간 의료보험시장은 최대 33조 원(대구한의대 강성욱 교수)에서 최소 12조 원(연세대 정형선 교수) 수준으로 추정된다. 2010년 국민건강보험의 규모(노·사가 분담한 보험료와 국고) 28조 원을 넘는 수치다.

한국의 국민건강보험의 현주소는 OECD 국가들과 비교하면 더욱 극명하게 드러난다. 2008년 국민총의료비 가운데 국민건강보험과 국가재원으로 충당한 비율인 '공공재원 지출 비중'이 한국에선 55.3퍼센트로 OECD 국가 중 미국, 멕시

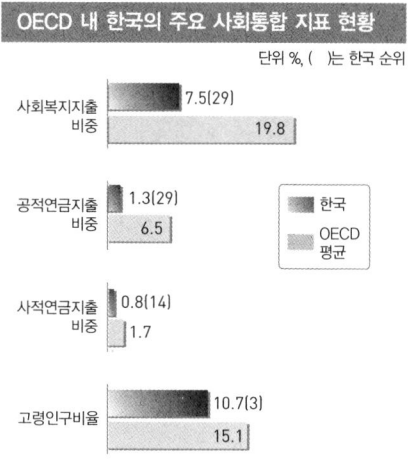

자료: 기획재정부 국가경쟁력 보고서, 2010.

코에 이어 가장 낮다. GDP에 대비하면 3.5퍼센트로, 멕시코를 제외하면 꼴찌다.

주거복지도 엉망

주거 역시 복지의 중요한 부분이다. 선진국은 국민의 주거복지를 위해 공공주택을 짓거나 민간 주택시장에 직접 개입해 주거비·임대료 안정을 위해 각종 지원금을 지출한다. 그러나 한국엔 이 같은 정책이 거의 전무했고 주택투기가 횡행했다. 민간 건설기업과 투기꾼들이 부동산 가격을 올려 이익을 취하는 동안 국가는 이를 거의 방관했다. 서민들에게 공급하는 공공주택 관련 예산지출은 미미했다. 그 부담은 개별 가정이 지고 있다.

정씨는 "이자비용으로 40만 원, 원금상환에 60만 원 등 매달 100만 원씩 주택대출자금으로 빠져 나간다"고 설명했다. 이어 "현재 8,000만 원 정

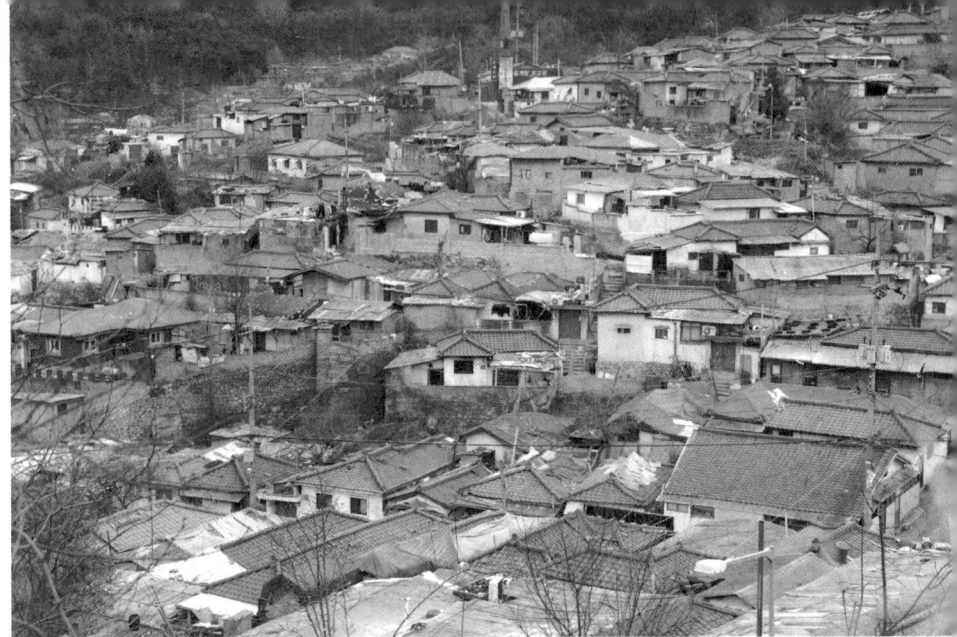

서울에서 몇 안 남은 달동네인 노원구 중계본동 백사마을 전경. - 경향신문 제공

도 대출금액이 남아서 앞으로 10년 이상 꼬박 내야 겨우 갚을 수 있을 듯하다"며 한숨을 쉬었다. "2003년에 2억 8,000만 원에 이 집을 살 때 부동산에서 등기를 확인해보니, 앞서 세 분이 차례로 이 아파트를 샀다가 한 달 남짓한 기간에 1,000만 원씩 차익을 남기고 되팔았더라구요. 실거주자가 아닌 그분들이 챙긴 3,000만 원은 고스란히 제 빚의 일부가 됐죠."

한국의 연소득대비 주택가격 비율(PIR, Price to Income Ratio)은 7.6(2008년)에 달해 전 세계 최고 수준이다. 이 말은 연평균 소득을 7년 7개월쯤 한 푼도 안 쓰고 모아야 집을 살 수 있다는 뜻이다. 정부가 공공주택을 적극 공급해 서민들의 주거복지를 챙기는 스웨덴·덴마크·핀란드에서 전체 주택의 20퍼센트가 공공주택인 반면 우리나라는 2010년 기준 약 4.5퍼센트로 추정된다.

이처럼 과도한 삶의 비용을 지출하느라 가족들은 저축하지 못하고 국가경제 체질은 약화된다. 2010년 한국의 가계저축률은 OECD 평균(7.1퍼센트)의 절반도 안 되는 2.8퍼센트로 회원국 중 가장 낮다. 가계저축률 하락 속도도 OECD국가 중 가장 빠르다.

보장은 비슷한데 월 50만 원 여윳돈

선진국처럼 민간보험보다 국가의 보험을 강화하면 가계에는 어떤 변화가 있을까? 강씨 부부의 가계부를 토대로 살펴보자.

강씨 부부는 매달 50만 원을 민간보험사의 연금보험에, 국민연금에는 16만 5,000원을 납입하고 있다. "국민연금만으로 노후를 대비할 수 없다고 판단해 내린 선택"이었다. 하지만 강씨 부부의 생각과 달리 가입자에 더 유리한 보험은 민간보험이 아니라 국민연금과 같은 공적보험이다.

최근 국민연금의 소득대체율이 낮아지는 점을 감안해, 강씨가 지금부터 현재 수준으로 보험료를 납입해 20년을 채운다고 가정해보자. 그는 연금이 지급되는 시점부터 매달 60만 원 조금 넘는 돈을 받게 된다. 반면 현재 50만 원씩 납입하고 있는 민간 연금보험의 경우, 정씨의 보험을 관리하는 설계사에 따르면 10년 동안의 납입기간을 채우면 매월 약 45만 원을 받게 된다. 현재의 예정이율(이자와 유사) 4.7퍼센트를 바탕으로 한 계산이다.

공적보험인 국민연금에 보험료를 지금보다 더 낼 수 있다면, 민간 개인연금을 해지하고 국민연금에 기대는 것이 오히려 경제적인 선택인 셈이다. 국민연금은 노동자의 노후를 사용자가 함께 준비하는 연대 원리에 따라 보험료 납입 부담을 노동자와 고용주가 함께 나누지만, 민간보험은 개인이 혼자 부담한다. 그리고 민간기업 특성상 각종 홍보비와 관리비로 적잖은 돈을 지출한다. 2008년 기준 민간보험사는 100원의 보험료 중 약 25

공적 보험료 강화하면 가계살림은 어떻게 달라질까

현재		미래	
수입	지출	수입	지출
월급 실수령액 　　　　　500만원 공적보험료 건강보험료 　　　　21만3000원 국민연금보험료 　　　　16만5000원 　　총 37만8000원	민간보험료 개인연금　　50만원 종신보험　　15만원 의료보험　　42만원 　　총　　　107만원 아파트 대출금　100만원 두 자녀 학원비 150만원 생활비　　　　143만원	월급 실수령액 　　　　약476만원 공적보험료 건강보험료 　　　　28만5000원 국민연금보험료 　　　　33만1000원 　　총 61만6000원	민간보험료 개인연금　0원(해지) 종신보험　　15만원 의료보험 　　15만원(일부 해지) 　　총　　　30만원 아파트 대출금　100만원 두 자녀 학원비 150만원 생활비　　　　196만원
		여윳돈 약 50만원 증가	

원을 관리운영비로 사용했다. 국민연금과 국민건강보험은 100원당 각 2.3원과 3.9원에 불과했다.

"보험료 감당이 힘든 저소득층에게는 따로 정부지원을 하되, 장기적으로는 보험료율을 높여 연금급여를 강화하는 것이 바람직하다"(오건호 사회공공연구소 연구실장)는 지적이 설득력을 갖는 이유다.

의료영역도 마찬가지다. 건강보험하나로시민회의(시민회의)에 따르면 국민 한 사람당 원래 내던 보험료의 34퍼센트를 추가부담(추가부담액 1인당 평균 1만1,000원)할 경우, 아무리 돈이 많이 드는 치료라도 본인부담액이 100만 원이 넘지 않도록 국민건강보험의 보장성을 끌어올릴 수 있다. 국민건강보험 역시 국민연금처럼 고용주가 노동자와 보험료를 균등하게 부담하는 데다 국고지원금도 더해지기 때문이다. 강씨 가족의 경우에는 현재 월 21만3,000원의 국민건강보험료에 7만2,400원을 추가로 더 낸다면 비싼 민간보험 납입액을 최소화할 수 있다.

이처럼 민간부문에의 지출을 최소화하면 강씨 가족에게는 그만큼의 여윳돈이 생긴다. 저축을 하고, 내수경기를 살릴 수 있는 돈이다. 또한 국민연금이나 국민건강보험과 같은 사회보험은 낼 때는 소득에 비례해 내고 받을 때는 누구나 일정 수준 이상을 받는 소득재분배 기능을 한다.

문제는 신뢰다. 정씨는 "공적보험을 믿고 민간보험을 해지하기에는 정치권의 결정이 오락가락해서 불안하다"고 말했다. 사회안전망의 공공성을 회복하려면 정부와 정치권의 일관된 노력이 선행돼야 한다는 얘기다.

나라 살림, 경제보다 복지·교육에 재정투입 늘려야

복지제도를 시장이 아닌 국가 중심으로 전환하고자 할 때, 국가의 재정지출 구조도 바뀌어야 한다. 세금을 쓰는 방향, 즉 국가 재정철학의 전환이 필요한 것이다.

전문가들은 "한국은 작은 정부를 유지하면서 재정균형에 집착해왔다"고 지적한다. 때문에 정부가 해야 할 일을 포기하면서도 재정균형을 이루려고 노력하는 편이었다. 이렇게 정부의 '가계부'만 성적이 좋고, 시민 구성원들이 복지의 사각지대에서 시름하는 나라가 행복한 나라라고는 하기 힘들 것이다.

만약 지출을 늘린다면 어느 부문부터 늘리는 것이 효과적일까? 전문가들은 일단 교육과 복지 분야를 꼽는다. 사회적인 형평성 측면에서도, 지출의 사회적인 효과 측면에서도 우수하다는 것이다.

대부분 OECD 국가들, 복지비가 예산의 절반

한국 정부의 예산은 그 규모가 작은 데다 경제 분야 비중이 높은 것이 특징이다. 나라 살림 자체를 적게 꾸리고, 그 살림 중에서도 복지에 들어가는 돈이 후순위로 밀리다 보니 "복지에 쓸 돈이 없다"는 소리가 나온다.

한국의 국내총생산(GDP)중 정부지출이 차지하는 비중은 30퍼센트(2008년 기준)로 경제협력개발기구(OECD) 29개국 가운데 꼴찌다. 세수는 적고, 세금을 걷기도 전에 깎는 감면 제도는 많다 보니 나라 살림의 규모가 작을 수밖에 없다. GDP대비 국민부담률(조세부담률+사회보장부담률)은 26.6퍼센트로 북유럽 복지국가인 덴마크(49.3퍼센트)와 20퍼센트 포인트 이상 차이가 난다. OECD 30개국 중 꼴찌에서 3번째다.

반면 비과세·감면 비율은 2007년 12.5퍼센트에서 2011년 14.3퍼센트로 높아졌다. 대기업과 고소득층에 이득이 돌아가는 각종 감세·감면정책은 김대중 정부부터 시작돼 이명박 정부 들어 가속화됐다. 저출산·고령화 등 정부가 감당해야 할 복지수요는 점점 늘어나지만, 적은 세입과 재정건전성에 대한 우려로 급격한 확대도 쉽지 않은 상황이다.

작은 나라 살림에서 큰 덩어리는 경제 분야로 간다. 정부의 전체지출 중 경제부문이 차지하는 비율은 22.1퍼센트로 OECD 국가 중 유일하게 20퍼센트를 넘는다. 경제 여건이 안정궤도에 들어섰음에도 국가가 경제성장을 주도하며 큰 재정을 투입한다. 정부의 경제예산 비중은 OECD 평균 10퍼센트 정도로 우리의 절반 수준에 불과하다. 대신 이들 국가는 복지부문에 국가의 재정을 많이 투입한다. OECD 국가들의 정부 총지출 중 복지예산의 평균비율은 55퍼센트다. 선진국 중 복지수준이 낮다는 미국

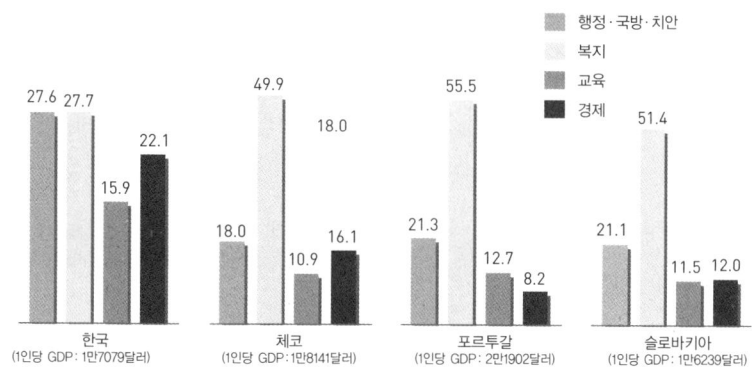

분야별 정부지출비중 비교

조차 복지예산이 정부 총지출의 50퍼센트를 넘는다. 경제수준이 비슷한 여러 국가들과 견줘보면 한국 정부지출의 경제 쏠림 현상이 심각하다는 것을 알 수 있다.

2009년 기준 1인당 GDP가 우리(1만7,078달러)와 비슷한 3개국과 나라살림 가계부를 비교해보자. 체코(1만8,141달러)와 슬로바키아(1만6,239달러)의 경우 정부지출의 경제비중은 각각 16.1퍼센트, 12퍼센트다. 포르투갈(2만1,902달러)의 경제비중은 8.2퍼센트로 한국보다 14퍼센트 포인트 가량 낮다. 반면 이들 국가의 복지부문에 대한 정부지출은 49.9~51.4퍼센트로 한국(27.7퍼센트)보다 월등히 높다. 한국의 정부지출에서 국방비가 많은 비중을 차지하는 점을 감안하더라도 복지예산구조는 외국에 비해 확연히 차이가 난다. 정부 지출구조의 방향 자체가 다른 것이다.

물론 우리나라도 뒤늦게 도입한 복지제도가 연륜이 쌓이면서 예산 비중이 늘어나는 추세다. 참여정부 시기부터는 경제지출 비중보다 복지 비중이 소폭 앞섰다. 하지만 양쪽이 1 대 5의 비율을 보이는 대부분의 선진국과 달리, 한국은 비슷한 비율을 유지하고 있다.

이정우 경북대 교수(경제통상학부)는 이 같은 한국의 예산구조를 기형적이라고 평가했다. 세계적인 추세에 비춰봐도 비정상적이라는 것이다. 이 교수는 "대부분의 나라에서 복지예산이 경제예산보다 훨씬 큰데 유독 한국만이 오랫동안 경제예산이 복지예산을 압도해 왔다"며 "이는 국제적인 관점에서 볼 때 비정상적이며 예산구조를 세계 표준에 맞추어 가야 한다"고 말했다.

한국개발연구원(KDI) 역시 2011년 6월에 내놓은 「2011 상반기 경제전망」 보고서에서 "우리나라 경제부문 지출비중은 주요 선진국에 비해 높은 수준"이라며 "경제부문 재정지출 비중을 감소시켜 복지지출 증가에 대응해야 한다"고 제언했다.

이런 비정상적 예산구조의 뿌리는 선성장 후분배가 바탕이 된 한국의 개발모델이다. 박정희 정권 시절 본격적인 국가주도 경제개발 성장 모델이 역대 정권들에서도 거의 바뀌지 않고 이어 적용됐다. 나라 살림의 많은 부분을 경제개발에 쏟아 부으며 복지예산은 과소해졌고, 이 같은 지출구조가 큰 변화 없이 이어지고 있다는 분석이다. 유종일 KDI 국제정책대학원 교수는 "박정희 정권 때의 성장지상주의가 뿌리다. 사회복지는 둘째치고 공공부문이 감당해야 할 것들을 거의 민간에 넘겼다"면서 "예산은 경직성이 있어 한번 구조가 정착되면 쉽게 바꾸기 힘들고 이 구조에서 지금까지 벗어나지 못하고 있는 것"이라고 말했다.

우리만 SOC 등 집착, 재정 우선순위 전환을

우린 경제부문 예산의 큰 덩어리는 토건 사업으로 들어간다. 국가주도 경제가 대기업과 토건 중심으로 흐르면서 도로, 항만, 철도 등 대규모 사회간접자본(SOC)에 투자하는 경제예산 비율만 키웠다. 해마다 줄어들고는 있지만 여전히 SOC예산은 24조 원대를 넘어선다. 정치논리에 따른 지역 선심성 토목사업, 경기침체기마다 반복되는 토목공사 중심의 경기부양은 우리나라 SOC 예산구조의 오랜 관행으로 남았다.

이정우 교수는 "SOC 분야에 불요불급한 대형사업이 많아 천문학적인 국가적 자원낭비가 이뤄지고 있는데 이를 따낸 국회의원과 지자체장은 오히려 지역에 큰 공로를 세운 듯 자랑하는 희극이 벌어지고 있다"고 현실을 꼬집는다. "토건세력이 비대한 경제예산의 수혜자라는 점에 있어서 국가의 경제투자가 국가경쟁력을 향상시킨다는 것은 허구"라는 것이다.

그렇다면 국가의 경제 분야 투자는 얼마나 성장으로 이어지고 있나? 홍헌호 시민경제사회연구소 연구위원의 분석을 보면 이 같은 불균형 성장전략의 유효기간은 이미 지난 지 오래다. 1990년대 후반부터는 정부의 기업지원정책이 투자확대와 일자리 창출에 기여하는 정도가 눈에 띄게 낮아지고 있다는 것이다.

기업이 새로 벌어들인 소득 가운데 투자에 쓴 돈의 비율을 나타내는 '기업 한계투자성향'은 1990년대 중반까지는 0.9 이상으로 나타났다. 기업소득이 1만 원 늘어날 때 일자리 창출 등 투자가 9,000원 이상이었다는 것이다. 하지만 이 같은 수치는 1990년대 후반부터 0.3 이하로 떨어졌고, 2000년대부터는 0.1 수준으로 내려왔다.

홍헌호 연구위원은 "복지를 희생하여 기업지원을 늘렸던 1970~80년대식 조세재정정책에서 벗어나야 한다"면서 "복지를 성장의 주요요소로 인식하는 '성장-복지 선순환 정책'을 추진해야 한다"고 지적했다.

재원마련, 눈먼 돈 없애면 최대 15조 원 확보 가능

정부 재정지출의 중심축을 복지로 전환하는 것과 동시에 지출을 효율화하는 것도 중요하다. 효율적인 예산집행으로 (눈 먼) 나랏돈에 대한 국민의 불신을 없애고 낭비적 예산을 복지재원으로 돌리는 작업이다.

먼저 예산사업의 타당성을 사전에 검토하는 예비타당성조사를 강화할 필요가 있다는 지적이다. 대형 사회간접자본(SOC) 사업 등에 대해 사전평가를 체계화하긴 했지만 한계가 많다. 이명박 정부 들어 4대강 사업을 추진하는 과정에서 예비타당성조사를 제대로 거치지 않았다는 논란에 휩싸이기도 했다. 사후에 이를 평가한 뒤 이후 예산편성에 반영하는 작업은 거의 이뤄지지 않아 예산운용에 대한 불신이 증폭돼 왔다는 게 전문가들의 분석이다.

황성현 인천대 교수(경제학과)는 "예산편성과 평가 기능이 모두 기획재정부라는 한 부처 내에서 이뤄져 객관적 평가와 견제가 어렵다는 게 기본적인 문제"라며 "행정부 내에 '재정관리처'를 신설해 평가 기능을 대폭 강화할 필요가 있다"고 말했다.

사회공공연구소 등에서는 SOC 분야 등 낭비성 지출을 줄이는 지출구조 개혁을 통해 10조~15조 원의 복지재원을 확보할 수 있을 것으로 추산하고 있다.

납세자 소송제 도입 등 감시 강화로 불신 해소

정부 예산사업의 신뢰구축을 위해 국민이 직접 예산 감시에 참여하는 방식도 확대될 필요가 있다. 미국은 연방법상에 '퀴탐(qui tam)'으로 불리는 납세자 소송제도가 명시돼 시민들이 직접 국가의 예산낭비 사례에 소송을 제기할 수 있도록 하고 있다. 우리나라에서는 2002년 대통령 선거에서 노무현 후보 당선 이후 긍정적으로 검토됐으나 결실을 맺지 못했다.

정창수 좋은예산센터 부소장은 "시민참여형의 예산감시제도를 통해 국가가 큰 예산을 쓰는 데 있어 신뢰를 회복하는 것이 복지재원 확대의 밑바탕이 돼야 한다"며 "이렇게 했을 때 국민들이 복지로 돌아오고 선순환을 이룰 수 있다"고 말했다.

낸 만큼
혜택 받을 수 있다면?

복지를 확대하기 위해서는 세입을 늘리는 것은 불가피하다. 거둔 세금이 직접 복지에 들어간다는 점을 납세자에게 설득하기 위해서는 목적세인 '사회복지세'를 만드는 것도 방법이다. 일부 보수진영에서는 증세가 서민들의 주머니를 터는 것이라고 말하지만, 세금은 어떻게 설계하느냐에 따라 내용이 달라진다. 만약 소득 구간에 따라 근로소득세에 사회복지세를 누진적으로 적용할 경우에는 실질적인 부자증세가 될 수 있다. 연소득이 2,000만~3,700만 원인 사람의 경우 월 1,000원씩 추가로 세금을 부담하면서 보편복지를 요구할 수 있는 권리를 갖게 될 것으로 예상된다. 이외에 법인세, 종합부동산세 등에 추가로 사회복지세를 부과하면 매년 총 20조 원의 추가 재원을 마련할 수 있다. 우리의 복지수준을 한층 올릴 수 있는 재원이다.

세금 더 내고 복지 더 받자 02

 복지라는 저수지에 재정이라는 물을 채우기 위해서는 튼튼하고 합리적인 조세제도가 필수적이다. 이를 위해 노동자와 기업들의 경제활동에 따라 세금을 적절하게 매기고 이를 거둬들이는 행정력이 요구된다. 그리고 탈세와 조세회피를 막는 데에도 힘을 쏟아 건전한 조세문화를 만들어야 한다. 하지만 조세는 '주머니'에서 돈을 내는 문제이기 때문에 정치적으로 매우 민감한 사항이다.

 세금을 매기는 문제가 거론될 때면 보수진영에서는 '폭탄'이라는 단어까지 동원해 이에 반대하는 여론을 조성하고는 했다. 그리고 수출경쟁력이니 경기회복이니 온갖 이유를 갖다 붙여 세금을 줄이고 세금을 없애곤 했다. 하지만 우리나라의 조세 수준은 다른 경제협력개발기구(OECD)보다 낮은 수준에 있다. 초고령사회로 진입하고 교육 및 육아, 의료, 주거,

평균수명의 증가 등에 따른 국민의 복지 요구로 정부의 지출 증가가 예상되는 상황에서 언제까지 세금 문제를 나 몰라라 할 수는 없다. 더 이상 재정에서 복지를 홀대할 수 없다. 그리고 재정의 복지예산을 늘리려면 증세는 불가피하다. 세금은 누구에게나 부담이 된다. 하지만 그 세금을 통해서 국민이 돌려받는다는 인식이 생기면 세금에 대한 불만도 사라진다. 세금을 거둬서 적재적소에 쓰고, 투명하게 사용된 것을 국민이 느낄 수 있도록 신뢰를 쌓는 것이 현재 우리 국가의 과제이다.

무엇이 세금 폭탄인가?
– 보편적 복지를 위한 사회복지세가 필요하다

우리나라 정부의 현재 재정지출구조는 사회간접자본(SOC) 등 경제 분야에 상대적으로 많은 재원이 흘러가도록 짜여 있다. 복지를 강화하기 위해 이 재원의 일부를 복지지출로 전환하는 것만으로는 한계가 있다. 현재처럼 적은 국가재정의 규모를 키워야 보편적 복지도 가능해진다. 그러기 위해서는 총직접세를 늘릴 필요가 있다.

지금까지 정치권 중심의 복지논쟁에서는 여야를 불문하고 예민한 증세 문제를 거론하는 것을 꺼려왔다. 한나라당과 보수진영은 '세금폭탄론'까지 펴면서 증세에 반대한다. 안상수 한나라당 전 원내대표는 "(무상복지 시리즈는) 말이 좋아 무상이지 사실은 서민들 주머니를 털어 부자에게 혜택을 주겠다는 것"(2011년 1월 19일 KBS라디오 원내교섭단체 대표연설)이라고 주장했다.

세금은 설계방식에 따라 달라진다

증세의 불가피성을 주장하는 이들은 사회복지세 신설을 주장한다. 복지지출에만 사용되는 목적세로, 국민들이 내는 근로소득세 금액 등에 부가세 형태로 누진적으로 매기는 것이다. 기존 세금을 대상으로 추가로 부과·징수하는 조세를 통해 복지에만 쓰는 재원을 안정적으로 확보할 수 있다. 유류세, 소득세에 다시 부가되는 교육세 역시 현재 이 같은 방식으로 운영된다.

사회복지세를 소득에 따라 누진적으로 적용한다면 이는 실질적인 부자증세가 된다. 일단 근로소득세는 개인의 연봉에 따라 다섯 개의 과세표준, 곧 세금을 매기는 기준이 있다. 이 중 연봉이 약 2,000만 원 이하인 계층은 현재 근로소득세를 내지 않으므로 사회복지세도 자연히 내지 않는 방식이 된다. 이처럼 면세구간에 속하는 이들은 전체 근로소득자의 약 40퍼센트를 차지한다. 나머지 네 구간을 네 사람의 2009년 연말정산 자료를 토대로 살펴보자.

경기도 고양시 일산에서 전업주부인 아내와 함께 두 살배기 아들을 키우고 있는 회사원 강모 씨(30)의 연봉은 2,236만 원이다. 과표기준은 242만 원으로 최종 결정세액은 7만2,000원이다. 만약 사회복지세를 도입한다면 그는 세율 10퍼센트를 적용해 1년에 7,200원(월 600원)을 추가로 내게 된다.

중산층에는 대략 20퍼센트의 세율을 누진적으로 적용해보자.

30여 년간 공직에서 일해온 박모 씨(54)의 연봉은 5,883만 원이다. 과표기준은 2,898만 원으로 박씨의 최종 결정세액은 275만 원이다. 20퍼센트의 사회복지세율을 누진적으로 적용하면 박씨는 1년에 45만 원(월 3만

7,500원)을 더 낸다.

고소득계층에 대해서는 30퍼센트로 사회복지세를 적용해봤다.

대학 재학 중 금융권에 취직해 9년째 일을 하고 있는 류모 씨(31)는 연봉이 1억385만 원이다. 과세표준이 7,695만 원으로 류씨의 최종 결정세액은 1,325만 원이다. 여기에 사회복지세율 30퍼센트를 적용하면 연간 287만 원(월 약 24만 원)을 더 부담한다.

과표소득 최고구간에 속하는 변호사 정모 씨(40)는 한 로펌에서 일하면서 1억5,130만 원의 연봉을 받았다. 과세표준이 1억2,007만 원으로 정씨의 최종 결정세액은 2,929만 원이다. 여기에 사회복지세율 30퍼센트를 적용하면 정씨는 1년에 769만 원(월 약 64만 원)을 더 내게 된다.

결과적으로 소득이 많을수록 사회복지세를 더 많이 내는 구조가 된다. 만약 이들의 결정세액에 똑같이 사회복지세율 10퍼센트를 적용하더라도 이들은 각각 7,200원, 27만4,000원, 132만4,000원, 292만8,000원을 더 부담하게 된다. 현재 근로소득세 과세구조가 기본적으로 누진적이기 때문이다.

사회공공연구소 오건호 연구실장이 2011년 6월 26일 발표한 「복지국가 건설을 위한 사회복지세 방안」에는 과세표준 각 구간에 따른 사회복지세 평균금액이 제시됐다. 누진적으로 부가세율(10~30퍼센트)을 적용한다고 가정할 경우 과세표준 소득 1구간(실소득 2,500~3,700만 원), 2구간(실소득 3,700~8,200만 원)에 속하는 이들은 각각 월 평균 1,000원, 2만4,000원의 사회복지세를 더 내는 것으로 나타났다. 또 3구간(실소득 8,200~1억3,000만 원), 4구간(실소득 1억3,000만 원 초과)에 속하는 이들은 각각 월 평균 15만 원, 123만 원을 더 내게 될 것으로 추정된다. 연봉 8,200만 원을 초과하는

사회복지세, 누가 얼마나 내게 될까?

40.4% 연봉 약 2,000만 원 이하	37.5% 연봉 약 2,000만~3,700만 원	19.3% 연봉 3,700~8,200만 원	2.3% 연봉 8,200~1억3,000만 원	0.6% 연봉 1억3,000만 원 초과
1인당 연평균 근로소득세 금액					
0원 (면세)	12만 원 (월 1만 원)	197만 원 (월 16만 원)	887만 원 (월 74만 원)	4,874만 원 (월 406만 원)
사회복지세 부가세율 (가정)					
	10%	20%	20~30%	30%
0원 (면세)	평균 1만3,000원 (월 1,000원)	29만 원 (월 2만4,000원)	174만 원 (월 15만 원)	1,481만 원 (월 123만 원)
⬇	⬇	⬇	⬇	⬇
총액 0원	671억 원	8,104억 원	5,626억 원	1조780억 원

2조5,180억 원

자료: 사회공공연구소, 국세청 2010 국세통계연보 수치 재가공.

40만 명(전체 근로소득자의 2.8퍼센트)이 근로소득세에 추가로 부과되는 사회복지세액 중 65퍼센트를 부담하게 되는 구조다.

오 연구실장은 "사회복지세를 도입하면 근로소득세의 경우 연봉이 2,000만~3,700만 원인 사람의 경우 월 1,000원씩 추가로 부담하면서 보편복지를 요구하는 권리를 갖게 된다"며 "이 정도의 부담은 세금폭탄이라고 보기 어렵다"고 말했다. 오 실장은 또 "근로소득세에 부과되는 사회복지세로 2조5,000억 원이 추가로 확보되고, 여기에 법인세, 종합부동산세, 상속증여세, 특별소비세 등에도 사회복지세를 부과하면 매년 총 20조 원의 추가 재원이 마련될 수 있다"고 주장했다. 이 정도면 보육과 교육, 노인 등 복지 수준을 사회 전반의 요구에 맞춰 한 단계 향상할 수 있다는 얘기다.

이 같은 증세가 가져올 보편적 복지는 부의 재분배와 사회적 연대로 이어진다. 강씨는 "만약 한 달에 600원 정도를 더 내고 우리 가족에게 복지혜택이 돌아온다면 증세에 찬성할 것"이라고 말했다. 박씨는 "나에게 확실한 혜택이 돌아온다면 세금을 더 내겠다"고 말했다. 복지도입 및 확대에 대한 시민들의 요구를 충족시키고, 재정지출에 대한 국민들의 불신을 넘기 위해서는 복지와 세입을 연계하는 '목적세' 도입이 효과적인 셈이다.

경북대 이정우 교수는 "지금처럼 지나치게 낮은 세금, 작은 정부로는 복지국가 건설이 불가능하고 저출산·고령화의 저주를 벗어날 수 없다"면서 "국가적 위기 상황을 솔직하게 설명하고 국민의 동의를 구하면 궁극적으로는 국민도 증세를 이해해줄 것"이라고 말한다. '증세' 문제, 이제는 정면 돌파가 필요한 시점이다.

보편적 복지 도입으로 증세 저항 누그러뜨려라

증세에 대한 고소득 계층의 저항을 누그러뜨리려면 보편적 복지제도의 도입이 함께 이뤄져야 한다.

연봉이 약 1억 원으로 사회복지세가 도입된다면 매달 약 24만 원의 세금을 추가로 더 낼 가능성이 있는 류모 씨는 "내가 더 낸 만큼 어떤 복지 혜택이 돌아오는지 확실하지 않은 이상 남 좋은 일 하는 기분이 들 것 같다"면서 "적어도 보육서비스는 받을 수 있으면 좋겠다"고 말했다. 빈곤층 대상의 복지를 뛰어넘는 보편적 복지를 도입해야 증세에 대한 구성원 전반의 정치적 동의를 얻을 수 있는 것이다.

또 소득 투명성을 높여 과세기반을 확대하려는 노력도 병행해야 한다. 연봉 약 1억 5,000만 원을 받는 정모 씨는 "내가 낸 (세금)만큼 (복지로) 돌려받지는 못하더라도 직장인 같은 성실 고세율 납세자에게는 혜택이 돌아갔으면 좋겠다"고 말했다.

무엇보다 근로소득세 과표구간에 속하는 모든 이들이 증세에 동참함으로써 시민들이 복지국가를 만드는 데 '참여자'가 되는 것이 중요하다. 소득이 낮은 계층이 조금씩 내놓은 세금은 부유층의 양도소득세, 종합부동산세, 상속증여세 등에 사회복지세를 추가로 내도록 압박하는 마중물이 될 수 있다. 이 같은 보편적인 증세는 일부 부유층과 대기업에만 과세를 하는 부유세 방식보다 사회통합에도 효과적이다.

사회공공연구소 오건호 연구실장은 "보편복지와 조응하는 보편증세가 필요한 이유는 시민들이 부자들의 재정 책임 이행을 압박하는 주체로 성장할 수 있는 계기가 될 수 있기 때문"이라며 "재정 목표는 단지 수치일 뿐이고 그것에 이르는 구체적인 운동과 사업에 시민들이 참여할 수 있도록 하는 참여재정운동이 필요하다"고 말했다.

건강보험료 인상도 참여재정운동의 맥락에서 볼 수 있다. 현재 건강보험료는 노동자가 100원을 내면 동일한 금액을 사용자가 내는 체제다. 노동자가 낸 2배 금액이 건보재정이 된다.

이렇게 건강보험료 인상(10조9,000억 원)에다 종합소득 기준으로 건보료를 부과하고 피부양자 자격을 강화하는 등 건강보험료 체계를 개편하면 연간 15조 원에 가까운 추가 재원을 조성할 수 있다. 현재 60퍼센트에 불과한 건강보험의 보장성도 크게 높일 수 있다.

복지국가의 성공 조건

복지국가를 만드는 과정에 있어서는 내부변수뿐만 아니라 외부변수도 영향을 받기 마련이다. 현재 국내의 정치구도만큼이나 외부의 환경도 간단하게 돌아가지 않는다. 우리나라의 경우 미국과의 자유무역협정(FTA) 비준 발효를 앞두고 있다. 이에 따라 경제구도가 크게 달라지는 상황에서 복지국가의 청사진을 그리는 것은 어떤 일이 될까? 다음 글을 보자. 복지국가와 FTA와의 관계에 대해 정태인 새로운사회를여는연구원 소장이 《경향신문》에 투고한 글이다.

스웨덴 모델은 왜 실패했는가?

스웨덴 복지정책의 초석인 '렌 마이드너 플랜'으로 잘 알려진 마이드너가 비통한 마음으로 위 제목으로 글을 쓴 때는 1993년이었다. 1970년대 중반부터 1980년대까지 내내 인플레이션의 문제를 노정하던 스웨덴은 1991년 통화위기를 맞았다. 1984년에서 1994년까지 미국의 1인당 실질 국내총생산(GDP)은 3퍼센트 증가한 반면 스웨덴은 1.4퍼센트 증가에 머물렀다. '스웨덴 병'이라는 말이 유행하고 미국과 스웨덴의 주류경제학자들은 앞다퉈 '복지국가의 사망'을 선언했다. 그들에 따르면 스웨덴 등 북유럽의 평등주의와 그 결과물인 '지나친 복지'가 노동자들이 일할 유인을 없애고 도덕적 해이에 물들게 했으니 망할 수밖에 없다.

그러나 스웨덴은 1995년부터 2007년까지 연평균 3.1퍼센트 성장해서 미국의 2.8퍼센트보다 높은 성장률을 거둠으로써 부활하게 된다. 임금격차 등 각종 평등지표에서 스웨덴은 여전히 수위를 달리는 반면 미국은 선진국 중 최하위권이다.

그렇다면 위기의 진정한 원인은 무엇이었을까?

스웨덴의 자본자유화와 금융자유화(특히 1985년의 대출상한규제 철폐), 그리고 조세개혁(특히 1991년 이자에 대한 조세감면)은 전반적 인플레이션을 넘어 폭발적인 거품경제를 불러일으켰다. 수출대기업을 위한 평가절하 정책에 따라 수출·내수부문 간 양극화는 더욱 심화되고 수출 분야의 남아도는 돈이 부동산과 주식시장으로 더 쏠리게 만들었다. 이 상황에서 외국자본(외자)이 빠져 나가면 바로 외환위기이다. 변동환율제 하에서 외자를 붙잡기 위해 이자율을 무려 500퍼센트까지 올렸어도 이 상황을 막지는 못했다.

스웨덴이 다시 살아난 것은 1997년 분권화된 중앙임금교섭이 부활되고, 여전히 GDP의 25퍼센트를 차지하는 전통의 보편적 사회서비스(교육, 보육, 의료)가 복지와 고용을 동시에 지지했기 때문이다. 협력과 창의성을 살리는 교육, 성 평등정책에 의한 높은 고용률, 적극적 노동시장정책이 또 한 번의 산업구조조정을 성공시켰다.

요컨대 위기의 원인은 거시정책이었고 동시에 노동자 연대의 붕괴였다. 사회양극화를 가져오는 거시정책을 쓰면서 복지를 유지하거나 확대한다는 것은 스웨덴에서조차 불가능했다. 비슷한 시기에 유사한 이유(자본자유화와 금융규제 완화)로 경제위기를 맞았던 노르웨이와 핀란드의 부활 역시 동일하게 설명할 수 있다.

아메리카 복지국가 캐나다의 비극

이 땅에서 정말 살기 힘들어 이민을 택하고자 할 때 우리 국민의 머리에 떠오르는 제1순위 나라 중 하나가 캐나다일 것이다. 주지하다시피 캐나다는 1989년에 미국과 자유무역협정(FTA)을 맺었고 1994년에는 이 협정을 확대해서 멕시코까지 포함하는 북미자유무역협정(NAFTA)을 발효시켰다.

과연 당시 세 나라 정부의 주장대로 성장률이 높아지고 그 결과 복지도 확대되었을까? 지난 20여 년간 지니계수로 측정되는 소득양극화 현상에서 부동의 1위를 차지하고 있는 멕시코, 그리고 3~4위를 고수하고 있는 미국은 아예 검토 대상도 아니다. 아메리카의 유럽, 캐나다는 15년 동안 어떤 변화를 겪었을까?

다행히도 캐나다는 2008년 금융위기의 영향을 거의 받지 않았다. 캐나다 은행은 왕립은행의 전통에 따라 일반적인 예금 및 대출 업무에 종사했고 파생상품을 취급하지 않았기 때문이다. 또 바젤II보다도 더 강한 자본규제와 유동성 규제에 따라 일부 지역을 제외하고는 주택가격의 버블도 존재하지 않았다. 개방과 민영화, 규제완화에 적극적이었던 멕시코가 2009년 최악의 경제위기를 맞은 것과는 대조적이다. 자본 및 금융시장의 건전성이 중요하다는 사실을 캐나다 사례는 다시 한 번 웅변하고 있다.

그러나 캐나다의 경제성장, 고용, 그리고 실질임금은 NAFTA(북미자유무역협정)의 약속과 달리 지난 15년간 제자리에서 맴돌고 있다. 1990년부터 2009년까지 20년 동안 경제성장률은 연 평균 2.25퍼센트(1인당 GDP는 1.2퍼센트) 정도로 자유무역협정을 맺기 전인 1980년대의 3퍼센트에 비해 오히려 떨어졌다. 실질임금은 1996년에서 2006년까지 10년 동안 고작 4퍼센트 가량 증가했으며, 캐나다 정부가 NAFTA(북미자유무역협정)를 맺으면 따라잡을 거라고 장담했던 미국과의 생산성 격차는 오히려 증가했다.

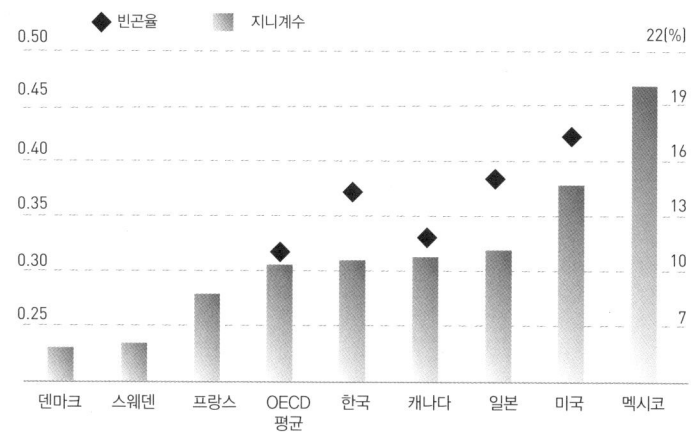

자료: OECD 내의 불평등, 2008.

전 산업 부문의 생산성이 1퍼센트 이상 증가해서 매년 5퍼센트 이상의 추가 성장이 일어날 거라는 한국 정부의 주장과는 너무나 다른 현실이다.

그 결과 2000년대 10년간의 중간 지점에서 지니계수로 측정한 소득불평등은 경제협력개발기구(OECD) 국가 중 나쁜 쪽에서 13위를 차지했다. OECD 평균은 물론, 놀랍게도 14위를 차지한 한국보다도 캐나다의 불평등지수가 더 높았다. 1990년대 초반 이래 OECD 국가 중 거의 유일하게 캐나다의 GDP에서 차지하는 공공사회지출의 비율이 줄어들었기 때문이다.

NAFTA 이후 캐나다 정부는 '노동복지'(workfare), '의무국가'(duty state), '사회투자국가' 등의 구호를 내세워 노동의 의무를 강조하며 복지를 축소했다. 특히 실업급여 제도에서 수급자격의 강화, 급여의 축소, 수급기간의 단축을 통해 현격한 후퇴가 일어났다. 앞에서 본 스웨덴 비판의 핵심인 복지병을 치유하기 위한 정책을 실제로 수행한 것이다.

클락슨 등 캐나다 학자들의 주장대로 NAFTA(북미자유무역협정)는 외부 헌법, 또는 초헌법의 역할을 했다. 일반적인 복지정책, 특히 공공성 강화 정책은 나프타의 여러 독소조항과 부딪칠 수밖에 없다. 특히 투자자-국가 제소권(ISD)은 캐나다의 공공정책을 가로막는 핵심 역할을 했다. 1994년에서 2010년 7월까지 캐나다는 알려진 것만 해도 28건의 제소를 당했다. 한국 정부가 강조하는 예외조항이 북미자유무역협정(NAFTA)에도 유사하게 존재하지만 자연자원 관련 10건, 환경보호 7건, 심지어 우편서비스 2건 등 핵심적인 공공정책이 그 대상이 되었다. 실제로 소송이 진행된 사건보다 돈을 주고 타협한 사건이 더 많을 것이고 소송을 우려한 공무원들이 지레 포기한 정책 또한 숱하게 많을 것이다.

한국이나 멕시코처럼 복지제도가 거의 갖춰지지 않은 상태에서 강력한 양극화 세력, 즉 시장만능주의를 신봉하는 세력이 존재한다면 FTA의 위력은 배가된다. 멕시코의 전화나 철도 민영화의 결과는 잘 알려져 있다. 미국 금융위기의 엄청난 폐해를 보면서도 "수영을 배우기 위해서는 물에 들어가야 한다"(박병원 전 경제수석)며 여전히 메가뱅크-투자은행을 추진하는 대통령 측근이 있는 나라가 한국이다.

경제위기 때문에 주춤하고 있지만 물 민영화, 가스 및 철도 민영화, 특히 의료민영화를 여전히 호시탐탐 노리는 곳에서 거대 경제권과의 FTA는 복지 확대는커녕 복지 축소를 가져올 것이 틀림없다. 협상에서 미래유보로 빠졌다고 하더라도 자발적 민영화와 FTA가 결합하면 ISD(투자자-국가 제소권)의 대상이 됨으로서 어떤 비극이 발생해도 되돌아갈 길이 끊어지기 때문이다.

우리가 복지국가 되려면

스웨덴이나 캐나다에 비한다면 복지에 관해서 우리는 이제 막 걸음마를 뗀 아기에 불과하다. 연부역강(年富力强)한 청장년의 경우에도 금융규제 완화와 투기, 그리고 시장주의 정책기조를 따랐을 경우 심각한 위기를 겪었다. 지난 15년간 지속된 양극화 시대에 우리 국민의 의식을 사로잡은 구호는 "부자 되세요"라든가 "아무도 2등은 기억하지 않는다" 따위였다. 그러나 우리 국민은 심각한 양극화 속에서 "나와 내 아이만은 승리할 수 있다"는 미몽에서 깨어나 비로소 다 함께 사는 길, 즉 복지를 요구하게 되었다. 지난 2008년의 총선과 2010년의 6.2 지방선거를 비교해 보면 가히 상전벽해(桑田碧海)라고 부를 만한 변화가 일어난 것이다.

하지만 지난 15년 동안의 정책기조를 유지하는 한, 복지국가는 험난한 길을 걸을 수밖에 없다. 미국식 FTA를 맺고, 자발적인 민영화와 규제완화를 함으로써 양극화를 촉진하면서 복지로 그 구멍을 메운다는 것은 4대강 사업을 하면서 홍수방지책을 만드는 것과 하등 다를 바 없다. 이런 상황에서 복지만 늘리면 필경 재정이 악화되어 복지 포퓰리즘이라는 적반하장의 비판을 받을 수밖에 없다.

당장 부동산투기와 사교육 등 투기를 근절해야 하고 금융거래세를 부과해야 한다. 대기업과 중소기업 간의 양극화, 정규직과 비정규직 간의 양극화, 학력과 성에 따른 양극화를 시정하는 정책을 동시에 시행해야 한다. 동아시아 국가들과 함께 자본이동에 대한 규제를 강화하고 새로운 금융거시건전성 규제를 도입하는 것도 필수적인 일이다.

한마디로 기존의 경제정책기조를 확 바꿔야만 복지동맹이 승리할 수 있다. 우리가 이 모든 일을 꾸준히 성공적으로 수행한다면 우리 아이들 대에 이르면 아시아의 모범적인 복지국가라는 영예를 누릴 수 있을 것이다.

| 시민토론회 |

복지국가, 시민의 손으로 짓는다 03

복지국가는 시민 합의가 기본이다. 그러므로 그동안 전문가와 정치권 중심으로 이뤄져 온 복지에 대한 논의는 시민사회로 확대될 필요가 있다. 이 같은 문제의식을 바탕으로 '경향신문 특별취재팀'은 그간 전문가 대담

2011년 6월 23일 오후 6시 서울 중구 정동 프란치스코 회관 '산 다미아노'에서 주최한 '사랑방 복지 시민토론회'.

제4부 지속가능한 복지를 위해

방식으로 이뤄져 온 기존의 '논의'를 시민참여의 장으로 넓혔다.

지난 2011년 6월 23일 오후 6시에 서울특별시 중구 정동의 아담한 카페에 모인 시민 20여 명은 2시간 30분 동안 열띤 의견을 나눴다. 이 자리에는 장경섭 서울대 사회학과 교수, 김태일 좋은예산센터 소장, 노대명 보건사회연구원 연구위원이 참석해 발제와 질의응답을 맡았다.

발제 1

가족중심 재생산시스템 탈피를

— 장경섭 (서울대 사회학과 교수) *

복지란 자본주의 체제가 최소한의 지속가능성을 담보하기 위해 당연히 챙겨야 할 사안이죠. '사회 재생산'이란 개념을 통해 한국에서 국가와 가족의 관계가 어떻게 지속되었고 앞으로 어떻게 바뀌어야 하는지, 자본주의 체제에서 기반이 흔들리는 사회적 현실을 짚어볼 수 있습니다.

흔히 자본주의는 생산체제의 조직적 원리를 중심으로 정의되지만 기업이나 국가경제 차원에서 원활하고 지속적인 발전을 달성하기 위해서 사회재생산을 효과적이고 안정적으로 관리할 수 있어야 합니다. 사회재생산은 경제적 생산과 대비해 생각해보면 됩니다. 기계가 있으면 기계를 닦고 기름 쳐서 잘 관리하는 거죠. 일전에 〈워낭소리〉라는 영화가 있었죠. 농사에서 소가 중요한 생산체인데, 소를 둘러싼 여러 가지 물질적인 활동뿐 아니라 애정까지 포함한 것이 사회재생산이라 할 수 있습니다. 인간으로 치자면 노동자 등 생산의 바탕을 유지시켜야 하는 조건들이 있고,

---

* 1991년 브라운대학 사회학 박사. Economy and Society 편집고문.

이 같은 인간을 관리하는 모든 것이 사회재생산입니다. 그런데 우리의 경우 사회재생산이 주로 가족을 위주로 이뤄져왔죠. 모든 사회가 항상 가족이 책임지는 것은 아니고 사회적으로 다양성이 있습니다. 특히 북유럽 복지국가들은 사회재생산을 이미 '사회화'했습니다. 이러한 사회재생산의 사회화는 자본주의 체제와 민주주의 정치를 조율하는 시스템으로도 볼 수 있습니다. 이들 국가들은 가족이 아닌 개인을 중심으로 하는 사회권 보장을 나라 차원에서 추진함으로써 사회재생산의 사회화 혹은 탈가족화를 가장 적극적으로 실천한 것입니다.

반면 한국을 비롯한 동아시아 같은 나라는 가족에게 짐을 지워서 사회재생산의 모든 책임을 지게 했습니다. 바로 이런 차원에서 한국의 가족은 한편으로는 굉장히 공격적인 가족입니다. 왜냐하면 재생산이 가족 베이스이니까요. 우리는 전반적으로 개발주의 성향이 있어서 경제적 확대 재생산을 지향하는데, 여기에 개인이 가족단위로 참여하게 되면 노동자든 사용자든 거기에서 결과를 얻고 성공을 하기 위해 사회재생산에 전략적이고도 적극적으로 참여하게 되는 겁니다. 하지만 이러한 사회재생산 체제가 20세기 후반부터 심각한 위기를 겪게 되었으며 우리의 경우 'IMF 경제위기' 직후부터 심각해졌습니다.

교육이 단적인 예입니다. 우리나라는 세계에서 교육열이 가장 높은 나라이고 대학진학률도 세계 최고일 정도로 교육에 대한 투자가 굉장히 공격적입니다. 때문에 한국에서 사회재생산체제는 국가가 적극적으로, 이념적으로 강조하지 않더라도 가족이 적극적으로 임해왔습니다. 국가나 기업이나 참 편리한 것이죠. 국가만 개발주의적인 게 아니라 가족도 개발주의적이었다고 볼 수 있습니다. 시민이 가족 중심으로 적극적으로 사회재생산에 투자를 해왔고, 그 바탕으로 자원이 빈곤한 한국은 1960~70년대에 풍부한 양질의 노동력으로 경제발전을 한 겁니다. 가족 차원의 엄청난 사회재생산이 이루어졌다는 전제가 있던 거죠. 그런데 지금 중장년층들은 자녀들의 교육을 위해 '올인'하다 보니 자신들의 노후를 준비하는 사회재생산에는 굉장히 소홀히 하고 있습니다. 노인 절대다수가 빈곤층으로 사는 일이 벌어지는 거죠.

다른 한편으로는 급속한 경제성장이 세계화 및 경제위기와 맞물리며 경제 질서가 가장 짧은 시간에 가장 높은 단계의 산업구조로 고도화됐다는 겁니다. 경제가 발전한 것은 좋았는데 문제는 너무 한쪽으로, 일부 고급기술 인력만 필요로 하는 방향으로 산업구조의 변화가 전개된 거죠. 이 과정에서 모든 가족적 자원을 교육 등 사회재생산에 투자했지만 투자해 놓고 회수를 할 수 없는 상황이 됐습니다.

이런 차원에서 무슨 결론을 내릴 수 있을까요? 경제 질서의 역사적 변화 과정에서 시민, 국가, 기업의 삼각관계 속에서 역사적인 공정성이랄까, 이런 차원에서 경제적 질서를 바라봐야 할 당위성이 발생합니다. 복지국가 논쟁은 한편으로는 한국의 구체적 맥락과는 무관하게 자본주의 체제의 당위성, 합리성을 갖고 있지만 한국에서는 그동안 가족중심적인 재생산 체제가 유지되온 탓에 문제가 발생했습니다. 그동안 가족중심적인 재생산시스템 속에서 국가와 기업에 보조금을 지급한 것이나 다름이 없거든요. 이 결과 가족에겐 남은 게 없는 겁니다. 박정희 시대의 '선성장 후분배 논리'에 따라 경제체제 기여에 대해 개개인 시민에게 보상해주기는커녕 미루기만 했습니다. 박정희는 죽었으니 당시 약속한 사람은 존재하지 않고, 그 후 들어선 신자유주의 주류들은 자신이 그런 약속을 한 적이 없다고 말하는 거죠. 그런 의미에서 한국에서 복지국가라는 것은 자본주의 사회에서 일어날 수 있는 보편적인 요구인 동시에 한국 같은 특수한 개발주의와 사회재생산을 둘러싼 공정성을 바로잡는 차원이기도 합니다. 지금은 국가가 국민소득 2만 불, 인구가 5,000만 명에 가까운 나라이고 경제자원도 많잖아요. 세율이 낮다고 해도 세금의 총액은 엄청납니다. 이제는 사회재생산에 대한 전면적 사회화를 생각해야 하는 시점인 거죠.

지금 가족은 전부 돈을 빌려서 사회재생산을 하고 있습니다. 한국은 국민소득 대비 부채부담이 세계에서 가장 높은 나라 중 하나입니다. 등록금 문제도 그렇죠. 이 모든 것이 하나의 체제 차원에서 뒤엉켜 있기 때문에 복지국가라는 게 단순 재분배가 아니고 시민과 국가 사이에 어떤 방식으로 상호관계를 가질 것인가의 문제인 것입니다.

발제 2 | 복지는 돈, 참여예산제 확대해야
– 조세와 재정, 시민이 알아야 할 부분들

– 김태일(좋은예산센터 소장)*

지금 복지는 정치고, 사회권이고 하는 얘기가 많죠. 하지만 결국 복지는 돈이고 예산을 통해서 해야 하는 겁니다. 그러니까 복지를 잘 하려면 재정과 예산을 잘 알 필요가 있습니다.

관련해서 몇 가지 살펴볼까요. 우리나라가 복지지출 수준이 선진국들에 비해 상당히 적다는 건 많이 알고 있죠. 2007년 기준으로 다른 OECD

* 고려대 행정학과 교수, 1995년 카네기멜론대 정책학 박사.

국가들의 평균 복지지출 규모는 GDP대비 21.7퍼센트인데 비해 우리나라는 7.5퍼센트(2010년은 9퍼센트 정도)로 절반에도 미치지 못합니다. 이를 두고 열악한 복지 현실을 보여주는 것이라며 복지지출의 확대가 필요하다고 주장하는 겁니다. 하지만 다른 한편으로 우리의 현재 복지 규모가 크지 않다는 사실에 대해서는 동의하지만 서구에 비해 복지제도의 도입이 늦고 고령화율이 낮기 때문이라는 이유를 듭니다. 그러면서 현행 복지제도를 유지해도 제도가 성숙하고 고령화율도 높아져 감당하기 어려울 정도로 복지지출이 늘어날 것이라며 이에 대한 대비를 해야 한다고 주장합니다. 또한 우리나라의 복지지출이 낮은 또 하나의 이유로 경제력의 차이를 듭니다.

경제력의 차이가 복지지출이 낮은 이유는 과거에는 설득력이 있을지 모르지만 지금은 그렇지 않습니다. OECD 국가들의 20년 전인 1985년에도 GDP대비 복지지출 규모 평균이 19.5퍼센트로 2007년 21.7퍼센트의 현행과 차이가 별로 없습니다. 그리고 우리나라의 현재 경제수준은 1985년 선진국들보다 낮지 않습니다. 그래서 경제 수준이 낮아 경제성장에 더 집중하기 위해 복지지출을 확대할 여력이 없다는 말은 설득력이 없습니다.

제도 도입이 늦어 성숙하지 못했기 때문에 본격적인 효과가 나타나지 않기 때문이란 이유와 선진국에 비해 노인인구가 낮기 때문이란 이유 역시 설득력이 별로 없습니다. 우리나라의 노인인구 비율은 2020년에 17퍼센트가 될 것이라고 추정합니다. 17퍼센트는 2007년 OECD 국가들의 평균과 거의 같게 되고 2020년이면 제도 역시 성숙단계에 들어설 것입니다. 현재의 제도를 그대로 유지할 경우 복지지출은 2020년에 GDP대비 12퍼센트가 될 것입니다. 현재의 2007년의 7.5퍼센트보다 꽤 높아진 수치지만 2007년 OECD 국가들의 평균인 21.7퍼센트와 비교하면 현저히 낮은 수치입니다. 그리고 현재의 수준을 유지해도 2050년에는 우리나라도 OECD 국가들 평균 정도의 복지지출을 한다며 지나친 복지 확대를 경계해야 한다고 보수 언론에서 말합니다. 하지만 40년 후에 OECD 국가들의 평균에 미친다니 우울한 이야기며 과연 40년 전에 오늘을 예측할 수 있었느냐의 의문과 앞으로 40년의 추세를 출산율, 경제성장률 등에서 가정할 수 있느냐는 문제가 따릅니다. 아무튼 우리의 복지지출은 현재는 너무 적고 더 늘려야 한다는 것은 틀림없는 사실입니다. 일각에서는 돈 많이 드는 복지를 했다가는 계속 경제에 부담이 된다는 말이나 현 상태를 가만히 둬도 20~30년 뒤에는 GDP대비 20퍼센트에 달하게 돼서 OECD 국가들의 평균 못지않은 복지수준이 된다는 말 등이 얼마나 사실인지, 그리고 그 말 속에 의미하고 있는 것이 무엇인지 고민해야 합니다.

일단 수치를 말씀드리겠습니다. 현재의 복지지출 수준을 그대로 유지하고 경제가 성장하고 노인인구 비율이 증가했을 때 한국의 복지수준은 얼마나 될까요? 2020년이면 한국의 노인인구 비율이 OECD 수준과 비슷해지는데, 〈세부 분야별 지출 규모 비교〉를 보면 우리나라는 2020년이 돼도 2005년 OECD 수준에 미치지 못해요.

세부 분야별 지출 규모 비교

	연금	보건의료	가족	고용정책	실업	주거	근무능력	기타
OECD(2005)	8.3	6.6	2.2	0.7	1.2	0.4		3.1
한국(2020)	3.6	4.1	0.6	0.3	0.3		-	1.7
차이	4.7	2.5	1.6	0.4	0.9	0.4		1.6

분야별로 비교를 해볼까요. 앞으로 우리가 복지지출을 확대한다고 했을 때 과연 어느 분야를 확대해야 하는지를 알려면 여러 가지 방법 있지만 우리보다 먼저 복지를 한 다른 나라들과 비교해보는 게 방법입니다. 복지 분야를 연금, 의료, 가족정책 등등 세분해서 각 분야별로 2005년도 OECD 국가와 2020년의 한국과 비교를 해보죠. 우리나라는 2020년이 돼도 연금지출이 3.6퍼센트로 예측이 되거든요. 앞으로 10년 뒤가 돼도 연금, 노후보장이 굉장히 빈약하단 얘깁니다. 사실 노인빈곤 문제가 굉장히 심각한데 10년, 20년 뒤에도 지금처럼 가만히 두고 있으면 결코 해결되지 않습니다.

보건의료 쪽을 봐도 꽤 차이가 납니다. OECD는 6.6퍼센트(2005년 기준)인데 우리나라는 4.1퍼센트(2020년 기준)가 될 거에요. 우리나라의 건강보험 보장률이 낮기 때문에 발생한 문제죠.

세 번째가 가족인데요. 2005년도 OECD(2.2퍼센트)와 2020년도 우리나라(0.6퍼센트)와 차이의 절대치를 보면 1.6퍼센트 포인트니까 얼마 안 된다 싶겠지만, 전반적으로 보육에 대한 지원도 필요하지만 빈곤아동, 청소년에 대한 지원도 필요하거든요. 많이 한다고 해도 그렇게 큰 액수가 들어가는 것도 아니고요.

그렇다면 지출을 늘리기 위해서는 무엇이 필요할까요? 세금을 늘려야겠죠. 당연히 비용부담이 생기니까 조세를 확대할 수밖에 없는 겁니다. 복지국가를 하면서 조세를 늘리지 않는다는 건 말이 안돼요. SOC 등 다른 분야의 지출을 합리화해서 복지재원으로 쓸 수는 있겠지만 여기에는 한계가 있어요.

조세를 확대해야 한다면 어느 분야를 얼마큼 확대하는 게 좋을까요?

OECD 국가들의 국민부담률

	프랑스	독일	일본	한국	스웨덴	영국	미국	OECD 평균
총소득세	8.69	10.66	9.49	7.33	16.30	13.20	11.77	12.39
개인소득세	7.26	9.33	5.62	3.63	13.48	10.44	9.93	8.69
법인세	1.44	1.33	3.86	3.69	2.82	2.76	1.84	3.51
사회보험료	16.44	14.35	10.87	5.85	11.33	6.78	6.54	8.82
-근로자	4.05	6.27	4.83	2.40	2.78	2.66	2.90	3.25
-고용주	11.13	6.75	5.03	2.58	8.50	3.89	3.28	4.97
-자영자	1.26	1.33	1.01	0.87	0.24	0.22	0.36	0.97
급여세	1.34	0.00	0.00	0.06	3.94	0.00	0.00	0.39
재산과세	3.41	0.85	2.65	2.99	1.09	4.23	3.16	1.88
소비과세	10.45	10.97	5.07	8.19	13.49	9.96	4.60	11.05
기타	1.48	0.00	0.07	1.16	0.06	0.00	0.00	0.21
국민부담률	41.90	36.99	28.15	25.57	46.37	34.34	26.06	34.81

(GDP대비 비중, 2008/2009년 기준, 단위: %)

다른 나라의 조세구조와 한 번 비교해보겠습니다.

〈OECD 국가들의 국민부담률〉에 나오는 국민부담률은 조세에다가 사회보험료를 더한 것입니다. 이걸 비교를 했는데 예컨대 2009년(일부 국가는 2008년도 수치) OECD 평균 국민부담률은 35퍼센트인데 우리는 25퍼센트가 좀 넘는 수준입니다.

분야별로 볼까요. 일단 소득세는 법인세가 있고 개인소득세가 있어요. 우리나라는 개인소득세가 2009년 GDP대비 3.63퍼센트인데 OECD 평균은 8.69퍼센트에요. 사실 우리 소득세는 굉장히 적습니다. 근로자들이 '유리지갑'이라면서 세금을 과도하게 내는 것처럼 얘기하는데 사실 전체 근로자 중 40퍼센트 이상은 근로소득세를 아예 내지 않고 있어요. 이쪽 부분은 앞으로 훨씬 더 늘려야 할 필요가 있습니다.

그 다음이 법인세인데요. 3.69퍼센트로 OECD 평균보다 약간 높죠. 법인세가 높은 편이라는 사실은 맞아요. 그런데 문제가 뭐냐면 기업이 부담하는 것은 법인세만 있는 게 아니라 기업 사회보험료도 있는데 이 중 일부가 사업주 부담이죠. 근로자가 자기 월급에서 내는 것 외에 고용주의 부담이 2.58퍼센트에요. OECD 평균은 4.97퍼센트로 우리보다 훨씬 높거든요. 기업이 부담하는 법인세에 여기다 사회보험료까지 더하면 기업의 부담은 굉장히 낮죠. 한국기업에 투자를 유도하기 위해 법인세를 낮추면서 사회보험료는 기준대로 하자고 하면 유리한 것만 갖고 얘기하니까 안 되는 말이죠.

그렇다면 복지재정에 대한 시민의 참여방안이 무엇이 있을까요? 일단 참여예산을 확대해야 합니다. 중앙정부 차원에서도요. 시민이 생각하는 바람직한 예산은 무엇인지 의견을 수렴하는 자리가 필요합니다. 지자체의 주민참여제처럼 제도화되면 좋겠지만, 그렇지 않더라도 오건호 사회공공연구소 실장이 제안했던 시민이 참여하는 재정전략계획을 통해 각계 시민이 앞으로 10년, 20년 뒤의 재정구조에 대해 토의하고 복지 분야에 얼마나 세금을 더 걷어야 할지 의견을 교환하는 것이 필요하다고 생각합니다. 그렇게 토의하고 합의를 이끌어낼 수 있다면 복지운동에 훨씬 힘이 될 수 있을 겁니다.

최근 국회에서 예산 기능을 강화하는 안이 제기되고 있다고 하는데요, 국회로 가져오는 안에 대해서 논란은 있겠지만 현행보다 강화하는 것은 필요합니다. 그리고 앞으로 10년, 20년을 내다보는 전략적 접근이 필요하다고 생각합니다.

발제 3

문제는 사회권이다

- 노대명(보건사회연구원 연구위원)＊

사회권이라는 단어가 많이 부각되지는 않았지만 항상 민주주의 갈등의 핵심은 사회권이었습니다. 사회권이란 좁은 의미에서 사회보장권 또는 복지권과 동일시되고 있지만 본래 경제적·사회적·문화적 권리를 총칭하는 말입니다. 흔히 민주주의의 역사를 이야기할 때 자유권만을 강조하는데 사회권과 자유권은 불가분관계이며 사회권을 둘러싼 갈등의 역사입니다. 또한 사회권은 자유권보다 적극적으로 무엇을 요구하는 권리입니다. 현재 사회권은 온전하게 실현되고 있지 않은 권리이기 때문에 만들어가야 할 권리인 셈입니다.

지금의 복지는 '일단 성장을 해서 파이를 최대한 나눠 갖자'입니다. 복지는 성장과정에서 나오는 많은 문제를 덮는 데 사용됐지 복지가 그 문제를 해결한 적은 없습니다. 역설적으로 얘기하면 복지권리를 보장한다는데, 경제사회적 배경에서 노동시장을 놓고 여러 가지 배열에서 복지얘기를 할 수 있나요? 없죠. 그래서 사회권을 이야기해야 한다고 생각합니다. 교육, 노동, 주거 등 모든 문제가 터져 나오는데 복지라는 카드를 갖고 접근하면 대단히 위험합니다. 좁은 의미의 복지가 아니라 넓은 의미의 복지, 노동과 교육과 주거를 포함하는 관점을 갖고 바라봐야 합니다. 철학에도 메타가 있듯이 복지에도 메타가 있는데 복지의 반경을 좌우하는 것이 바로 노동이거든요. 노동권이 약해서 빈곤층이 늘어나는 상황을 복지

＊ 파리 제2대학교 정치사회학 박사.

로 막겠다는 발상은 어리석은 생각입니다.

사회권을 이야기할 때 가장 중요한 것 중 하나는 '어떤 분야에서 사람들의 고통의 강도가 큰가'입니다. 아마 한국 사람들의 고통이 지금 가장 큰 분야는 교육일 겁니다. 특히 한국에서 교육은 사회권입니다. 교육이 노동과 관계에서 중요한 모순의 악순환을 이루고 있기 때문이죠.

최근 복지정치의 시대가 열린다고 말들 하죠. 복지정치의 시대에 정치권은 생존을 위한 변화를 요구받습니다. 그리고 복지를 둘러싼 내용이 정당선택의 중요한 쟁점이 될 때 복지논쟁의 시대일 텐데, 몇 가지 생각해 볼 필요가 있습니다.

첫째, 복지에 대한 시민의 의견은 어떤 여론환경에 노출되는지에 따라서 상당히 달라집니다. 어떤 학자들은 한국사회 시민은 자기가 속한 계층과 어긋난 복지의식을 갖는다고 말합니다. 복지의식이 자기 현실과 괴리되는 거죠.

둘째, 정치적 선택이 권력구조를 바꾸는 데 영향을 미치지 못했습니다.

셋째, 법을 만들면 다 됐다고 생각하지만 복지와 관련한 수많은 문제는 법의 문제가 아닙니다. 법보다는 그 법에 상당하는 중요한 행정기준들이 있는데 수치가 미비하거나 보장수준이 낮아서 문제가 되는 겁니다.

그리고 최근에 벌어졌던 복지논쟁의 내용이 보편과 선별을 둘러싼 것이었죠. 논쟁이 벌어진 건 다행인데 내용적으로 빈약해 뭐라 말하기 힘들더군요. 보편-선별 논쟁이 터지고 난 이후 나온 공약들은 정말 준비되지 않은 것이었습니다. 내놓는 순간 전문가들에게 판판이 깨진 것들이 계속 조금씩 바뀌어서 또 나오는 식입니다. 이젠 어느 정도 준비된 정책이 나왔으면 합니다.

사실 한국 정당은 정책정당도 이념정당도 아닙니다. 야당과 여당일 뿐 좌우는 아니죠. 정책정당이라면 정책에 대한 정체성을 갖춰야 합니다. 지금 같은 상황에서는 사회권 문제와 복지논쟁이 제기될 때 어떤 태도를 갖고 어떻게 접근할지 택해야 하는 거죠.

질의응답

발제가 끝나고 시민의 질문이 이어졌다. 어떤 형식 없이 시민들께 자유롭게 질문하도록 했다. 여기에는 가감 없이 그 전문을 실었다. 전문가, 정치인이 아닌 복지, 복지국가에 대한 일반 시민의 목소리를 담고자 했던 취지 때문이었다. 우리는 취재과정에서 만난 시민과 토론회에 참가해서 의견을 개진해주신 시민의 생각이 다르지 않음을 발견했다.

토론회의 질의응답은 크게 세 가지로 정리해 볼 수 있겠다. ① 시민 참여 없는 정치권·전문가 중심 복지 논의는 안 된다. ② 정규직·비정규직 양극화 내버려두면 복지 해결 못한다. ③ 현행 조세체계는 덜 내고 덜 받는 구조공제이기 때문에 제도·세율 개선 없인 재정 확보 어렵다.

사회(경향신문 최민영 기자, 이하 사회) 세 분 발제를 들었습니다. 그럼 시민 여러분의 질의 또는 의견을 받도록 하겠습니다.

최형록(시민) 저는 질문보다는 제 관점을 잠깐 말씀 드리려 합니다. 문제에 접근하는 데 있어서 관점은 가장 중요합니다. '고양이 목에 방울 달기' 우화는 다 아시죠. 아마 제일 좋은 방법은 고양이 목을 쳐버리는 것입니다. 인간사회로 하면 혁명이죠. 그런데 한국사회에서 복지 문제를 비롯해서 지금 벌어지는 온갖 문제에 대해서 혁명할 능력이 없으니까 잠정적으로 또는 차선책으로 자본주의 체제를 전제로 해서 복지를 논하고 있는 것입니다.

아마도 한국의 경우에는 스웨덴, 네덜란드 등과 비교해서 국방비 부담과 부정부패, 미비한 누진세 등을 비롯해서 조세정책을 개선하지 못한다면 아마 복지재정은 확보하기 어려울 것이라고 생각하는데요.

복지가 발달한 스웨덴, 노르웨이, 덴마크 등의 경우 우리와 가장 다른 점 중의 하나가 노조조직률일 겁니다. 우리나라는 노조조직률이 10퍼센트밖에 안 되죠. 그런데 북구의 경우에는 1970년대에는 거의 90퍼센트에 달했습니다. 다시 말해서 재정을 확보하기 위해서라도 앞서 얘기한 '고양이' 우화처럼 정치적인 힘이 없으면 안 되는 겁니다. 스웨덴, 노르웨이, 덴마크 등의 경우에는 노동운동을 바탕으로 한 정당과 정치조직이 많습니다. 그리고 1930년대를 기점으로 이 나라에 사회주의 세력이 뿌리를 내릴 때 파업을 많이 했습니다. 공짜로 이룬 게 아니라 자본가와 투쟁하는 가운데 이룬 겁니다.

아까 장경섭 교수님이 간단하게 사회재생산 측면에서 한국의 가족주의 말씀을 하셨는데, 한국에서는 가족을 사회단위로 생각하기 때문에 계급이 중심에 설 수가 없습니다. 가족주의라는 것을 넘어서는 것이 굉장히 중요한 문제이죠.

노대명 그에 대한 제 생각을 말씀드리겠습니다. 첫째, 저는 그 계급적 지위라는 표현을 써서 한국사회에서 노동의 정치가 다시 살아날 가능성은 별로 없다고 생각합니다. 극단적인 표현을 쓰자면 계급적 지위가 너무 분화가 많이 됐습니다. 한때는 풀타임의 육체노동자 이런 사람들이 전체 근로자의 상당수를 차지하고 정규직이 전체 임금근로자의 80~90퍼센트를 차지했지만, 한국사회의 노동시장이 많이 바뀌어서 지금은 노동에서 노동조합이 전반적인 노동계급을 대표한다고 생각하지 않습니다. 외환위기가 나고 나서 경험한 몇 가지 사건들은 한국사회에서 노동조합이 어떤 조직보다 조합주의적이라는 점이죠. 말씀하신 하나의 계급적 지위를 가정한 투표와 정치적 선택이론이 굉장히 어려운 거 아닌가, 이런 가정을 하고 있습니다.

사회자 한국사회에서 복지사회를 만드는 데 있어서 노동조합이 주체가 될 수 있는지에 대해서 다른 관점이 제시됐네요. 과거 북유럽에서 노동조합의 운동을 주요 동력으로 복지국가를 이뤄냈던 것처럼 한국에서도 노동계급이 주체가 돼야 한다는 최형록 씨의 의견에 대해 노 연구위원께서는 한국에서는 노동조합이 주축이 되기에는 이미 노동운동이 전체 비정규직 노동자 등을 포괄하지 못해서 큰 힘을 갖기 어려울 것 같다는 의견을 주셨습니다. 다음 질문받도록 하겠습니다.

김용우(시민) 김태일 소장께서 복지는 돈이라고 말씀하셨는데, 돈을 많이 거두려면 법인세, 부유세 등을 많이 걷는 것이 어떨까 하는 생각이 드는데 김 소장께서는 어떻게 생각하시는지 궁금하구요. 불공정한 경제구조, 비정규직 문제와 하청구조 문제도 어찌 보면 있는 자들의 이기심 같거든요.

김태일 세금이란 건 누진적 성격 있어서 다 같이 하더라도 많이 버는 사람이 더 많이 냅니다. 근로 소득자 가운데 40퍼센트 가까운 거의 절반 가까이가 세금을 한 푼도 안 내고, 80퍼센트가 세금 5퍼센트밖에 안 내요. 1억 원이 넘어야 10퍼센트 세금을 내죠. 그 이유는 각종 공제제도가 많아서입니다. 이게 세금 낮춰주는 역할을 하는 거거든요. 공제가 돈을 많이 버는 사람이 더 혜택 보는 것으로 돼 있죠. 예를 들어서 우리나라 소득세에서 각종 공제제도를 없애면, 세금 한 푼 안 내는 하위 2,000만 원 이하 분들이 6~7퍼센트의 세금을 내야 될 겁니다. 동시에 연봉 1억 원 받는 이들이 지금은 10퍼센트밖에 안 내지만 1,300만 원을 더 내야 한다는 계산이 나오거든요. 연봉 2,000만 원은 120만 원을 내게 되구요. 물론 그것도 부담일 수는 있죠. 그렇지만 그 돈을 무조건 단순히 소득공제를 없애서 연봉 2,000만 원 이하도 120만 원 내고, 연봉 1억 원도 내고 1/n의 해서 수당으로 주면 저소득 계층은 낸 것보다 훨씬 더 많이 받게 돼 있습니다.

무슨 얘기냐면, 우리나라 조세체계가 굉장히 문제가 많은데, 결국 모든 공제는 돈 많은 사람이 더 많이 가져가게 되는 구조기 때문입니다. 부유세만 해야 한다, 그건 아닌 것 같습니다. 누구나 적용되는 세율을 올려야 합니다. 그러나 그렇게 하더라도 돈을 많이 버는 사람이 더 많이 내게 돼 있는 거죠. 그걸 가지고 전체 국민에게 복지를 낸 세금보다 훨씬 더 많은 혜택을 제공할 수 있는 것이고요. 지난해 건강보험 하나로도 그 맥락으로 읽을 수 있습니다. 전 한 푼도 안 내고 혜택을 받겠다는 건 더 이상 안 될 것이라고 봅니다.

사회자 복지국가를 만드는 데 있어서 세금이 필요하니 부자들에게 세금을 더 거둬야 하지 않겠냐고 김용우 씨께서 말씀해주셨는데, 여기에 대해서 김태일 소장께서는 복지의 수혜자인 일반 국민도 조금씩이나마 세금을 더 내는 구조가 돼야 하고, 세금의 성격을 누진적으로 만든다면 부의 재분배 효과도 충분히 거둘 수 있다는 말씀이었습니다.

노대명 김용우 씨께서 말씀하신 노동의 문제, 저도 심각하다고 생각합니다. 비정규직 하나가 상징하는 문제가 여러 가지거든요. 비정규직은 일단 교육·지역·성별·연령 여러 가지 조건에서 취약점을 갖고 있습니다. 장가가기도 어렵죠.

비정규직 임금격차와 복지 문제를 어떻게 연결시킬 수 있냐하면요. 1987년 체제 이후 노조가입률이 증가하고 수많은 사회보험 가입자가 증가했지만 지금의 체제로 양극화되면 복지가 늘어나도 복지도 같이 양극화가 이뤄지게 됩니다. 노동소득의 양극화가 복지의 양극화가 되는 거예요.

지금 현재 한국에서 복지논쟁을 시작할 때 비정규직의 문제는 여러 가지 문제에서 큰 장애입니다. 극단적으로 표현해 말씀드리면 비정규직이고, 가난한 사람에게 지원하려고 하면 소득 파악도 안 되고 뭘 주려고 하고 대책이 없어요. 소득 파악이 안 되니까 복지를 주지 않을 좋은 명분이 생기는 거죠.

비정규직이 노동시장에서 계속 이동하는 그 과정에서 (노동경력이) 끊어지는 문제가 있습니다. 청년층에 대해 복지의식 조사를 한 적이 있는데, 한국사회에서 형평성과 공정성 문제에 가장 불만을 많이 가진 집단이 30대에요. 30대가 누구냐면, 외환위기 때 아버지 퇴직하고, 대학을 졸업

해도 아직 취직이 안 되는 친구들이죠.

한쪽에서 노인이 문제라면 사실 다가오는 건 청년층의 문제입니다. 아버지가 죽어서 자산을 물려받기 전까지는 상당히 가난해요. 이대로 내버려 둔다면 비정규직 문제는 굉장히 큰 문제가 될 겁니다.

사회자 현재 노동시장에는 비정규직 노동자들이 많은데, 이들을 복지제도로 품어 안기 위해서는 설계 단계에서부터 신중을 기해야 하겠네요.

강대중(시민) 저는 김태일 소장과 노대명 위원께 하나씩 질문 드리겠습니다. 한국이 많은 OECD 국가에 비해 GDP대비 복지수준이 낮다는 것은 사실인데요. 연금이나 그런 것이 아닌 축구장, 수영장 만드는 건설예산이 복지로 포함된다는 걸 듣고 놀란 적이 있습니다. 이런 실제 기준이 OECD랑 동일한 것인가요?

그리고 노대명 위원께서는 사회적 약자에게 이슈가 집중되는 나머지 실제 생산을 이루는 노동계층 복지가 과소평가되고 있다고 말씀하셨는데 그런 지적은 위험하게 느껴집니다. 노약자에게 집중할 게 아니라, 노동계층에게 집중해야 한다는 게 '낙수효과'와는 크게 다르게 들리지 않습니다.

김태일 2010년에 우리나라 복지예산 규모 발표 때 보금자리 주택 이런 것들이 복지예산에 포함됐다 해서 비판을 받았죠. 우리나라는 복지예산에 주택부분 건설이 들어가요. 반면 OECD는 그걸 제외하고 있죠. 우리도 OECD에 보고할 때 그건 제외합니다. OECD 기준에 맞춰서 보고를 해도 완전하진 않고 오차는 있겠죠. 복지 관련해서 시설투자를 많이 하긴 하는데, 이거 때문에 GDP대비 복지지출 오차가 많지는 않을 것 같아요.

노대명 아마 표현상 그렇게 지적할 수 있을 거라 생각합니다. 저는 근로빈곤층에 관심이 많습니다. 지금 현재 한국사회에서 솔직히 표현하면 노인, 장애인 대상 소득보장액은 이미 트랙에 올라갔다고 생각합니다. 더 큰 문제가 어디에 있냐면 일하고 있는 사람들이 수당을 충분히 보장하지 못하고 있다는 거죠.

OECD 국가복지를 분야별로 나눠보면 한국, 특히 근로 및 가족에 대한 투자가 약합니다. 왜 이 얘기를 하냐면 지난 1년간 이탈리아, 그리스, 프랑스 등 주로 남유럽국가에 대해 살펴봤는데, 그리스는 전형적으로 국가 운영을 잘못한 케이스이고, 특히 복지 관련 배분에 실패한 경우에요. 노인 쪽을 과도하게 늘려 청년층에 대한 지출이 과도하게 떨어졌죠. 이는 복지지출 차원에서도 문제지만 내수를 진작시키는 차원에서도 문제입니다. 한국사회도 노인예산을 더 하지 말고 일을 시키자, 이 얘기가 아니에요. 복지 자원은 영역별 대상별로 균형적으로 가는 것이 중요하다는 거죠. 그리스는 정치집단이 선거에서 이기기 위해서 노인층 유권자를 의식해서 결과적으로 계속 노인복지만 늘었어요. 한국도 그런 전환점에 들어왔다고 생각합니다. 지금부터 그쪽 분야를 생각하고 재정을 짜야 해요. 기초노령연금과 보험료 인상 문제를 보면, 기초노령연금은 법안이 통과됐으나 보험료 인상은 부결됐거든요. 기초노령연금은 인기가 있지만 보험료 인상은 표심을 사기에는 위험하거든요. 근데 이런 정치형태가 계속되면 위험하죠. 역설적으로 표를 얻기 위해서는 수단과 방법을 가리지 않게 되는 것입니다. 한국의 정당은 정책정당으로 불리지 않기 때문에 그런 것들을 고려해야 하는 겁니다.

사회자 국내 보수 정치인들이 종종 그리스가 복지 때문에 망했다는 얘기를 하는데, 노 위원님 말씀을 들으니 복지에 재정을 많이 쏟아서 망했다기보다는 복지의 선순환 구조를 마련하지 못하고 유권자들의 환심을 사는 포퓰리즘의 문제였네요. 또 다른 질문받도록 하겠습니다.

윤종욱(시민) 노대명 연구위원께 질문하겠습니다. 선생님 말씀으로는 기존에 복지담론을 제기한 민주노동당, 진보신당, 복지국가소사이어티 등이 제대로 일을 못하고 있다는 것처럼 들리거든요. 이들이 우리나라 현실에 맞지 않게 일을 했다는 것인가요?

그리고 복지담론이 한국사회를 치유해줄 수 있는 만능으로 얘기하는 분들이 많습니다. 하지만 저는 정치개혁, 경제개혁이나 한국사회의 특수한 남북관계 등이 다 맞물려서 가야 한다고 생각합니다. 그런데 지금 우리는 복지만 얘기하고 있는 것 같습니다. 대기업에 대한 규제 등이 새로운 사회운동 차원에서 일어나야 하지 않을까 생각을 많이 하구요. 가장 중요한 것은 평화 없이 복지는 없다고 생각합니다. 이명박 정부 들어와서 서해 5도 사건을 비롯해 여러 문제들이 많은데, 이런 데 대해 어떻게 생각하시나요?

노대명 저한테 너무 많은 걸 기대하시네요.(웃음) 한 토론회에서 어떤 학자분이 이렇게 말씀하시더군요. 교육도 복지, 주거도 복지, 모든 게 다 복지가 된다면 그것도 위험한 일이라고 말이죠. 복지라는 좁은 의미의 생각을 자꾸 사회권으로 넓히려는 건 위험합니다. 복지라는 개념으로 사회권을 접근할 게 아니라 왜 사회권이 다양하게 구성돼 있는지를 균형적으로 봐야 합니다.

복지운동 관련해서 복지국가소사이어티 등에 대해서 비판하려는 생각은 별로 없습니다. 하지만 진보정당 공약에 우호적임에도 기술적으로 떨어진다는 생각을 갖고 있죠. 한 번도 수권해본 적이 없는 정당의 한계가 있어요. 예산에 대한 메커니즘 등에 대해 약하고, 정책이 정교하지 못합니다. 사회권, 복지 문제에 대한 전문가가 아직 진보신당에 충분히 많지 않습니다. 아까 재정에 관련된 부분도 그렇고 말이죠. 그래서 저는 시민사회 차원의 재단이 생겨서 그런 걸 끌고 갔으면 좋겠다고 생각합니다.

정당들이 내놓은 정책을 보면 마음이 급해요. 정치는 타이밍이 중요하지만 충분히 준비 안 된 게 너무 많습니다. 사실은 건강보험 하나로도 여러 가지 생각을 했는데, 웬만큼 전문성을 기하려면 빨리 내지는 않을 거예요. 많은 경우 생각해보면 건강 문제도 공급자의 문제가 큽니다. 거대한 제약회사와 의료기관 등 말이죠.

사실 이런 농담이 있거든요. S병원 같은 경우에는 건강보험공단을 농단하는 것이 가능하다는 겁니다. 새로운 첨단장비를 들어와서 개시하면 당연히 보험료 혜택이 없죠. 그런데 아픈 사람들한테 자꾸 쓰라고 권유하면 어느 순간에는 쓰게 됩니다. 그게 재정적으로 부담이 많이 되다 보면 어느 순간 보험료에 들어가죠. 아픈 사람들은 병원에서 하는 권유를 거절하기가 힘든 거거든요.

한국사회에서 뭔가 개혁을 하려면 이해관계가 어디어디 맞물려 있고 누가 수혜자고 누가 부담자인지 명확하게 보는 게 중요합니다. 그 사이에 어떤 문제가 있는지 보지 않으면 답이 잘 나오지 않는 거죠.

평화까지 가는 건 너무 큰 문제네요. 제가 복지개혁 논쟁에선 그건 분명히 공감합니다. 한국사회가 2030년쯤 되면 실질 1인당 GDP가 일본을 능가한다고 하죠. 그 사이에 두 가지 변수가 중국과 북한입니다. 평화나 국방 문제는 국가의 생존과 관련된 것이죠. 거기까지 끌고 가면 복지가 너무 커지네요. 제가 보기엔 일상적으로 겪고 있는 고통의 강도를 보면 교육·주거·의료·노동 문제, 이정도가 사회권의 범주에 적절하고 이 문제 간의 상관성을 보는 게 중요하겠습니다. 정치와 정책 간에 단계별로 보고 치밀하게 봐야지요. 그게 진보진영에서 앞으로 키워가야 할 부분 아닌가 생각합니다.

사회자 2012년 대선을 앞두고 각 정당마다 복지정책을 어떻게 만들지를 놓고 고민이 많은데, 정책을 만드는 데 있어서 큰 틀에서 고민해야 한다는 거군요. 다음 질문받도록 하겠습니다.

강기명(시민) 발제 중에 '복지는 정치다'라는 얘기가 여러 번 나왔는데요. 문제는 복지가 정치라고 할 때 그 정치를 어떻게 규정할 것인지가 아닐까 싶습니다. 정치를 이익 관계자들이 목소리를 내는 과정으로 정의할 수도 있지만 또 한편으로는 보편적인 것을 어떻게 정의내릴 것인가의 문제이기도 합니다.

최근 복지담론을 보면서 정치적 무능력을 반담론적 기제에 감추고 있는 것은 아닌지 하는 생각이 듭니다. 정치의 영향력이 발휘되지 못하고 있습니다. 전문가 스스로가 정치에 개입하지 못하는 무능력에서 기인하는 건 아닐까요? 그랬을 때 정치에 의해 결정되는 건 노대명 위원께서 말씀하신 대로 아주 포퓰리즘적인 방식이 되겠죠.

그랬을 때 과연 말씀하신 대로 복지전문가 집단이라든지 숫자를 잘 다루는 사람들을 통해서 정책디자인을 잘 풀어 가면 될 문제인 것인가라는 데 솔직히 전 조금 약간 의문이 갑니다. 예를 들면 사회권에서 중요한 게 주거권인데, 주거권은 집 없는 사람들의 점거투쟁인 '스쾃(squat)' 시위를 통해서 주거권의 의제가 발생하고, 이에 충격을 받은 사람들이 정책을 개발하고, 아래에서의 운동이 정치권과 전문가들을 압박하는 형태로 유럽에서는 여러 초창기 정책을 낳은 것으로 알고 있습니다. 그런데 지금 우리나라는 정책에 대한 고민이 너무 의회주의 안에서 몫을 분배하면 될 것처럼 생각하는 게 아닌가 하는 우려가 듭니다.

장경섭 제가 복지 분야 전문가라고는 할 수 없기 때문에 편안하게 답변하겠습니다. 저는 방금 하신 말씀에 공감하는 입장입니다. 제가 사실 《경향신문》에서 이런저런 질문을 받았을 때 했던 얘기 중 하나가 '복지국가가 한국 현실을 설명하는 데는 별 도움이 안 된다'는 얘기였습니다. 복지국가는 하나의 지향점으로는 좋은데 우리 현실을 이해하는 데는 무슨 도움이 되냐고 말했죠. OECD 국가 수치나 지출구조라든지 이런 거 가지고 우리가 얼마나 낙후됐는가 얘기를 하는데, 그렇지만 그게 아까 정치 얘기할 때 정치적인 힘을 받느냐, 정치는 오히려 그것보다는 포퓰리스트적인 차원의 산발적인 구조라고 볼 수 있죠.

그래서 어떻게 보면 이 복지국가 담론 또한 한국의 사회복지학 학문이 존재하는 방식, 그러니까 자기 정당화하는 방식으로 존재할 뿐 제대로 착근을 못하는 정치질서나 같습니다. 예를 들자면 서구 복지국가에서 굉장히 중요한 추동력인 노동자 정당이 우리나라에서는 집권할 가능성이 거의 없다는 것도 그렇구요. 복지라는 단어 자체가 사람들한테 정치감정적으로 아무런 심금을 울리지 못하는 상황이죠. 더 이상 개발주의를 해서 집권을 할 수 없는 상황에서 복지 얘기가 나오지만 탑다운(Top-Down)방식에서의 복지담론이지 밑에서, 저변에서 얼마나 복지가 얘기되고 있는가는 의문스럽습니다.

그래서 하나하나 구체적으로, 복지라는 두루뭉술한 개념 말고 따져봐야 합니다. 시민의 무상급식 문제에서도 이게 투영이 될 거고, 생활인들이 지금 자각을 갖고 산발적이나마 많은 투쟁을 하고 있어요. 그런 것들이 전혀 정치적으로나 학문적으로나 이런 식으로 묶여지지가 않는다는 거죠. 사회역사적인 맥락에서 시민의 구체적인 생활 속에서 어떤 식으로 관계를 맺을 것인지 근본적인 고민이 필요합니다. 그런 차원에서 여러분의 질문들을 들었는데 차라리 전문가가 아닌 분들이 훨씬 더 말이 되는 말씀을 하시는 게 아닌가 하는 배움을 얻었습니다.

사회자 복지라는 것이 현대 한국사에서 짧은 민주화 기간 동안 노동자들이 권리로 의식하기보다는, 개발주의라는 담론이 더 이상 기능하지 못하는 상황에서 정치권을 중심으로 새로운 표심 잡는 수단으로 전략할 가능성에 대해서 우려하시는 듯하군요. 복지는 관계의 문제라는 얘기가 생각납니다.

문지훈(시민) 사회재생산, 가족재생산에서 기업이나 정부, 정치인들이 이익을 얻으면서 그런 것들에 대해 서민이 받아야 될 복지 혜택 같은 것들이 제한이 되는 상황이고, 앞으로도 계속되리라고 예상됩니다. 장경섭 선생님께서는 어떻게 생각하시는지요.

장경섭 지금 상황이 옛날 중국의 혁명 당시와 경제구조 상황면에서 비슷하다고 봅니다. 자유무역협정(FTA) 이후 얼마나 많은 일자리가 없어지고, 일부 수출대기업들은 밀어붙일까요? 개발주의적으로 국가 이해가 얹혀 있는 구조죠.

예를 들어서 경주 최부자 집의 여러 가지 규칙 중 하나가 흉년에 땅을 사지 말라는 얘기가 있습니다. 토지에 대한 균전의 원칙이 있던 거죠. 그렇지만 토지소유 구조가 왜곡되고 농민들이 생산자적 사회적 집단으로서 지위를 박탈낭하는 상황이 오게 되면 시스템 자체가 붕괴됩니다. 그러면서 혁명이 일어나게 되죠.

지금 경제구조가 이 혁명 이전과 비슷한 게 아닌가 싶습니다. 이걸 사회재생산과 연결지어 생각해보면, 현재의 시스템이 일반 시민의 통합을 위한 가장 기본적인 조건을 유지하는 데 관심이 없는 겁니다. 식민자본주의 지배가 바로 이런 식인 겁니다. 남미나 아시아에 자본주의 식민농업이 들어갈 때 이런 식으로 토지로부터 뿌리 뽑히는 거죠. 궁극적으로 임시적인 임노동으로 써먹긴 하지만 시민 자체가 어떤 식으로 사회의 구성요소로 어떻게 재생산되는지 관심이 없어지는 겁니다. 그리고 그런 위기는 《경향신문》에서 '삼포세대'(연애, 결혼, 출산을 포기하는 청년세대)라고 지적한 현상처럼 젊은이들이 결혼을 포기하고, 결혼하더라도 애 안 낳고, 이런 식으로 재생산을 포기하는 방식으로 나타나는 거죠.

　노 박사님 말씀대로 사회권 관점에서 기본 시스템을 바로잡는 노력을 해야겠죠. 이 과정에서 생산적 복지 얘기가 나오기는 하는데, 생산적 복지라는 건 연못이 썩어서 물고기가 살 수 없는 상황에서 비료를 주는 거나 다름없다고 봅니다. 물고기 몇 마리를 살찌울 수는 있겠지만 시스템은 왜곡되고 연못이 썩어가겠죠.

　사회재생산 관련 말씀드리면, 교육, 주택, 의료 등 정치화될 수 있는 잠재적인 부분들을 얼마나 잘 정치적으로 엮어내는가 하는 부분을 적극적으로 다뤄야 하는데요. 이건 기성학자들보다는 당사자인 청년들이 하는 게 어떨까 합니다. 2008년 광우병 쇠고기 반대 집회 당시 아줌마들이 유모차 끌고 나와서 시위했듯이 말이죠. 학술적인 담론 없이도 엄청난 결집력을 발휘할 수 있어요. 현재 우리나라는 노동계급 중심의 복지국가를 이루는 것이 힘들기 때문에 풀뿌리 투쟁 등을 효율적으로 엮을 수 있는 변화가 필요합니다.

　사회자 한국 시민의 현실이 식민 치하의 상황이나 다를 바 없다는 지적은 정신이 번쩍 들게 만드네요. 사회구성원의 재생산, 사회의 지속성에 대해서 고민하지 않는 파행적인 자본주의에 대해 다시 생각해보게 됩니다.

　시민 1인 노대명 위원께서는 교육, 의료, 주거, 노동 중 교육이 가장 중요하다 하셨는데 의료, 주거, 노동 다 생존의 문제잖아요. 그런데 왜 교육이 가장 중요한 것이라고 보시나요?

노대명 현재 한국 가계의 지출구조를 보면 교육비 부담이 굉장히 크고요, 대학진학률이 거의 90퍼센트까지 가고 있습니다. 지난 18년에서 20년간의 지출추이를 보면 의료비와 주거비는 평균적으로는 그렇게 많이 증가하지 않았고, 전체적으로 증가한다기보다는 일부 취약집단을 중심으로 증가하는 경향이 있거든요.

반면 교육비는 전체적으로 증가해요. 제가 교육 문제에 굉장히 주목하는 이유가 뭐냐면요, 한국시장에서 노동시장이 이렇게 분절화된 상태로 양극화되면 모든 부모가 교육비 투자경쟁에서 내려설 수가 없어요. 어떤 대가로든 교육비를 지출하게 됩니다. 반값 등록금만 생각할 게 아니라 교육이라고 하는 거 자체가 한국의 권력구조 전반의 중요한 고리에요. 교육을 어떻게 보느냐에 따라서 관점이 다른데 저는 사회권 문제를 얘기할 때 가장 약한 고리이자 이해관계가 가장 첨예하게 맞물려 있는 게 교육이라고 봐요.

제가 일전에 전직 은행장들을 만난 적이 있어요. 충격받았던 것이 뭐냐면 은행원 중 상당수가 옛날에는 고졸 출신이 많았어요. 이분들이 회사 끝나고 나면 다시 대학을 등록하는 것 같더군요. 왜 그러느냐 물었는데, 은행에서 퇴출이 수차례 걸쳐서 있었는데 고졸자들이 우선순위가 됐다고 하더라고요. 집단적으로 떨어져 나가면서 엄청난 상처를 받았던 거죠. 그분들이 하는 말씀이 아무리 장사가 망하고 어떤 상황이 와도 교육비 투자는 1순위라고 얘기했어요. 아마도 이런 것들이 시민이 겪는 가장 큰 문제가 아닐까 싶습니다. 고통의 강도로 얘기하면, 의료가 중요하지만 전체 비중으로 볼 때 교육 문제가 더 심각합니다.

사회자 말씀을 들으니 신자유주의 개혁으로 교육을 통한 계급 간 이동의 사다리가 사라진 칠레 상황이 생각납니다. 칠레에서는 2011년 중반 최대 화두가 공교육 개혁이고, 이 화두를 중심으로 수도 산티아고에서 수만 명이 집회를 벌이고 있다죠. 우리도 공교육과 대학교육 문제에 따른 고통이 만만치 않지요. 다음 질문받겠습니다.

정종원(시민) 장경섭 교수님께 질문하겠습니다. 사회재생산 문제에 상당히 관심이 많은데, 제가 기억하기론 조선시대에도 사회재생산에 관심이 있어서 대동법이나 균역법이 그런 관점에서 진행됐잖아요. 근데 사회재생산이 무너지게 된 이유가 관 위주의 정치체제라고 생각하거든요. 그래서 현재로 적용해보면 사회재생산 문제의식을 키우는 것도 좋은데, 이걸 실질적인 변화로 이끌어낼 수 있는 정치구조를 만들어내야 하는데, 여기에 대한 의견은 없으신가요?

그리고 김태일 소장님, 조세 문제에서 보편적 과세가 중요하다고 생각하는데 기본적으로 노동에 대한 세금보다 자본에 대한 세금을 늘릴 필요가 있지 않을까요? 특히 제가 문제의식을 갖고 있는 게 배당소득세입니다. 15.8퍼센트밖에 되지 않는데 노동이 낸 세금과 비교해서 너무 적고, 수천억 배당으로 챙기면서 15.8퍼센트밖에 안 낸다면 노동을 통한 세금에 비해서 굉장히 불공정하다고 생각합니다. 이 부분을 30~40퍼센트로 올려도 상당히 많은 재원 확보가 가능할 듯한데, 의견 듣고 싶습니다.

또 노대명 위원께도 질문 드릴게요. 노동계급의 분화가 있어서 사실은 해결하기 어려운 많은 난점들이 있다고 봅니다. 그렇다면 비정규직을 없애고 다시 정규직을 강제하는 방식으로 해야 할까요, 노조가입률이 낮으니까 일단 노조에 기본으로 가입시킨 후에 탈퇴는 자유인 방식으로 하면 복지국가를 만드는 데 유리하지 않을까요?

장경섭 간단히 답변 드리겠습니다. 관과 민의 관계 차원에서 사회재생산 문제를 얘기하면 구체적으로 의료, 교육, 주택 이런 문제로 생각하는데, 사실 의료와 교육은 기본적으로 공급자들한테 영리추구 권한이 없습니다. 그런데 실질적으로 여기 다 재벌들이 있죠. 병원재벌, 학교재벌 등 말이죠. 주택도 사실 토지 공개념이라던가 공공의 원칙이 기본적으로 있어야 하지만 한국사회에서는 사회재생산제도가 사회를 기본적으로 통합하고 시스템이 굴러가는 것을 만드는 안정장치를 마련하는 차원에서 공공의 원리에 입각해 접근하는 게 아니라, 불평등을 확대시키는 메커니즘으로 작동합니다. 이런 것을 바탕으로 한 정권이 들어서 있고요. 그래서 이런 깃도 사실 복지국가 담론을 끌어들이지 않더라도 사람들이 사회정의나 사회안정성에 모순을 느낍니다.

한국은 그동안 관이 사회재생산 부분을 공급했다기보다 민에게 의존해왔죠. 민에게 체제원리상 영리섹터로 인정할 수 없기 때문에 비영리 공공부문이라 법적으로 정의는 해놓고 그 이면에 엄청난 부를 축적하도록 방치해두고, 그 과정에서 부패가 발생했습니다. 거기서 관료 유착이 벌어지구요. 이 사회재생산 산업을 독점하는 집단이 보수세력 중에서도 가장 심각한 보수세력입니다. 예컨대 종교집단을 포함해서 말이죠. 이런 것들을 뽑아버리는 사회변화를 우리가 추진해야 하는 것이 아닌가 생각합니다. 이렇게 하면 대학등록금 문제 등 우리가 복지국가를 통해 해결하려는 문제들이 상당부분 포함되겠죠.

사회자 의료와 교육 분야는 민간 공급자가 영리를 추구할 권리가 없다는 얘기는 한국 현실을 보면 조금 충격적이기까지 하네요. 우리는 그만큼 공개념이라는 게 약한 상황입니다.

김태일 질문하신 정종원 씨의 말씀대로 우리나라에서는 자본에 대한 세금은 굉장히 낮죠. 전적으로 맞는 말씀입니다. 얼마나 증세가 가능한지는 살펴봐야 할 것 같네요. 보편적 복지를 한다면 다 같이 증세해야 할 부분이라고 생각합니다.

노대명 덧붙여서 설명하자면, 현재 중심이 굉장히 다극화돼 있는 상황이기 때문에 다극화된 각 지점에서의 연계가 중요한 시점이라고 생각합니다. 과거 1997년 시점에서 외국의 노동조합들이 대량실업상태에서 실업자를 끌어안는 것을 보고 노동의 정치가 이런 가능성이 있구나 싶었거든요. 한국은 오히려 노동조합이 실업자들을 밀어내고 비정규직을 차별하는 역할을 하고 있습니다. 사실 노동의 정치가 자기가 갖고 있었던 상징적 대표성을 잃었던 시간이기도 합니다. 그걸 많은 노동자가 체험하고 있는 상태에서 다시 하나로 만들려면 이미 노동의 각 지점마다 흩어져 있는 것을 여러 가지 기준을 묶는 새로운 개념이 필요하지 않을까요.

또 하나는 개인적 생각이기도 한데, 저는 지금 실제 일상생활에서부터 삶의 체험을 바꿔가는 게 중요하다고 생각합니다. 그래서 사회경제적 운동을 지지합니다. 생활협동조합이 여러 곡절 겪으며 지금까지 왔는데요. 말로는 나눔을 얘기하지만 일상은 완전 시장화된 것이 현재 우리의 삶이죠. 그래서 삶의 기반을 어떻게 지역 안에서 잘 만들어갈 것인가가 중요한 운동이라고 생각합니다. 작업장이라는 현장 기준으로 바라보기엔 너무 세상이 복잡하지 않은가 싶네요.

사회자 시장 중심의 사고방식만으로는 결국 구성원들 간의 관계의 질을 근본적으로 바꿔내기는 어렵다는 말씀이시군요.

조용준(시민) 반값 등록금 문제는 어떻게 봐야 할까요?

노대명 반값 등록금 관련해서 나오는 여러 가지 의견이 있지만 저는 기본적으로 반값 등록금을 정부 재정으로 확충하는 방안은 그다지 실현가능하다고 생각하지 않습니다. 더 솔직히 말씀드리면 한국에서 대학에 진학하는 학생 비율이 스웨덴이나 유럽에 비해 30~40퍼센트 이상 높아요. 그런데 장기적으로 보면 노동의 수요와 공급이 일치하지 않거든요. 시장에서 필요로 하는 것보다 과잉교육을 시키고 있어요. 대학의 더 큰 문제가 2년제로 취업 잘 되는 학과를 4년제로 늘려서 4년간 등록금을 받는 거예요. 지금 어찌 보면 대학의 문제는 사회가 필요로 하는 노동에 적절히 맞추는 공급의 문제죠. 그 과정에 임금의 격차와 학력격차가 모두 맞물려 있어요.

대학법인들의 회계부정은 또 다른 차원의 문제입니다. 대학 등록금을 접근하는 문제는 세 측면이 있어요. 그러니까 노동의 수요, 법인 대학 중심, 대학등록금 문제 이렇게 말이죠. 이런 구조적 문제를 놔둔 상태에서 여기에다가 등록금을 줄이는 게 정당할까요? 저는 그렇지 않다고 생각합니다.

사회자 복지를 확대하는 데 있어서 시민들의 요구에만 무조건 부응할 수 없는 문제도 분명히 있겠죠. 복지라는 게 결국은 사회가 지속가능한 방향으로 공공의 재원을 투입하는 문제이기도 하니까요.

시간이 벌써 2시간이 넘게 지났네요. 토론회에 참석하신 시민 여러분의 수준 높은 질문에 굉장히 깊은 인상을 받았습니다. 질의응답을 듣다 보니 시간 가는 줄 모를 정도였습니다. 2012년 대선을 앞두고도 복지국가와 관련한 논쟁이 첨예해질 것으로 예상됩니다. 기존에는 정치권을 중심으로 보편과 선별 복지처럼 1차원적인 논쟁이 있었다면, 앞으로는 시민사회를 중심으로 한 차원 더 높은 토론이 이뤄질 것이라는 확신이 듭니다. 그만큼 우리 복지국가의 미래가 더 밝아지겠죠.

오늘 토론회에 참석해주신 시민 토론자 여러분과 질문에 성실하게 응답해주신 발제자 세 분께 깊이 감사드립니다.